불행은 어떻게 질병으로 이어지는가

케이딘 버크 해리스

정지인 옮김

The Deepest Well

불행은 어떻게 질병으로 이어지는가

어린 시절의 트라우마가 신체 건강에 미치는 영향

심심

우주보다 더 커다란 가르침을 준
베이뷰 헌터스 포인트 지역사회와
내 환자들에게 감사하며.

추천의 말

한 아이가 물었다. 판사가 되는 일과 청소부가 되는 일은 노력의 차이가 크다, 그래도 같은 임금을 받아야 하느냐고. 나는 이 질문의 전제를 질문했다. 모든 아이가 동등한 환경에서 무탈하게 성장한다고 가정하는데, 현실이 과연 그러한가. 학업에 '만' 전념할 수 있는 경제적·정서적 지원은 만인에게 공평하게 주어지지 않는다. 건강권과 학습권을 보장받지 못하는 처지에 놓인 아이들이 적지 않다. 개인의 노력으로 감당하기엔 불평등의 골이 깊은 사회인 것이다.

《불행은 어떻게 질병으로 이어지는가》는 제목 그대로 이 불공정한 시대의 핵심 모순을 관통한다. 저자는 저소득층 유색인들의 동네에서 일하면서 압도적 트라우마와 스트레스에 처한 아이들을 목도한다. 아동기의 불행과 손상된 건강 사이에 '생물학적 연관성'이 실재할지도 모른다는 뚜렷한 직감을 따라가며 그것을 "호르몬과 세포 수준에서" 과학적으로 검증하는 작업을 완수해낸다.

이 책은 심리학자가 아닌 소아과의사가 썼다는 점에서 의미가 크다. 지역과 인종, 소득수준과 상관없이 사노라면 역경과 질병을 피할 수 없다. 그 엄연한 고통의 실체를 통계와 상식으로 넘기지 않고 "절망할 수 있는 전문가"가 세상의 불행을 줄여나가는 데 기여할 수 있음을 보여준다. 청소부와 판사의 삶의 질이 서로 다른 것을 당연시하는 게 아니라, 어떤 직업을 가졌든 최소한의 삶의 질이 확보되지 않는 것에 문제를 제기하고 개선하려는 사람이 많아지는 게 더 좋은 사회일 것이다.

— 은유, 《알지 못하는 아이의 죽음》 저자

《불행은 어떻게 질병으로 이어지는가》는 많은 사람이 겪은 가장 중요한 문제지만, 누구도 그 영향을 제대로 알지 못하는 너무나 만연한 아동기 트라우마에 관한 가슴 아프고도 아름다운 책이다. 네이딘 버크 해리스는 다른 사람의 아픔을 함께 아파할 줄 아는 의사이자 뛰어난 과학자로서 자신이 해왔던 일을 바탕으로, 획기적인 연구 내용과 사람들의 감동적인 이야기들을 잘 엮어낸다.

— J. D. 밴스 J. D. Vance, 《힐빌리의 노래》 저자

굉장히 예리하면서도 깊은 연민이 배어 있는 책이다. 아동기에 경험한 해로운 스트레스 때문에 우리 몸속에서, 가족 안에서, 공동체 안에서 실제로 어떤 일이 벌어지고 있는지 폭로하며, 개인을 치유할 수 있는 구체적인 해결책을 제시한다. 나는 '부정적 아동기 경험' 검사 10개 항목 가운데 9개가 해당했다. 내게는 절실했을 때 희망과 도움의 손을 내밀어준 한 사람이 있었다. 그 사람이 나를 구했다. 이 책은 바로 그런 손을 수많은 사람에게 내밀어줄 힘이 있다.

— 애슐리 저드 Ashley Judd, 영화배우, 사회활동가

강력한 힘을 가진 이 책은 오늘날 우리가 직면한 가장 중요한 건강 관련 문제를 폭로하고 탐색한다. 해리스 박사는 과학자의 엄정함과 의사의 연민을 한데 모아, 우리 사회의 많은 부분을 병들게 하는 원인의 중심에 무엇이 있는지를 한 번 보면 잊을 수 없는 그림으로 그려낸다. 자주 뜻하지 않은 고통을 겪는 주변 사람들을 지켜보며 걱정하는 사람이라면 누구나 이 책을 읽어야 한다.

– 브라이언 스티븐슨 Bryan Stevenson, **뉴욕대학교 로스쿨 교수,**

《월터가 나에게 가르쳐 준 것》 저자

《불행은 어떻게 질병으로 이어지는가》는 인종적·사회적 정의라는 긴급한 문제를 공중보건의 문제로 다시 보아야 한다고 주장하며, 우리에게 각성을 촉구하는 커다란 외침이다. 호소력 넘치면서도 도발적인 이 책에 담긴 실화와 연구 내용 들은, 아동기의 부정적 경험과 해로운 스트레스가 장기적으로 미치는 결과들을 우리가 제대로 이해하고 대처하면 수백만 명의 삶이 달라질 것임을, 합리적 의심을 넘어 증명한다.

– 미셸 알렉산더 Michelle Alexander, **인권 활동가**

가슴 아픈 내용이지만 세상을 놀라게 할 혁신적인 책이다. 《불행은 어떻게 질병으로 이어지는가》는 우리와 우리 아이들, 세상 모두를 치료할 과학에 기반한 새로운 방법을 제시한다.

– 폴 터프 Paul Tough, **《아이는 어떻게 성공하는가?》 저자**

모두가 안다고 생각했지만 아무도 몰랐던 이야기

여느 때와 다를 것 없는 어느 토요일 새벽 5시, 마흔셋의 한 남자(이 사람을 에번이라고 부르자)가 잠에서 깼다. 아내 세라는 곁에서 평소와 같은 자세로 몸을 웅크리고 이마 위에 팔을 걸친 채 부드럽게 숨을 쉬고 있다. 에번은 별 생각 없이 화장실에 가기 위해 몸을 굴려 침대에서 빠져나오려 한다. 하지만 왠지 잘 되지 않는다.

몸을 옆으로 굴릴 수가 없고, 오른쪽 팔은 마비된 느낌이다.

이런, 팔을 너무 오래 깔고 잔 모양이네. 에번은 피가 다시 돌기 시작할 때 느껴지는 그 기분 나쁜 따끔거림이 곧 나타날 거라고 생각한다.

손가락을 꼼지락거려 피를 돌게 해보지만, 손가락이 전

혀 말을 듣지 않는다. 통증이 느껴질 정도로 압박해오는 방광은 기다려줄 생각이 없는 것 같다. 에번은 다시 한 번 일어나려고 시도한다. 여전히 아무 일도 일어나지 않는다.

왜 이래…….

평생 아무 생각 없이 해오던 동작을 그대로 하는 것뿐인데 오른쪽 다리는 여전히 그 자리에서 꼼짝도 않는다.

다시 시도한다. 안 된다.

다리가 오늘 아침엔 협조할 생각이 없는 모양이다. 몸이 마음대로 움직여지지 않다니, 이 상황 전체가 너무 이상하다. 하지만 당장은 소변을 보고 싶은 욕구가 훨씬 더 큰 문제로 느껴진다.

"여보, 나 좀 도와줄래? 나 화장실 가야 돼. 침대 밖으로 나 좀 밀어봐. 까딱하다가는 침대에 싸게 생겼어." 그는 세라에게 말한다. 마지막 말은 반쯤 농담이다.

"무슨 일이야, 에번?" 세라가 고개를 들고 찡그린 눈으로 그를 본다. "에번?"

두 번째로 그의 이름을 부를 때 세라의 목소리가 높아진다.

에번은 자기를 보는 세라의 눈에서 깊은 염려를 감지한다. 아이들이 열병에 걸렸을 때나 한밤중에 아픈 상태로 깼을 때 나타나는 표정이다. 그럴 것까진 없는데. 그냥 살짝 밀어주기만 하면 되는데 말이다. 어쨌든 새벽 5시다. 진지한 대화를 나눌 필요까지는 없다.

"여보, 난 그냥 소변만 보러 가면 돼."

"뭐가 잘못된 거야, 에번? 무슨 일이야?"

세라가 벌떡 일어난다. 불을 켜고는 일요 신문의 충격적인 헤드라인을 읽는 것 같은 표정으로 에번의 얼굴을 들여다본다.

"괜찮아, 여보. 소변만 보면 돼. 내 다리가 잠에서 안 깼어. 그냥 얼른 좀 도와줄래?"

에번은 생각한다. 몸 왼쪽에 힘을 좀 주면 자세를 바꾸고 혈액순환에 시동을 걸 수 있을 거야. 그냥 침대를 빠져나가기만 하면 돼.

바로 그 순간, 그는 마비된 것이 오른쪽 팔다리만이 아님을 깨닫는다. 얼굴도 마비됐다.

아니, 오른쪽 몸 전체가 다 그렇다.

나한테 무슨 일이 생긴 거지?

문득 왼쪽 다리에서 무언가 따뜻하고 축축한 것이 느껴진다. 내려다보니 사각팬티가 흠뻑 젖어 있다. 소변이 침대 시트로 스며든다.

"맙소사!"

세라가 비명을 지른다. 남편이 침대에 누운 채 소변을 보는 모습을 목격한 순간 세라는 상황의 심각성을 깨닫고 빠르게 몸을 움직인다. 세라는 침대에서 뛰어나가고, 에번은 아내가 아들 방으로 달려가는 소리를 듣는다. 벽 너머에서 정확히 알아들을 수 없는 대화가 웅얼웅얼 오가는가 싶더니 세라가 돌아온다. 그녀는 침대 위 에번 곁에 앉아 그를 안고 얼굴을 어루만진다.

"당신 괜찮아. 괜찮아질 거야." 세라의 부드러운 목소리가 위안을 준다.

"여보, 대체 무슨 일이야?" 에번이 아내를 보며 묻는다. 세라를 올려다보고 있자니, 그녀가 자신의 말을 전혀 이해하지 못하고 있다는 깨달음이 온다. 그의 입술이 움직이고 입에서는 단어들이 나오지만, 세라는 그 말을 전혀 알아듣지 못하는 것 같다.

바로 그때, 춤추는 심장이 바보 같은 노래에 맞춰 통통 튀어 다니는 우스꽝스러운 만화 광고가 그의 머릿속에서 재생되기 시작했다.

F는 축 늘어지는 얼굴face. 바운스, 바운스.

A는 힘 빠진 팔arm. 바운스, 바운스.

S는 말하기speech 어려운 것.

T는 긴급 전화를 걸어야 할 시간time이라는 뜻이죠.

뇌졸중 신호를 알아보는 법을 배워요. 빨리FAST 행동하세요!

세상에!

그 사이 에번의 아들 마커스가 문간으로 성큼성큼 걸어와 엄마에게 전화기를 건넨다. 아버지와 아들의 눈이 서로에게 고정되고, 아들의 얼굴에서 놀람과 걱정의 표정을 읽은 에번은 심장이 죄어드는 것을 느낀다. 괜찮아질 거라고 말하려 하지만, 저 표정을 보니 안심시키려는 자신의 노력이 상황을 더 악화시킬 것만 같다. 마커스의 얼굴이 두려움으로 일그러지고 뺨 위로 눈물이 흘러내린다.

911 상담원이 전화를 받자 세라는 분명하고 단호하게 말한다.

"구급차가 필요해요. 지금 당장요! 남편이 뇌졸중이에요. 네, 확실해요! 오른쪽 전체가 움직이지 않아요. 얼굴도 절반은 움직이지 않고요. 아뇨. 말 못 해요. 전혀 알아들을 수 없는 소리만 나와요. 무슨 말을 하는지 도저히 모르겠어요. 서둘러주세요. 제발 구급차를 보내달라고요, 당장!"

5분도 채 지나지 않아 응급 의료진으로 구성된 요원들이 도착한다. 그들이 문을 두드리고 벨을 울리자 세라가 아래층으로 달려가 문을 열어준다. 작은아들이 아직 침실에서 자고 있어 세라는 시끄러운 소리 때문에 아이가 깰까 걱정이지만 다행히 꼼짝 않고 자고 있다.

에번은 천장의 가장자리 장식을 올려다보며 마음을 가라앉히려 애쓴다. 자신이 둥둥 떠올라 지금 이 순간에서 점점 더 멀어져가는 느낌이 든다. 좋은 징조가 아니다.

다음으로 그가 깨달은 건 자신이 들것에 실려 아래층으로 옮겨지고 있다는 사실이다. 응급 요원들은 층계참을 빠져나가느라 잠시 멈춰 위치를 바꾼다. 짧은 순간, 에번은 자신을 바라보는 한 요원의 표정을 보고 간담이 서늘해진다. 그것은 환자의 상태를 알아차린 연민의 표정이다. 그 표정은 이렇게 말한다. **불쌍한 사람. 전에도 이런 상태를 봤는데 결과가 안 좋았지.**

문간을 빠져나가며 에번은 다시 이 집으로, 세라와 두 아들에게로 돌아올 수 있을까 생각한다. 응급 요원이 그를 보던 눈빛으로 판단하면 그 답은 '예스'가 아닐 수도 있다. 응급실에 도착하자 세라에게는 에번의 병력에 관한 질문들이 쏟아진다. 세라는 에번의 인생에서 이 상황과 관련이 있을지 모른다고 여겨지는 모든 사항을 그들에게 이야기한다. 컴퓨터 프로그래머예요. 주말마다 산악자전거를 타고 두 아들과 농구를 즐겨 하고요. 정말 좋은 아빠고 행복한 사람이에요. 요전 건강검진 때 의사는 모든 게 아주 좋은 상태라고 했어요.

어느 시점에 에번을 담당하는 의사들 중 한 사람이 전화로 동료에게 하는 말이 세라의 귀에 들어온다. "43세 남성, 비흡연자, 위험 요인 없음."

그러나 세라도 에번도, 심지어 에번의 의사들도 몰랐지만, 에번에게는 한 가지 위험 요인이 있다. 그것도 대단히 큰 요인, 실제로 에번이 뇌졸중을 일으킬 가능성을 두 배나 높여놓은 요인 말이다. 그날 응급실에서는 아무도 몰랐지만, 지난 수십 년 동안 에번의 심혈관계와 면역계, 내분비계에서는 보이지 않는 생물학적 과정이 진행되고 있었다. 그 과정이 바로 지금 벌어지고 있는 이 사건을 야기했을 가능성이 매우 높다. 그 위험 요인과 그것의 영향은 에번이 수년에 걸쳐 받아왔던 정기검진에서는 한 번도 드러난 적이 없었다.

에번이 자다가 몸 절반이 마비된 채로 깨어날 위험, 그리고 수많은 다른 병에 걸릴 위험을 증가시킨 요인은 희귀한 것이 아니다. 미국 인구의 약 3분의 2가 그 요인에 노출되어 있고, 그 정도로 흔하다 보니 그냥 봐서는 눈에 띄지도 않는다.

그 요인은 무엇일까? 납? 석면? 포장재로 쓰이는 유해 물질?

아니, 그것은 바로 아동기에 겪은 부정적 경험이다.

어린 시절에 겪은 일이 뇌졸중이나 심장병, 암과 관련이 있다고 의심하는 사람은 아마 거의 없을 것이다. 반면 정서적이나 심리적인 면에서, 아동기에 경험한 트라우마가 큰 영향을 끼친다는 점은 많은 사람이 인지하고 있다. 운이 나쁜 사람들('약한' 사람들이라고 표현하는 이들도 있다)에게는 약물남용, 돌고 도는 폭력, 투옥, 정신 건강 문제 등과 같은 최악의 결과가 생길 수 있다는 걸 우리는 안다. 그러나 보통 사람들에게 아동기의 트라우마란 그저 말하기 힘든, 연인이라 해도 최소한 데이트 대여섯 번은 하고 난 다음에야 꺼낼 수 있는 나쁜 기억일 뿐이다. 암울한 드라마, 마음의 짐 정도랄까.

아동기의 불행이라, 왠지 많이 들어본 이야기 같지 않은가?

아주 먼 옛날부터 아이들은 학대와 방임, 폭력, 공포의 형태로 트라우마와 스트레스에 직면해왔다. 또 그만큼 오랫동안 부모들은 술에 취해 있거나, 감옥에 가거나, 이혼했다. 충분히 똑똑하고 강인한 사람들은 과거를 딛고 일어나 자신의 의지와 회복력으로 이를 이겨내 승리를 거둔다.

그런데, 정말 그럴까?

근면과 노력으로 어린 시절의 역경을 극복하거나, 더 낫게는 역경을 계기로 더욱 강한 사람이 되었다는 허레이쇼 앨저Horatio Alger* 풍의 이야기들은 모두가 한 번쯤은 들어보았을 것이다. 미국 문화의 DNA에 새겨져 있는 이런 이야기들은 가장 호의적으로 봐주더라도, 초년에 삶의 스트레스를 경험한 수억 명의 미국인에게(그리고 전 세계 수십억 명의 사람에게) 아동기의 역경이 의미하는 바에 관해 매우 허술한 그림만을 보여준다. 대개는 그 내용에 도덕적 함의까지 품고 있는 경우가 많으므로 아동기의 역경이 미치는 평생에 걸친 영향들로 힘겨워하는 사람들에게 수치심과 절망감까지 덤으로 안긴다. 게다가 이런 이야기에는 커다란 부분이 빠져 있다.

* 노력과 결단, 용기와 정직으로 성공하고 출세하는 가난한 젊은이에 대한 소설들로 인기를 끈 19세기의 아동문학가.

지난 20년 동안의 의학 연구를 통해, 아동기의 불행은 말 그대로 몸에 새겨져 그 사람을 변화시키며, 몸속에 일어난 그 변화는 수십 년 동안 사라지지 않을 수도 있다는 사실이 밝혀졌다. 불행은 한 아이의 발달 궤도를 틀어놓고 생리 기능에도 영향을 미친다. 평생 안고 가야 할 만성 염증과 호르몬 변화도 촉발할 수 있다. DNA를 읽는 방식, 세포의 복제 방식을 바꿔놓을 수도 있으며, 심장병과 뇌졸중, 암, 당뇨병, 심지어 알츠하이머에 걸릴 위험까지 급격히 증가시키기도 한다.

이 새로운 과학은 우리가 아주 잘 안다고 생각했던 허레이쇼 앨저의 이야기를 뒤집는 뜻밖의 반전이다. 그 연구들에 따르면, 과거의 불행을 경이적으로 '극복해' 자수성가한 영웅들조차 수년 뒤에는 자신이 생물학적 문제에 발목 잡혀 있었음을 깨닫는다. 험난한 어린 시절을 보냈음에도, 많은 사람이 좋은 성적을 받고 대학에 진학하고 가정을 꾸린다. 그들은 당연히 해야 한다고 생각하는 일들을 해낸다. 역경을 극복하고 성공적인 삶을 일군다. 그러다 어느 날, 병에 걸린다. 뇌졸중으로 쓰러지거나, 폐암에 걸리거나, 심장병이 생기거나, 우울증에 빠진다. 음주나 과식, 흡연처럼 건강을 위협하는 행동도 하지 않았는데 어쩌다 그런 문제가 생긴 것인지 그들은 이유를 알지 못한다. 그들이 그런 건강 문제를 과거와 연결 짓는 일은 결코 없다. 이미 과거는 저 뒤에 남겨두고 떠나왔으니 말이다. 그렇지 않은가?

사실은 그렇지 않다. 예번처럼 아동기에 불행한 경험을 한 사람들은 그렇게 열심히 노력하며 살아왔음에도 여전히 심혈관계 질환이나 암 같은 만성질환이 생길 위험이 더 높다.

왜 그럴까? 어린 시절 스트레스에 노출된 경험이 왜 중년기나 은퇴기에 건강 문제로 나타나는 것일까? 이에 대한 효과적인 치료법은 있을까? 우리와 우리 아이들의 건강을 지키기 위해서는 어떻게 해야 할까?

스탠퍼드대학교병원에서 소아과 레지던트 과정을 마친 2005년까지만 해도 나는 저런 질문들을 던져봐야 한다는 사실조차 몰랐다. 다른 사람들과 마찬가지로 나 또한 자수성가한 영웅 이야기의 일부밖에는 알지 못했다. 그러다가 우연인지 운명인지, 아직 알려지지 않은 한 가지 이야기를 살짝 엿볼 기회가 생겼다. 그 일은 심각한 역경이 펼쳐지고 있을 것이라고 충분히 예상할 수 있는 바로 그런 곳에서 시작되었다. 세상의 모든 자원을 갖춘 부유한 도시 내부에 숨어 있는, 자원이 매우 부족한 저소득층 유색인들의 동네였다. 나는 샌프란시스코의 베이뷰 헌터스 포인트Bayview Hunters Point 마을에 소아과 진료소를 열었다. 그리고 매일 나의 어린 환자들이 압도적인 트라우마와 스트레스를 겪고 있는 모습들을 목격했다. 인류의 한 사람으로서 나는 그 모습에 절망했다. 그러나 나는 과학자이자 의사로서 그 절망을 딛고 일어나 질문을 던지기 시작했다.

그 여정을 통해, 나는 아동기의 불행에 관한 이야기를 완전히 다른 각도에서 바라보게 되었다. 그 관점이 여러분에게도 전해지기를, 그래서 여러분도 모두 다 안다고 생각했던 부분적인 이야기만이 아니라 온전한 이야기 전체를 볼 수 있기를 나는 희망한다. 이 책을 읽으면서 여러분은 아동기의 불행이 여러분의 삶에서, 또는 여러분이 사랑하는 누군가의 삶에서 어떻게 영향을 미치며 펼쳐지는지 더 깊이 이해하게 될 것이다. 그리고 더 중요하게는, 한 사람 또는 한 마을에서 시작되지만 한 나라 전체의 건강을 바꿔놓을 힘을 지닌 치유의 도구에 대해서도 알게 될 것이다.

차례

1부 _____ **발견**

1   **뭔가가 딱 안 맞아**

다음 환자를 보러 베이뷰 아동건강센터 진료실에 들어
서면서 나는 미소를 감출 수 없었다. 우리는 진료소를 즐거운
마음으로 올 수 있는 곳으로, 가족 친화적인 곳으로 만드는
데 노력을 기울였다. 진료실 벽을 파스텔 색상으로 칠하고,
그에 어울리게 바닥은 바둑판무늬로 깔았다. 개수대 위 벽면
에서부터 문 쪽으로는 만화로 그려진 아기 동물들이 줄지어
행진하고 있다. 언뜻 보면 퇴락한 베이뷰 동네가 아니라 샌프
란시스코의 부자 동네 퍼시픽 하이츠의 소아과 병원에 와 있
다고 생각할 정도인데, 바로 이 점이 핵심이다. 환자들이 와
서 자신이 가치 있게 대접받는다고 느낄 수 있는 곳, 우리는
진료소를 그런 곳으로 만들고 싶었다.

문을 열고 들어가자 아기 기린들에게서 눈을 떼지 못하

는 디에고의 모습이 보였다. 디에고가 내게로 주의를 돌리더니 살짝 미소를 지으며 헝클어진 검은 머리칼 사이로 나를 뜯어보았다. **어쩌면 이렇게 귀여울까!**

디에고는 세 살 난 여동생을 안고 있는 제 엄마 옆의 의자에 올라앉아 있었다. 내가 진료대에 올라가보라고 하자 디에고는 고분고분하게 깡충 뛰어 올라앉더니 다리를 앞뒤로 흔들기 시작했다. 차트를 펼치고 생년월일을 본 나는 아이를 다시 한 번 쳐다봤다. 디에고는 **귀엽기만 한 게 아니라, 키도 아주 작은 아이**였다.

나는 재빨리 차트를 넘기며 내가 느낀 첫인상을 뒷받침할 객관적 데이터를 찾았다. 디에고의 키를 성장곡선에 표시해보니 짐작이 틀리지 않았음을 알 수 있었다. 지금 막 만난 내 환자의 키는 4세 어린이의 50백분위수(100명의 키를 순서대로 세웠을 때 50번째)에 해당했다.

별문제가 아니라고 생각할 수 있다. 하지만 문제는 디에고가 일곱 살이라는 점이었다.

이상하네. 나는 생각했다. 키만 빼면 디에고는 완전히 정상적인 아이처럼 보였기 때문이다. 나는 의자를 재빨리 진료대 앞으로 당기며 청진기를 꺼냈다. 가까이 다가가자 팔꿈치의 주름진 부분에 두껍게 말라붙은 습진 자국들이 보였고, 폐에 청진기를 대보니 날숨에서 쌕쌕거리는 천명음이 확연히 들렸다. 디에고가 우리 진료소에 온 것은 보건교사가 과잉 행동과 부주의, 충동성이라는 특징이 만성적으로 나타나는 주의력 결핍 과잉 행동 장애ADHD, 이하 ADHD 검사를 의뢰했기 때문이다. 디에고가 ADHD인 수백만의 아이들 중 하나인지 아닌지는 두고 보면 알 터였고, 그보다 먼저 만성 천식과 습진, 성장 부진의 관점에서 디에고를 진단해야 한다고 판단했다.

디에고의 엄마 로사는 내가 진료하는 모습을 초조하게 지켜봤다. 걱정이 가득한 그녀의 눈은 디에고에게 고정되어 있었고, 어린 동생 셀레나는 시선을 이곳저곳으로 옮기며 진료실의 갖가지 반짝거리는 기계들을 구경하고 있었다.

"영어와 스페인어 중 어느 쪽이 편하세요?" 내가 물었다. 로사는 안도하며 앞쪽으로 몸을 기울였다.

대기실에서 로사가 작성한 디에고의 병력을 보며 스페인어로 이야기를 나눈 뒤, 나는 신체검사 결과로 넘어가기에 앞서 누구에게나 똑같이 하는 질문을 던졌다.

"혹시 내가 알아야 할 특별한 사항이 있나요?"

걱정이 그녀의 이마에 홈질을 해 실을 잡아당긴 것 같은 주름을 만들었다.

"애가 학교생활을 잘 못해요. 보건 선생님이 그러는데, 약을 먹으면 도움이 될 거래요. 정말 그래요? 디에고한테 어떤 약이 필요할까요?"

"디에고가 학교에서 문제를 일으킨다는 건 언제 알게 됐나요?" 내가 물었다.

잠깐 침묵이 내려앉았고, 팽팽하게 긴장해 있던 로사의 얼굴이 울먹이는 표정으로 바뀌었다.

"아이고, 선생님!" 그러더니 로사는 폭포수 같은 스페인 어로 이야기를 쏟아냈다.

나는 그녀의 팔을 지그시 눌러 말을 멈추게 한 뒤, 문 밖으로 머리를 내밀어 간호사에게 셀레나와 디에고를 대기실로 데려가달라고 부탁했다.

로사가 들려준 이야기는 행복과는 거리가 멀었다. 그녀는 디에고가 네 살 때 겪은 성적 학대에 관해 10분 동안 털어놓았다. 로사와 남편은 샌프란시스코의 무지막지한 집세를 감당하기 위해 세입자를 한 사람 들였다. 남편이 건설 현장에서 일하며 알게 되어 로사네 가족과 친구처럼 지내던 사람이었다. 로사는 그 남자가 집에 올 때마다 디에고가 움츠러들고 자기에게 꼭 달라붙어 있으려 한다는 걸 알아챘지만 왜 그런지는 상상도 하지 못했다. 그러던 어느 날, 그 남자가 디에고와 함께 욕실에 있는 모습을 목격했다. 부부는 즉각 남자를 쫓아내고 경찰에 신고했지만 이미 디에고는 피해를 입은 뒤였다. 디에고는 유치원에서 문제를 일으키기 시작했고 학년이 올라갈수록 점점 학업이 뒤처졌다. 게다가 로사의 남편은 자신을 탓하며 늘 화난 사람처럼 굴어 상황을 더욱 악화시켰다. 그렇지 않아도 술을 많이 마시던 남편은 그 사건 후로 폭음이 훨씬 더 잦아졌다. 로사는 집 안에 감도는 긴장감과 남편의 음주가 가족에게 좋지 않다는 걸 알고 있었지만 문제를 어떻게 해결해야 할지 몰랐다. 자기 마음 상태에 관해 이야기하는 내용을 들어보니 로사가 우울증을 앓고 있다는 강한 의심이 들었다.

나는 디에고의 천식과 습진을 해결하도록 도울 것이고, ADHD와 성장 부진 문제도 검토하겠다며 로사를 안심시켰다. 로사는 한숨을 내쉬었지만 조금 마음을 놓은 것 같았다.

잠시 침묵 속에서 앉아 있는 동안 내 머릿속에서는 생각이 이리저리 바삐 움직였다. 2007년 진료소를 연 이래로, 환자들에게 나로서는 정확히 이해할 수 없는 어떤 의학적 문제가 있다는 확신이 있었다. 이런 확신은 나에게 진료 의뢰가 들어온 수많은 ADHD 사례에서 시작되었다. 디에고의 경우가 그렇듯 대부분의 환자에게 ADHD 증상은 난데없이 생겨난 것이 아니었다. 증상은 어떤 식으로든 삶에 혼란스러운 붕괴가 일어났거나 트라우마에 시달리는 환자들에게서 가장 높은 빈도로 나타났다. 예를 들어 집안에서 살인미수 사건을 목격한 뒤 여러 과목에서 낙제하고 학교에서 싸움을 일으킨 쌍둥이나, 법원이 아이를 데려다 주고 데려가는 일을 어머니와 아버지가 아닌 베이뷰 경찰서에서 하라고 명령했을 정도로 부모의 이혼 과정이 폭력적이고 매섭게 치달았던 삼형제처럼 말이다.

많은 환자가 이미 ADHD 약을 복용하고 있었고, 일부는 심지어 항정신병약을 복용 중이었다. 약으로 나아지는 환자도 어느 정도 있었지만, 전혀 듣지 않는 환자가 더 많았다. 그런 경우 나는 ADHD 진단을 내릴 수 없었다. ADHD 진단 기준[1]에 따르면, ADHD로 여겨지는 증상이 나타날 만한 다른 원인(이를테면 전반적 발달 장애, 조현병 또는 그 밖의 정신증적 장애들)이 하나도 없음을 확인한 다음에야 ADHD 진단이 가능하다. 하지만 만약 그보다 더 미묘한 답이 존재한다면? 충동을 잘 조절하지 못하고, 집중하지 못하며, 가만히 앉아 있는 걸 어려워하는 등의 ADHD 증상을 일으킨 원인이 정확히는 심리적 장애가 아니라, 뇌에 작용해 정상적인 기능을 무너뜨리는 생물학적 과정이라면 말이다. 어쩌면 심리적 장애도 단순히 생물학적 장애가 아닐까? 이 아이들을 치료하려고 애쓸수록 엉뚱한 퍼즐 조각들을 억지로 끼워 맞추고 있다는 느낌이 들었다. 증상, 원인, 치료가 얼추 비슷하기는 했지만, 딸깍하고 완벽히 맞물릴 만큼 충분히 들어맞지는 않았다.

머릿속으로 디에고나 지난해 내내 진료해온 쌍둥이와 비슷한 모든 환자의 명단을 떠올려보았다. 내 생각은 곧장 케일라에게로 향했다. 유난히 심한 천식을 앓던 열 살 소녀였다. 얼마전 갑작스레 천식이 재발했을 때 나는 케일라 모녀와 함께 앉아 케일라의 약물 치료 방법을 꼼꼼히 되짚어보았다. 케일라의 엄마에게 우리가 아직 찾아내지 못한 천식 유발 요인(반려동물의 털부터 바퀴벌레, 세제에 이르기까지 모든 걸 검토한 뒤였다)으로 떠오르는 게 없는지 물었을 때 그녀는 이렇게 말했다. "음, 애 아빠가 주먹으로 벽을 쳐서 벽에 구멍을 하나씩 낼 때마다 케일라의 천식이 더 심해지는 것 같아요. 선생님 보시기에 그 일이랑 관계가 있을까요?"

케일라와 디에고는 그저 두 사례일 뿐, 이들과 비슷한 환자들은 너무나 많다. 매일매일, 나는 축 늘어져 있거나 이상한 발진이 돋아 있는 유아들을 만난다. 머리카락이 우수수 빠지는 유치원생들도 만난다. 유행병이라고 느껴질 정도로 다수에게서 나타난 학습 문제와 행동 문제. 갓 중학교에 들어간 우울증 환자들. 그리고 디에고처럼 특별한 경우에는 아이들이 **아예 자라지 않기도** 한다. 이 아이들의 얼굴을 하나씩 떠올리면서, 나는 각각의 장애와 질병, 증후군, 상태 그리고 앞으로 이들의 삶에 불행한 잔물결들을 퍼뜨리게 될 생애 초기의 좌절에 관한 체크리스트를 머릿속으로 확인했다.

진료소 차트의 일부만 보더라도, 수많은 의학적 문제뿐 아니라 줄줄이 이어지는 가슴 아픈 트라우마 이야기들을 만난다. 차트의 혈압과 신체질량지수 너머 저 뒤쪽에 있는 '사회적 역사' 항목까지 가보면 부모의 투옥이나 여러 차례의 위탁 양육, 신체적 학대 의혹, 기록된 학대, 정신질환과 약물남용의 가족력을 발견하기도 한다. 디에고를 만나기 전주에 나는 제1형 당뇨를 앓는 여섯 살짜리 여자아이를 진료했는데, 아이의 아버지는 약에 취한 채 병원에 나타났다. 벌써 세 번째였다. 이 문제에 대해 물었더니 그는 마리화나가 자기 머릿속 목소리를 잠재우는 데 도움이 되니 내게 전혀 걱정하지 말라고 말했다. 의사로 일한 첫 해에 나는 약 1000명의 환자를 보았고, 그중 한 명도 아닌 **두 명**의 아이에게 자가면역성 간염 진단을 내렸다. 보통은 어린이 10만 명 가운데 3명 이하만 걸리는 매우 희귀한 병이다.[2] 둘 다 과거에 심각한 역경을 겪은 아이들이었다.

나는 계속해서 자문했다. **극심한 역경과 질병 사이에 어떤 연관관계가 있는 걸까?**

압도적인 불행을 겪은 뒤 건강에 좋지 않은 결과가 생긴 아이들이 네댓 명 정도였다면 나도 그저 우연으로 보고 넘길 수 있었을지 모른다. 그러나 디에고의 상황은 내가 지난 1년 동안 수백 명의 아이에게서 보아온 상황을 대표하는 하나의 전형이었다. **통계적 유의성**이라는 말이 머릿속에서 메아리쳤다. 나는 매일 저녁 공허한 느낌으로 집으로 돌아갔다. 아이들을 돌보기 위해 최선을 다하고 있었지만 그 정도 노력으로는 해결 근처에도 가지 못했다. 베이뷰는 기저에 어떤 근본적인 질병을 깔고 있었다. 하지만 나는 그것이 정확히 무엇인지 짚어내지 못했고, 디에고 같은 아이들을 볼 때마다 뱃속이 타들어가는 듯한 느낌은 점점 더 심해졌다.

우편번호에서 발견한 놀라운 사실

아동기의 불행과 손상된 건강 사이에 생물학적 연관성이 실재할지도 모른다는 가능성은 오랫동안 나에게 잠시 머물다가 사라지는 질문의 형태로 찾아왔다. **혹시……. 그런 것 아닐까……. 그런 것 같은데…….** 이런 질문들은 계속 떠올랐지만, 불행한 사건이 일어나고 건강이 악화되기까지 수개월, 때로는 수년의 간격이 존재한다는 사실이 그 퍼즐 조각들을 맞추려 할 때의 문제점 중 하나였다. 나의 관점에서는 그렇게 동떨어진 시점들이 논리적으로 깔끔하게 맞아떨어지지 않았기 때문에 그 뒤에 숨은 이야기를 알아보기가 어려웠던 것이다. 이 모든 질문이 그저 더 깊이 자리한 한 가지 진실을 가리키는 실마리였음을 분명히 깨달은 것은 더 나중의 일이었다. 남편이 유모와 바람을 피우고 있는데도 한참이 지나서야 상황을 파악하는 연속극의 여주인공처럼, 나도 한참 뒤에야 돌이켜보며 알게 되었다. 내게 상황을 파악할 힌트를 준 것은 호텔 영수증이나 향수 냄새가 아니라 수많은 작은 신호였다. 이 신호들은 결국 내가 **'어떻게 이걸 알아보지 못할 수가 있었을까? 내내 바로 내 눈앞에서 벌어지고 있었는데……'** 라는 생각을 누차 하게 만들었다.

그렇게 제대로 이해하지 못한 상태로 몇 년을 보냈던 것은, 내가 교육받은 방식대로만 일하고 있었던 탓이다. 역경과 건강 사이에 생물학적 연관성이 존재하리라는 생각은 그저 하나의 직관에 불과했다. 과학자로서 무시하지 못할 확고한 증거도 없이 그런 종류의 연관관계를 받아들일 수는 없었다. 물론 나의 환자들이 극도로 심각한 건강 문제들을 겪는 것은 사실이지만, 이는 그들이 거주하는 지역사회에서 흔한 고질적인 상황 아니던가? 내가 받은 의학 교육과 공중보건 교육은 모두 그렇게 말하고 있었다.

가난한 공동체와 나쁜 건강 상태 사이에 연관성이 있다는 것은 잘 연구되고 기록되어 있는 사실이다. 살아가는 방식뿐 아니라 **장소** 또한 건강에 영향을 미친다는 사실을 우리는 알고 있다. 공중보건 전문가들과 연구자들은 한 지역사회의 전반적인 건강 상태가 극도로 저조하게 나올 때 그런 지역사회를 '위험 지역'이라고 표현한다. 베이뷰 같은 동네의 인구 집단에서 나타나는 건강 격차는 해당 지역 주민들이 의료에 접근하기 어렵고 의료의 질이 낮으며, 가격도 적당하고 건강에 좋은 음식과 안전한 주거 등을 확보할 여지가 별로 없기 때문이라는 것이 지배적인 관점이다. 하버드의학대학원 공중보건 석사과정에서도, 사람들의 건강을 개선하려면 그 지역 사람들에게 더 좋은 의료를 제공할 방법을 마련하는 것이 최선이라고 배웠다.

레지던트 과정을 마친 직후 나는 샌프란시스코 로럴 하이츠에 위치한 캘리포니아 퍼시픽 의료 센터에 채용되어 꿈에 그리던 일을 하게 되었다. 바로 샌프란시스코시의 건강 격차 문제를 해결하기 위한 프로그램들을 만드는 일이었다. 병원장인 마틴 브로트먼Martin Brotman 박사가 직접 그 업무를 내게 맡겼다. 그 일을 맡은 바로 다음 주에 상사가 사무실에 오더니 〈2004년 샌프란시스코 지역 건강 평가〉[3]라는 147쪽짜리 문서를 내게 건네고는 곧장 휴가를 떠나버렸다. 지시 사항도 거의 남기지 않은 채, 의욕만 넘치는 내게 알아서 하도록 맡겨버린 것이었다(돌이켜보면 그가 천재였거나 미쳤기 때문에 가능한 일이었다).

나는 꽉 막힌 모범 공중보건의라면 누구나 할 만한 일을 했다. 그러니까 그 보고서의 숫자들을 들여다보며 상황을 파악하는 일에 뛰어든 것이다. 샌프란시스코의 아프리카계 미국인 인구의 상당수가 거주하고 있는 베이뷰 헌터스 포인트가 아주 취약한 지역이라는 점은 익히 아는 사실이었지만, 2004년 평가 내용은 너무 놀라워 정신이 아득할 지경이었다. 이 보고서가 인구 집단을 분류한 기준은 우편번호였다. 샌프란시스코의 21개 우편번호 구역 중 17곳은 조기 사망의 주된 원인이 미국 인구 전체의 첫째 사망 원인이기도 한 허혈성 심장질환*이었다.[4] 다른 세 곳에서는 후천성면역결핍증, 즉 에이즈HIV/AIDS로 나타났다. 그리고 베이뷰 헌터스 포인트는 조기 사망의 첫째 원인이 '폭력'으로 나타난 유일한 구역이었

---

* 관상동맥 혈류 장애로 심장에 적절한 혈액 공급이 되지 않는 질환(서울대학교병원 의학정보 참조).

다. 우편번호표에서 베이뷰(94214) 바로 옆은 샌프란시스코에서 가장 부유한 동네 중 하나인 마리나 디스트릭트(94213)다.[5] 손가락으로 숫자들을 훑으며 내려가는 동안 나는 벌어진 입을 다물 수가 없었다. 그 숫자들이 의미하는 바는 누군가 베이뷰에서 아이를 기른다면 그 아이가 폐렴에 걸릴 확률이 마리나 디스트릭트의 아이에 비해 2.5배 높다는 것이었다. 또한 천식에 걸릴 확률은 6배, 성장 후 통제할 수 없는 당뇨를 앓을 확률은 12배 더 높다는 뜻이기도 했다.

캘리포니아 퍼시픽 의료 센터는 나를 채용해 건강 격차를 해결하는 일을 맡겼다. 세상에, 그들이 내게 왜 그런 일을 맡겼는지 그제야 알 것 같았다.

상사가 자리를 비운 2주 동안, 나는 병원이 절실한 그 동네 한가운데 진료소를 여는 사업계획을 세웠다. 지금 생각하면 내게 그 일을 하게 한 원동력은 순진함과 젊음의 열정이었던 것 같다. 나는 베이뷰 주민들에게 우리 병원에 오라고 말하기보다는, 그저 편익을 제공하고 싶었다. 상사와 내가 그 계획서를 병원장인 브로트먼 박사에게 제출했을 때, 다행스럽게도 그가 과도한 이상주의를 탓하며 나를 해고하는 일은 일어나지 않았다. 오히려 그는 내가 계획 속 진료소를 현실로 만들도록 도와주었는데, 지금 생각해도 어안이 벙벙한 일이다.

그 보고서에 실린 숫자들을 통해 나는 베이뷰 주민들이

어떤 상황에 직면해 있는지 어느 정도 알고는 있었지만, 전체적인 정황을 파악한 것은 2007년 3월 캘리포니아 퍼시픽 의료 센터 산하의 베이뷰 아동건강센터가 개원하고 나서였다. 그저 녹록하지 않다는 표현 정도로는 베이뷰에서의 삶을 제대로 표현할 수 없다. 베이뷰는 등원하는 유치원생들 앞에서 아무렇지 않게 마약이 거래되고, 빗나간 총알이 벽을 뚫고 들어올까 두려워 할머니들이 때때로 욕조에 들어가 잠을 자는, 샌프란시스코에서는 몇 안 되는 지역 중 하나다. 언제나 살기 힘든 곳이었지만 그 이유가 폭력 하나만은 아니다. 1960년대에는 선박의 방사능 오염 물질을 제거하는 작업을 헌터스 포인트 해군 조선소에서 했고, 인근의 한 발전소는 2000년대 초반까지도 유독성 부산물을 수시로 이 지역에 내다버렸다. 베이뷰 지역의 인종 갈등과 소외를 다룬 다큐멘터리[6]에서 작가이자 사회 비평가인 제임스 볼드윈James Baldwin은 이렇게 말했다. "이곳은 샌프란시스코지만, 미국이 그 존재를 모르는 척 시치미 떼는 샌프란시스코다."

내가 베이뷰에서 일하며 매일매일 경험하는 일들은 그들의 고군분투가 실제적이고 끊임없이 이어진다는 사실을 가르쳐주지만, 또한 그것만이 이야기의 전부가 아니라는 것도 알려준다. 베이뷰는 넘어지면 무릎이 까지는 기름 범벅의 콘크리트 바닥이면서 갈라진 바닥 틈새에서 자라나는 풀꽃이기도 하다. 나는 매 순간 상상할 수 있는 가장 험악한 일들을 혜쳐나가며 애정을 담아 서로를 돕는 가족들과 공동체들을 본다. 예쁜 아이들과 그 아이들을 애지중지 보살피는 부모들을 본다. 그들은 힘겹게 분투하다가도 웃고, 그러고는 또다시 분투한다. 그러나 부모들이 자녀들을 위해 아무리 열심히 노력해도 베이뷰의 참담한 자원 부족은 도무지 감당이 되지 않는다. 우리가 베이뷰 아동건강센터를 열기 전까지, 1만 명이 넘는 아이들이 사는 이곳에 소아과의사는 단 한 명뿐이었다. 아이들은 심각한 의학적 문제와 정서적 문제에 직면해 있다. 그 아이들의 부모도, 그리고 조부모도 다르지 않다. 차라리 아이들의 사정이 좀 낫다고 할 수 있는데, 이들은 정부가 보조하는 건강보험 자격을 갖추었기 때문이다. 가난과 폭력, 약물남용과 범죄는 여러 세대에 걸쳐 질병과 좌절의 유산을 낳았다. 그럼에도 나는 우리가 변화를 만들어낼 수 있다고 믿었다. 내가 그곳에 진료소를 연 것은 베이뷰 사람들이 세상에 존재하지 않는 양 시치미 뗀 채로는 두 발 뻗고 잘 수 없었기 때문이다.

디에고와 케일라 같은 환자들의 존재가 바로 내가 베이뷰에 온 이유였다. 기억하는 한, 내 관심은 늘 이런 문제에 쏠려 있었다. 바로 이런 공동체가 내가 이바지하고 싶은 곳이었다. 나는 내가 받을 수 있는 가장 좋은 의학 교육을 받았고, 공중보건 석사학위를 받았으며, 취약한 공동체들과 협력해 그들의 의료 접근성을 개선시키는 과정과 방법을 훈련받았다. 수년간의 학교교육을 마쳤을 때 내게는 학계의 지배적 관점에 대한 믿음이 있었다. 사람들이 질 좋은 의료에 더 쉽게 접근할 수 있도록 개선하면 건강 바늘 또한 개선 쪽으로 움직인다는 믿음. 나는 내가 해야 할 일이 무엇인지 알았고 그 일에 착수할 준비가 되어 있었다. 처음 베이뷰에 왔을 때는 그 과정이 돌아가게 만들기만 하면 될 것 같았다. 사람들에게 좋은 의료를 제공하고, 그들의 생활 형편에 무리가 가지 않는 선에서 치료를 받을 수 있도록 도우면 아이들이 더 건강해질 것이라 생각했다. 아주 간단한 일처럼 보였다.

우선, 즉시 시행할 수 있는 꽤 기본적인 치료가 몇 가지 있었다. 우리 진료소는 표준화된 임상 프로토콜*을 적용해 예방접종률을 높이고 천식으로 인한 입원 건수를 낮추는 등 몇 가지 사항에서 극적인 개선을 이뤄냈다. 한동안은 정말 기분이 좋았다. 그러던 어느 날 백신을 접종하고 흡입기를 나눠주던 중 문득 이런 궁금증이 솟았다. 우리가 모든 걸 제대로 하고 있다면, 이 지역의 극도로 낮은 기대 수명에 조금이라도 변화가 생겼다는 조짐이 나타났어야 하지 않나? 나의 환자들은 계속해서 높은 발병률을 보이며 진료소를 찾아왔다. 이 환자들이 자라서 어른이 되고, 이들의 아이들이 계속해서 이곳을 찾아올 거라는 생각에 가슴이 내려앉았다. 해야 한다고

---

* 특정한 임상적 상황에 취할 조치들을 미리 정해둔 것.

생각하는 일들을 모두 챙겨서 했고 극진히 돌보았음에도, 게다가 한 세대 전과는 비교도 안 될 정도로 의료 접근성이 좋아졌음에도, 베이뷰의 건강 바늘은 아주 조금 꿈틀했을 뿐이었다.

　간호사가 디에고와 여동생을 대기실로 데려가고 로사가 디에고에게 일어났던 몇 가지 일들을 내게 들려준 뒤, 로사와 나는 잠시 각자 생각에 잠겨 앉아 있었다. 나는 로사의 머릿속을 떠다니고 있을 죄책감과 걱정과 희망을 그저 짐작만 해볼 뿐이었다. 우리가 각자의 생각 냄비에 어떤 수프를 끓이고 있었든, 디에고가 문을 빼꼼 열고 눈동자를 가운데로 모아 사시로 만들며 장난스럽게 들어오는 순간만큼은 굳어 있던 우리의 얼굴에 억누를 수 없는 미소가 번졌다. 나는 자리에서 일어나는 로사의 체구를 눈여겨보았다. 로사는 통통한 체형이었지만 키가 보통 수준을 벗어날 만큼 작지는 않았다. 반면 디에고는 일곱 살 남아의 성장곡선 근처에도 못 미칠 정도로 너무나 작았다. 잠시 머릿속으로 성장 부진을 평가하는 기준과 치료법 프로토콜을 되짚었던 것이 기억난다. 자연스러운 수순이었다. 그게 바로 의사들이 하는 일이니까. 어떤 문제, 예를 들어 비정상적인 발달이나 질병을 목격하면 의사는 그것을 바로잡으려 노력한다. 그런데 이번에는 단순한 질문 하나가 더 따라붙었다. **내가 놓치고 있는 게 뭐지?**

우물에 대체 뭐가 있는 거지?

공중보건대학원 학생들이 수업 첫날 배우는 유명한 **사례**가 하나 있다. 1854년 8월 말 런던에서 극심한 콜레라가 발생했을 때의 일로 실제 사건에 기반한 사례다. 소호의 브로드스트리트 지역에서 발원한 콜레라가 첫 사흘 동안 127명, 9월 둘째 주까지 500명이 넘는 사람들의 목숨을 앗아갔다.[7] 콜레라나 림프절 페스트 같은 병들은 해로운 공기를 통해 퍼진다는 것이 당시의 지배적 이론이었다. 하지만 존 스노John Snow라는 런던의 한 내과의사는 이러한 질병의 '장기설瘴氣說, miasma theory*'을 의심했다. 그는 브로드스트리트 마을 주민들을 찾아다니며 이야기를 듣고 병의 패턴을 추론했다.[8] 발병지들은 모두 수원水源, 그러니까 수동 펌프가 있는 공동 우물을 중심으로 모여 있었다. 스노가 지역 관리들을 설득해 펌프 손잡이를 없애 우물을 사용할 수 없도록 하자 발병이 잦아들었다. 당시에는 병이 공기가 아니라 더 불쾌한 분변-구강 경로를 통해 옮는다는 스노의 가설을 아무도 받아들이지 않았다. 하지만 몇 십 년 뒤 마침내 과학이 그를 따라잡아 매균설媒菌說, germ theory**이 장기설을 대체했다.

공중보건의 기수로서 이제 막 발돋움하는 단계에 있던

---

* 축축하고 더운 땅에서 생기는 독한 기운 때문에 전염병이 발생한다는 설.

** 전염병이 세균이나 미생물을 매개로 퍼진다는 주장.

우리는 우물 사례의 가장 통쾌한 부분, 그러니까 스노가 장기설을 무너뜨린 부분에 중점을 두었다. 하지만 나는 그보다 더 큰 교훈도 하나 얻었다. 100명의 사람이 모두 같은 우물물을 마시고 그중 98명이 설사를 했다면, 계속 항생제 처방을 할 수도 있지만 잠시 멈추고 '이 우물에 대체 뭐가 있는 거지?'라고 질문해볼 수도 있다는 것이다.

우물을 건너뛰고 디에고의 성장 부진에 대한 표준검사를 실시하려던 참에, 어째서인지 문득 내 앞에 놓인 이 사례를 좀 다르게 검토해야 한다는 생각이 들었다. 어쩌면 너무 극단적인 증상 발현 때문이었는지도 모르겠다. 아니면 유사한 사례들을 충분히 많이 봐왔기 때문에 이제 그 조각들을 맞춰볼 만한 단계에 이르렀던 것일 수도 있다. 이유가 무엇이든, 나는 디에고의 끔찍한 트라우마와 건강 문제가 단순한 우연의 일치가 아니라는 생각을 떨쳐낼 수 없었다.

그러나 디에고의 문제, 또는 내 모든 환자의 문제에 대한 답을 구하기 위해 우물 안을 들여다보려면 몇 가지 데이터가 더 필요했다. 디에고의 경우 첫 단계는 뼈나이를 측정하는 일이었다. 즉, 왼쪽 손목의 엑스선 사진을 촬영해 뼈의 개수와 형태를 기반으로 아이의 골격 성숙도를 판단하는 과정이었다. 나는 몇 가지 검사를 의뢰하고 디에고가 다니던 진료소에 아이의 성장 차트를 요청한 다음, 로사에게 엑스선 검사 신청서를 건네주며 나의 새 환자를 돌려보냈다.

며칠 뒤 방사선사가 결과를 보내왔다. 그 결과는 디에고의 골격 성숙도가 네 살 아이의 것과 일치한다는 사실을 확인해주었다. 그러나 다른 검사 결과들에서는 성장호르몬을 비롯한 호르몬들의 수치가 디에고가 자라지 않는 이유를 설명할 만큼 충분히 낮지 않았다. 의미심장한 데이터였다. 트라우마가 발생한 네 살 때 이후 디에고는 키가 거의 자라지 않았다. 뼈나이 역시 네 살로 나왔다. 하지만 디에고는 영양부족 상태가 아니었고 호르몬 장애의 증거도 전혀 없었다. 디에고의 키를 의학적으로 설명할 방법은 쉽게 찾기 어려워 보였다.

다음으로 나는 캘리포니아 퍼시픽 의료 센터 소아내분비과의 수루치 바티아Suruchi Bhatia 박사에게 도움을 요청했다. 그녀에게 디에고의 엑스선 결과와 다른 검사 결과들을 보낸 뒤, 네 살 아동이 당한 성적 학대가 아이의 성장 정지를 초래할 수 있다고 생각하는지 물었다.

"전에도 이런 경우 본 적 있으세요?"

한 주 내내 들러붙어 나를 괴롭히던 생각을 마침내 말로 표현한 질문이었다.

"그리 간단히 대답할 수는 없지만, 그래요, 있어요."

이럴 수가. 나는 생각했다. **이제는 정말 무슨 일이 벌어지고 있는 건지 알아내야만 해.**

나는 이런 신체적 발현이 너무 극단적이라는 생각을 멈

출 수가 없었다. 베이뷰의 '우물'에 들어 있는 것이 역경이라면, 디에고는 콜레라균에 오염된 물을 한 주전자쯤 마신 것에 맞먹는 고용량 역경을 경험한 셈이었다. 내가 생화학적 수준에서 디에고에게 일어나고 있는 일을 밝혀낸다면, 내 모든 환자에게 일어나고 있는 일이 무엇인지도 알아낼 수 있다. 어쩌면 이 지역 전체에서 벌어지고 있는 일을 밝혀낼 열쇠가 될 수도 있다. 나는 네 가지 커다란 질문에 대해 답을 찾아야 했다. 우물 밑바닥이, 그러니까 트라우마나 역경이 사람들을 병들게 하는 것일까? 그렇다면 왜 그렇게 되는 것일까? 내가 그것을 증명할 수 있을까? 그리고 마지막으로 가장 중요한 질문, 내가 그 문제를 해결하기 위해 의학적으로 할 수 있는 일은 무엇일까?

부정적 경험과 건강 사이의 이 폭넓은 연관관계의 핵심을 파악하려 할 때 즉각적으로 불거지는 한 가지 문제점은, 고려해야 할 요인이 압도적으로 많다는 것이다. 각 환자의 다양한 성장 과정과 유전적 역사, 노출된 환경은 물론 각자의 개인적 트라우마까지 고려해야 하기 때문이다. 공동 식수원이나 박테리아의 유형을 밝혀내는 것처럼 단순한 일이 아님을 이미 알고 있었다. 디에고의 경우에는 성적 학대 사건이 (추정컨대) 성장 정지라는 결과로 이어진 생화학적 연쇄반응을 일으키는 촉매로 작용했다. 그러나 그 정도로 극단적인 신체 반응을 불러온다는 것은, 호르몬과 세포 수준에서 온갖 종류의 유별난 일들이 벌어졌으며 지금도 **계속해서** 벌어지고 있음을 뜻했다. 이를 알아내려면 엄청난 노력을 쏟아야 했다. 내 인생의 몇 달이 섬광처럼 지나갔다. 오로지 펍메드PubMed* 와 그래놀라 바와 눈의 피로만으로 채워진 시간들이었다.

어느 날 나는 저녁 늦도록 진료소에 남아 환자들의 차트를 샅샅이 훑으며 내가 놓쳤을지도 모를 패턴을 찾았다. 그러다 자리에서 일어나 걸음을 옮기기 시작했다. 환자들과 직원들 모두 귀가한 시각이라 마음껏 돌아다닐 수 있었다. 대기실을 어슬렁거리던 나는 문득 걸음을 멈추었다. 작은 가구들과 깔개에 스텐실로 새긴 원색 발자국들을 바라보자 절로 미소가 번졌다. 이런 물건들을 보며 나는 내 환자들이 과거에 어떤 일을 겪었든, 또는 앞으로 겪든, 모두 평범한 아이들일 뿐이라는 사실을 다시 한 번 마음에 새겼다.

로럴 하이츠에 있는 캘리포니아 퍼시픽 의료 센터에서 일을 시작했을 때, 내가 가장 좋아했던 업무는 신생아들을 검진하는 일이었다. 몇 년 뒤에는 베이뷰의 신생아들에게도 똑같은 검진을 실시했다. 두 병원에서 만난 아기들의 작은 심장은 내 청진기 아래에서 똑같은 소리를 내며 뛰었다. 위생 장

---

* 생명과학과 생물의학 분야에 관한 MEDLINE(온라인 의학 문헌 분석 및 검색 시스템Medical Literature Analysis and Retrieval System Online) 데이터 베이스의 참고 자료 및 논문 초록을 찾아볼 수 있는 무료 검색엔진.

갑을 낀 손가락을 신생아의 입안으로 밀어 넣으면 양쪽 동네 아기들 모두 귀엽게도 손가락을 빨기 시작하며 똑같은 반사 반응을 보인다. 모든 아이의 정수리에는 아직 두개골이 다 닫히지 않아 물렁한 지점이 있다. 베이뷰의 아기들도 로럴 하이츠에서 태어난 아기들과 똑같이 이 세상에 왔다. 그러나 베이뷰의 신생아들을 검진할 때, 나는 통계상 이들의 기대 수명이 로럴 하이츠 아이들에 비해 12년 짧다는 사실을 의식하지 않을 수 없었다. 그들의 심장이 다르게 만들어졌거나 신장이 다른 방식으로 기능해서가 아니었다. 그것은 미래의 언젠가 그들 몸속에서 일어날 어떤 변화 때문이며, 그 변화가 남은 삶 동안 그들의 건강 궤도를 바꿔놓을 것이기 때문이었다. 처음에 아기들은 모두 똑같이 아름다운 잠재력의 꾸러미들이다. 그리고 언제까지나 그렇지는 못하다는 사실을 아는 것만큼 가슴 저리는 일은 없다.

나는 퇴근하려다가 검사실로 들어가 전등을 켜고 벽에 스텐실로 새겨놓은 동물들을 바라보았다. 사자들, 기린들, 말들, 그리고 그 가운데 유독 한 마리만 그려진 개구리. 내 시선은 그 개구리에 머물렀다. 개구리만 이상하게 혼자여서였는지, 아니면 흩어진 점들을 연결하는 뇌만의 신비로운 방식때문이었는지는 모르겠지만, 갑자기 캘리포니아대학교 버클리 캠퍼스의 헤이스 연구실이 떠올랐다. 스무 살 때 나는 그곳에서 상당히 진지한 시간들을 보냈고, 개구리들이 그 시절의 큰 부분을 차지했다.

헤이스 연구실은 독특한 개성을 가진 생물학자 타이론 헤이스Tyrone Hayes 박사가 코르티코스테로이드corticosteroid(스트레스호르몬)들이 올챙이의 각 발달단계에 미치는 영향을 연구하던 양서류 연구실이었다. 연구를 진행하던 당시의 기억이 뇌리를 스치며 문득 현재의 내가 온종일 씨름하고 있는 문제와 교차되었다. 나는 역경이 건강상의 나쁜 결과를 불러오는 사회적 결정 요인 중 하나라고 배웠지만, 그것이 생리 기능과 생물학적 기제에 **어떻게** 영향을 미치는지는 전혀 검토된 바가 없었다. 내 환자들에게 트라우마를 남긴 경험이 그들의 생물학적 기반과 건강에 어떤 영향을 미치고 있는지 내가 이해할 수 있게끔 도와줄 만한 연구는 전혀 없었다.

아니 어쩌면 있었을지도 모르겠다.

디에고를 포함한 베이뷰의 작은 올챙이들에게 무슨 일이 벌어지고 있는지 알아내기 위한 단서를 찾아야 할 곳은, 어쩌면 냉혈동물들의 세계였는지도 몰랐다.

2 　　　　앞으로 나아가기 위해 뒤로 돌아가다

　　　　부모는 아이의 첫 교사라는 말이 맞는다면, 내 아버지가 교육적 무질서를 좋아하는 생화학 교수였다는 사실이 나에 관해 많은 것을 말해줄 수 있을 것이다. 1980년대 어느 시점에 우리 부모님은 열 살이 채 안 된 아이를 다섯이나 키우고 있었는데, 아마도 그런 현실 때문에 두 분 모두 양육 전선에서 창의력을 발휘할 수밖에 없었을 것이다. 나의 아버지 배질 버크Basil Burke 박사는 자메이카 출신 이민자다. 잠시 아버지 자랑을 좀 하면, 인스티튜트 오브 자메이카Institute of Jamaica의 창립 100주년 기념식 때 음악 분야에서는 밥 말리가, 화학 분야에서는 나의 아버지가 100주년 메달을 받았다. 요즘도 아버지가 내 아이들을 봐주시는 날이면, 집에 도착했을 때 도대체 어떤 일이 날 기다리고 있을지 예측할 수 없다. 뭔지 모를 하얀 가루가 가스레인지를 온통 뒤덮고 있을지도 모르고, 정수기가 정교하게 해체되어 있을지도 모른다. 조리대 위에 익힌 새우 세 마리와 생새우 세 마리가 나란히 누워 있을지도. 아버지와 함께할 땐 언제나 놀랄 준비를 해야 한다.

나는 아주 어려서부터 아버지가 다른 아버지들과는 다르다는 것을 알았다. 생화학자인 아버지는 우리 형제들이 하는 '실험들'을 모조리 발견의 기회로 바꿔놓았다. 퇴근해서 돌아와 나와 형제 넷이 뾰족한 종이비행기를 서로에게 던지며 정신없이 노는 모습을 보았을 때, 아버지가 누군가 눈이라도 찔리기 전에 그만두라고 고함치는 일은 없었다. 오히려 아버지는 그 상황에 뛰어들어 바닥의 거리와 비행기를 던지는 시간을 측정하도록 우리를 지휘했다. 비행기가 A지점에서 B지점까지 도달하는 데 걸리는 시간을 계산할 수 있다면 비행기의 속도를 알아낼 수 있다. 그리고 중력은 물체를 1초당 초속 9.8미터로 가속시킨다는 것을 알고 있으니 이를 이용해 날개 밑의 양력을 측정하면, 누군가를 맞히기 위해 비행기를 날릴 최적의 각도를 계산할 수 있다. 돌아보니 이런 식의 개입은 사실 아주 기지 넘치는 양육 방식이었던 것 같다. 다른 형제들 모두 불평의 신음을 토해내다가 어쩔 수 없이 각자의 무기를 내던지고 꽁무니를 뺐으니 말이다. 하지만 나는 형제들과 달리 그 정도로는 성에 차지 않았다. 아버지는 냉장고 안에서 변질된 우유부터 내 블라우스에 묻은 노란 카레 얼룩이

비누를 묻히자마자 보라색으로 바뀌는 신기한 현상에 이르기까지, 모든 일에 물리학과 화학과 생물학을 끌어다 적용했다. 형제들은 상한 우유의 시큼한 냄새나 엉망이 된 블라우스 같은 것에 그다지 즐거움을 느끼지 않았지만, 나는 어른이 된 이후 내가 지니게 될 세계관의 근본이라 할 만한 무언가를 그때 배웠다. 모든 자연현상 뒤에는 분자 수준에서 작동하는 메커니즘이 존재한다는 것과 우리는 그것이 무엇인지 찾아내기만 하면 된다는 것 말이다.

10년 뒤 헤이스 연구실에서 인턴 생활을 하며, 나는 아버지를 훌륭한 과학자로 만든 요인에는 아버지가 그 과정에서 느낀 강렬한 기쁨이 큰 부분을 차지했으리라는 사실을 깨달았다. 전문가로서 과학을 하는 것은 아이가 재미로 뭔가를 폭파하는 것과 다르다는 점도 이해했다. 멍해질 정도로 지루한 피펫 작업*을 끝없이 반복해야 하고 어마어마한 양의 데이터를 입력해야 해서 자칫하면 나무를 찾으려다 숲을 놓쳐버릴 수도 있다. 그러나 최고의 과학자들은 그러지 않았다. 그들은 자신이 느끼는 흥미와 열정을 평범한 것에서 새로운 것을 발견하는 다리로 사용했다. 만약 과학자가 실험을 할 때 정해진 방식대로 시도하면서 되면 좋고 안 되면 말고 식으로 접근한다면, 그는 놀랍고 행복한 우연의 가능성을 놓치는 셈

---

* 유리관으로 만든 도구로 일정한 부피의 액체를 정확히 옮기는 작업.

이다. 훌륭한 과학자들은 하루하루 우연들을 최대한 잘 활용해 발견의 조건을 능동적으로 관리한다. 카레 얼룩이 묻은 내 블라우스처럼 실패한 실험도 예상치 못한 진실로 연결되는 문이 될 수 있다. 어렸을 때 나는 아버지를 보면서 그런 발견이 어떻게 일어나는지 배웠고, 대학에서는 타이론 헤이스 박사를 통해 배웠다.

헤이스 박사는 버클리대학교 과학 교수의 전형과는 완전히 반대였다. 내가 헤이스 박사 밑에서 공부할 때 그는 겨우 스물일곱 살로, 과학 교수진 가운데 가장 젊었다. 명석할 뿐 아니라 대학교 시절 나의 유일한 아프리카계 미국인 교수이기도 했으며, 개구진 유머 감각에 험한 말을 유창하게 하는 재주까지 있었다. 아무도 그를 '헤이스 박사님'이라고 부르지 않았다. 그는 그냥 '타이론'이었다. 그 덕에 우리 연구실은 그 건물에서 가장 멋지고 독특한 연구실이 되었다.

개구리들이 내게 알려준 것

헤이스 연구실은 획기적인 양서류 내분비 연구가 전문이었다. 올챙이들과 개구리들은 내가 버클리에서 보낸 4년 가운데 마지막 한 해 동안 학과 공부를 제외한 대부분의 시간을 함께한 가장 중요한 존재였다. 당시 내가 진행하던 연구는 헤이스가 발견한 우연 가운데 가장 중요한 것이었다. 그 실험은 개구리의 성性 발달에 관한 한 가지 가설에서 출발했다. 다양한 종류의 스테로이드호르몬(테스토스테론testosterone, 에스트로젠estrogen, 코르티코스테론corticosterone)이 생식샘 분화에 어떤 영향을 미치는지, 그러니까 올챙이들이 암컷 개구리로 발달할 것인지 수컷 개구리로 발달할 것인지 알아내기 위해 설계된 실험이었다.

호르몬은 생물의 화학적 메신저들이며 호르몬이 혈관을 통해 실어 나르는 정보는 광범위한 생물학적 과정들을 자극한다. 헤이스 박사는 올챙이들을 여러 발달단계에 걸쳐 다양한 스테로이드에 노출했는데, 의외로 생식샘에는 아무런 영향이 없었다. 그 실험에 많은 시간을 쏟고 깊게 생각했지만 결국에는 측정할 만한 어떠한 차이도 관찰되지 않은 것이다. 과장을 보태지 않더라도 실망스러운 상황임은 분명했다. 하지만 내가 현미경으로 조직 표본들을 재차 점검하는 동안, 헤이스 박사는 실망스러운 결과를 창의적인 시선으로 훑고 있었다. 그가 발견한 사실은 그 스테로이드들 중 무엇도 개구리의 성 발달에는 영향을 미치지 않았지만, 일부 스테로이드들이 올챙이의 성장과 변태에는 영향을 미쳤다는 점이었다.[1] 가장 놀라운 효과는 헤이스가 올챙이들을 코르티코스테론에 노출시켰을 때 관찰되었다.

코르티코스테론이 올챙이들의 성장에 미친 영향을 흥미롭게 관찰한 헤이스는 실험 방향을 바꿔야 하는 게 아닐까 고

민했다. 코르티코스테론은 사람에게는 코르티솔에 해당하는 스트레스호르몬이므로, 헤이스는 올챙이의 입장이 되어 올챙이에게 심한 스트레스를 줄 만한 일이 무엇일지 상상했다. 그가 떠올린 것은 아주 단순했다. 연못이 마르기 시작해서 갑자기 올챙이 수에 비해 물이 부족해지는 상황이다. 헤이스 박사는 그런 상황에서 일어나는 스트레스 반응은 '적응adaptation'에 도움이 될 것이라고 가정했다. 말하자면, 다른 경쟁자 올챙이들과 줄어드는 물 때문에 스트레스를 받는 올챙이의 분비샘들이 코르티코스테론을 방출하고, 이것이 변태 과정을 촉발해 꼬리가 다리로 바뀔 거라고 예측했다. 이렇게 개구리가 된 올챙이는 다른 멍청한 올챙이들을 남겨두고 펄쩍 뛰어 연못을 벗어날 수 있다. 빙고! 적응인 것이다.

어쨌든 그것이 그가 생각한 바였다. 헤이스의 생각은 대체로 옳았던 것으로 밝혀졌지만, 상황은 **예상이 빗나가면서** 더 재미있어졌다. 발달 후기 단계에 있는 예비 개구리들에게 코르티코스테론을 노출하면 **정말로** 변태 속도가 높아져 환경에 적응하고 늦기 전에 연못에서 벗어났다. 그러나 발달 초기에 노출된 올챙이들은 사실상 성장이 **억제되었다**. 게다가 면역 기능과 폐 기능이 떨어지고, 삼투조절 문제(고혈압)가 생겼으며, 신경 발달에도 손상을 입는 등 예상하지 못한 부정적인 결과들이 나왔다.[2] 올챙이들이 장기간 코르티코스테론에 노출되어도 똑같은 문제들이 발생했다. 초만원 연못이라는 환경에서 올챙이들의 스트레스 반응이 적응에 도움을 주는 것은 맞았지만, 이는 그 반응이 발달의 적합한 단계에서 일어나는 경우에만 해당했다.

스트레스호르몬이 더 어린 올챙이들에게 악영향을 미친 이유가 뭘까? 까다로운 문제였다. 다량의 코르티코스테론은 다른 호르몬들과 신체 기관들의 기능에 영향을 미친다. 올챙이가 이른 시기부터 장기간 코르티코스테론에 노출되는 경우 다른 모든 호르몬 수준과 생물학적 과정의 균형이 무너진다. 이런 결과들이 **부적응**이다. 그 스트레스 반응이 올챙이들의 번성과 생존에 도움이 되는 것이 아니라 상황을 훨씬 더 나쁘게 만든다는 뜻이다. 사실 스트레스호르몬에 일찍 노출된 올챙이들은 돌이킬 수 없는 발달상의 변화를 겪을 뿐 아니라 죽어버리는 경우도 많았다. 예를 들어 코르티코스테론 수준은 신진대사를 조절하는 갑상샘호르몬에도 영향을 미쳤다. 실험에서 코르티코스테론에 노출된 어린 올챙이들의 경우 갑상샘호르몬이 완전히 기능하지 못했는데, 이 올챙이들이 성장해 변태 단계까지 발달하지 못했던 것은 바로 이 때문이었다. 또 폐 발달에도 핵심 역할을 하는 코르티코스테론은 올챙이들이 공기 중에서 산소를 흡수하게 해주는 계면활성제 생산에도 영향을 미친다.

나는 의학을 공부하고 있었기 때문에 해부학과 생리학을 통해 호르몬들이 어떻게 협동해 항상성(신체의 생물학적 균형 또는 평형상태)이라는 교향곡을 연주하는지 알고 있었다. 하지만 내가 그걸 정말 **제대로 이해한** 것은 헤이스 연구실에서 일하면서였다. 그 운 나쁜 올챙이가 결정적인 실례가 되어주었다. 각 호르몬 양이 적절하면 이 호르몬들은 모두 힘을 모아 신체가 정상 기능을 유지하게 하지만 그중 한 호르몬의 수치만 변해도 섬세한 상호작용이 무너져버린다. 이런 종류의 호르몬 불균형은 신체에 직접적인 영향과 간접적인 영향을 미친다. 예컨대 코르티코스테로이드의 증가는 혈압에 직접 영향을 미칠 수도 있지만, 다른 호르몬들이 **각자** 기능하는 방식을 변화시킴으로써 성장과 발달에 간접 영향을 미칠 수도 있다. 호르몬들이 서로 영향을 미치는 방식, 그리고 그 결과로 인체에 영향을 미치는 방식은 아주 복잡해질 수 있으며 이는 우리 몸에 매우 중요하다.

헤이스 연구실에서 내게 새로운 시각을 열어준 또 한 가지는 연구실 업무 첫날 모든 학생이 한 권씩 받는 스트레스 반응에 관한 입문서였다. 호르몬들이 체내에서 하는 다양한 상호작용과 그 영향을 암기하는 것은 그리 어렵지 않다. A와 B가 만나면 C라는 결과가 나오는 식이다. 학교에서 배우는 과학은 플로차트와 인포그래픽, 공식과 계산이 끝없이 이어지는 쇼 같다. 이는 인체의 **구조와 기능**에 해당하는 내용이라고 할 수 있다. 그러나 헤이스 연구실의 올챙이들이 우리에게 가르쳐준 대로 진화의 관점에서 생물학을 바라보면 우리는 '구조와 기능' 못지않게 중요한 '원인과 결과'를 발견한다. 우리 대부분은 이상적이고 적응적인 상태에서 일어나는 생리 과정의 생물학적 원인과 결과를 이해한 상태로 헤이스 연구실에 들어갔다가, 이상적인 것과는 거리가 먼 부적응 상태의 원인과 결과를 해독하는 일에 매혹을 느끼며 그곳을 떠났다.

인류 역사의 초기 상당 기간 동안 가장 큰 스트레스 요인 (스트레스를 초래하는 사건)은 포식 동물(단기 스트레스 요인)과 식량 부족(장기 스트레스 요인)이었다. 인간이 아프리카 사바나에 살던 시절, 코르티솔의 주요 용도는 신체가 장기 스트레스를 관리하는 일을 돕는 것이었다. 항상성 유지야말로 생존의 핵심이며, 따라서 신체가 그 균형을 무너뜨리려 위협하는 환경 변화를 감지하면 코르티솔이 분비된다. 슈퍼마켓과 스마트폰 애플리케이션이 없던 선사시대 아프리카에 살던 초기 인류는 식량을 찾고 사냥감을 죽이고 그것을 먹을 수 있도록 손질하는 일에 대부분의 시간을 보냈다. 살기가 녹록하지 않을 때면 신체는 영양부족을 감지하고 연쇄적인 스트레스 반응을 작동한다.

이 과정에서 아주 큰 부분을 차지하는 것 하나가 코르티솔 생산의 증가로, 코르티솔의 주요 효과는 혈당을 높이는 것이다. 뇌가 생각하고 계획을 세우려면 충분한 혈당이 필요하기 때문이다. 이렇게 추가로 쏟아지는 코르티솔은 사슴 고기가 부족한 상황에서도 혈당을 안정적으로 유지하게끔 도와주었다. 정맥 속에서 안정적으로 꾸준히 흐르는 혈당은 근육에도 연료를 제공하므로, **마침내** 사슴을 발견했을 때도 녀석을 잡으러 쫓아갈 충분한 에너지를 내게 해준다. 그뿐 아니라 코르티솔은 체내의 수분과 염분 수준을 조절함으로써 정상 혈압을 유지하며, 성장과 생식을 억제하기도 한다. 식량 위기가 닥치면 자녀를 더 낳기 보다는 모든 가용 에너지를 당면 문제 해결에 쏟아붓는 편이 훨씬 더 합리적이기 때문이다.

이외에도 코르티솔에는 여러 효과가 있다. 식량이 부족할 때뿐 아니라 물리적 위협(예를 들어 사자)이나 부상, 환경적 스트레스 요인(지진)이 있을 때도 코르티솔이 나선다. 스트레스 반응이 촉발될 때마다 동일한 생물학적 과정이 기본적으로 일어난다. 수확이 적은 시기에 살아남으려 애쓰던 먼 옛날의 인간과 치명적 수준의 스트레스를 받은 올챙이 사이의 차이는 스트레스호르몬에 노출된 **타이밍과 지속 시간**이다. 사냥꾼의 경우 그 과정이 성인기에 일어났기 때문에 적응적인(생존에 유리한) 것이지만, 올챙이의 경우에는 발달의 너무 이른 단계인 아동기(즉 올챙이 시기)에 일어나서 부적응적인(생존에 불리한) 것이다.

디에고를 처음 만난 뒤 며칠 동안 나는 헤이스 연구실을 자주 떠올렸다. 스트레스 반응에 대해, 발달에 대해, 그리고 문제에 창의적으로 접근하는 방법에 대해 배웠던 내용을 되짚어보았다. 코르티코스테론과 그 호르몬이 변태 과정에 미치는 역할에 관한 헤이스 박사의 옛 논문을 검토하면서, 특히 창의적 접근에 대한 생각이 계속 마음에 남았다.

올챙이와 개구리 덕에 스트레스호르몬들이 발달에 어떤 식으로 영향을 미칠 수 있는지 더 깊이 이해한 것은 사실이지만, 그것이 동물 연구라는 점을 나는 분명히 인지하고 있었다. 올챙이들에게 상당량의 코르티코스테론을 주입했고, 그결과 극적인 결과가 나타났다. 거기까지는 분명하다. 하지만 많은 동물 연구가 그렇듯이 그 결과를 곧바로 사람에게 대입할 수 있다는 보장은 없었다. 게다가 도덕적 문제 때문에 사람들에게 상당량의 스트레스호르몬을 주입하는 실험은 아무도 시도한 바 없다. 따라서 어린이는커녕 인간에게 다량의 스트레스호르몬이 미치는 영향을 연구한 사례 자체가 전무했다. 아니, 혹시 있었던 걸까?

스트레스에 온몸이 흠뻑 젖은 아이들

스탠퍼드대학교의 루실 패커드 아동병원 소아 중환자실에서 레지던트 3년차로 일할 때였다. 세라 P.라는 귀여운 여섯 살 소녀가 어느 날 아침 허리 아래가 모두 마비된 채 깨어났다. 우리는 다양한 정밀 검사를 통해 마침내 원인을 알아냈다. 급성 파종성 뇌척수염acute disseminated encephalomyelitis, ADEM이었다. 이 병은 신경섬유를 감싸 신경 자극이 몸 전체에 신속히 전달되도록 하는 절연체인 마이엘린myelin을 환자의 면역계가 공격하는 희귀한 자가면역질환이다. 당연히 세라의 부모는 겁에 질렸다. 급성 파종성 뇌척수염 치료법은 합성 코르티솔이라 할 수 있는 스테로이드 프레드니손steroid prednisone을 고용량으로 투약하는 것이다. 우리는 스테로이드의 '스트레스 용량'*이 혼란에 빠진 면역계를 억제해 신경 기능이 회복되기를 기대했다.

내가 프레드니손 처방전을 쓰고 있을 때, 내 지도 의사는 의사들이 '정규 처방standing order'이라고 부르는 것도 덧붙이라고 상기시켜주었다. 정규 처방이란 특정 약품을 처방할 때마다 자동적으로 적용하는 프로토콜이다. 이 경우에는 스테로이드의 스트레스 용량을 처방받은 세라에게 예측 가능한 부작용이 나타날 때 조치해야 할 지시 사항이 담긴다. 소아 중환자실 의사들은 수십 년의 경험으로 프레드니손을 고용량으로 투약한 환자 대부분에게서 동일한 유형의 문제들이 생긴다는 것을 알고 있었다. 따라서 정규 처방은 이런 식이다. (1) 만약 혈압이 X에 도달하면 Y 혈압 약을 투약한다. (2) 만약 혈당이 X 이상 올라가면 링거를 통해 인슐린을 Y 속도로 주입한다. (3) 환자가 정신증 증상을 보이며 링거 주삿바늘을 뽑으려 하면, X 항정신병약을 Y 용량으로 투약한다.

---

* 일반적인 경우보다 더 많은 양의 스테로이드 투여가 필요할 때 사용하는 용량.

기억을 더듬어가다가 바로 이 지점에 이르렀을 때 나는 **"라티드!"**(자메이카 방언으로 "세상에나!"라는 뜻)라고 소리쳤다. 어린이에게 스트레스 용량으로 스테로이드를 투약할 때 생기는 결과들은 이미 알려져 있을 뿐 아니라 병원의 치료 프로토콜로 문서화되어 있기까지 하다는 걸 깨달았다. 의료 프로토콜은 특정 약품의 부작용을 **충분히 예측할 수 있어서** 그 부작용을 해결하는 체계를 미리 세워둘 가치가 있을 때 사용된다. 이는 임상 경험이 실질적인 연구가 되는 독특한 시나리오 중 하나다. 스탠퍼드대학교 의사들은 스테로이드를 스트레스 용량으로 투약한 환자들이 보이는 부작용들을 관찰한 다음, 왜 그런 일이 벌어지는지 조사하고 치료 방법을 조정해나가며 그 부작용들을 치료하는 최선의 방법을 찾아낸 것이다. 어린이가 스트레스호르몬에 어떻게 반응하는지 알아보기 위해 미리 계획한 개별 실험을 실시하는 일은 비도덕적일 수 있지만, 생명을 구하기 위해 치료하는 과정에서 나타나는 반응을 관찰하는 것은 분명 도덕적인 일이다. 의사들이 시행해 성공을 거둔 개입법은 시간이 지나면서 프레드니손의 부작용 관리를 위한 임상 지침이 되었다. 세라는 다행히 이 지침의 수혜자가 되어 상태를 개선하기에(그리고 감사하게도 회복하기에)는 충분하되 더 큰 문제를 일으키지는 않을 만큼의 용량을 투약 받을 수 있었다.

갑자기 내 환자들의 신체 반응들이 그렇게 기이하게 보

이지 않았다. 만일 세라나 실험실 올챙이들의 경우처럼 그들의 체내 시스템에도 스트레스호르몬이 흘러넘치고 있다면, 혈압과 혈당, 신경 기능을 포함해 신체가 그들과 비슷한 반응을 보이는 것은 당연하다. 모두 다 스트레스호르몬의 부작용으로 볼 수 있었다. 발달단계 중 적절치 못한 단계에서 고용량 스트레스호르몬에 노출되었을 때 이후 건강에 어마어마한 영향을 미칠 수 있다는 것은 생물학적으로 충분히 납득되는 일이다. 이는 훨씬 어린 올챙이들과 변태 시기가 가까워진 작은 개구리들에게 벌어진 일의 차이와 정확히 같은 것이었다. 적응 반응과 부적응 반응을 가르는 차이는 순전히 시기의 문제였다.

호르몬과 관련해 타이밍의 영향이 가장 극단적으로 나타나는 예로 갑상샘기능저하증을 들 수 있다. 많은 사람이 갑상샘이 제대로 기능하지 않는 사람을 알고 있거나 적어도 그런 사람의 이야기를 들어보았을 것이다. 기본적으로 갑상샘이 갑상샘호르몬을 생산하지 않으면 신진대사 속도가 떨어지고 피부가 건조해지며 머리카락이 부석부석해진다. 가장 잘 알려진 증상은 체중 증가다. 성인 1000만 명 정도가 이 병을 갖고 있지만,[3] 진단까지는 오랜 시간이 걸리는 경우가 많다. 그러나 좋은 소식은 성인기에 나타나는 증상은 비교적 가벼우며 치료법도 이미 나와 있다는 점이다.

그러나 유아기에 갑상샘기능저하증이 생기면 사정은 완

전히 달라진다. 한때 잔인하게도 크레틴병cretinism*이라고 불렸던 이 병은 신체와 정신 성장에 심각한 해를 입힌다. 그동안은 의사들이 병을 너무 늦게 발견한 탓에 수 세대에 걸쳐 수많은 아이가 심각한 증상에 시달렸다. 하지만 이제는 신생아들에게 갑상샘기능저하증 여부를 알아내는 선별검사를 실시하고 있다. 일찍 발견하는 경우 이 병은 갑상샘호르몬으로 쉽게 치료할 수 있다. 오늘날 선진국에서는 크레틴병이 극히 드물지만 그럼에도 여전히 타이밍이 얼마나 결정적 요인인지를 보여주는 좋은 예다. 갑상샘호르몬 부족은 시기에 따라 아주 다른 결과를 낳는다. 성인기에 발생하는 경우 가볍고 치료할 수 있는 병이지만, 아동기에 발생하면 심각한 병이다.

디에고의 사례에서 가장 염려된 것은 바로 증상이 나타난 시기였다. 디에고가 경험한 스트레스 양이 아이의 신체 시스템에 과부하를 걸 만큼 높았던 건 아닌지, 그 점이 디에고가 보이는 증상들의 근저에 깔린 원인이 아닌지 나는 몹시 걱정스러웠다. 다른 환자들에 대해서도 마찬가지였다.

하지만 이 지역의 나머지 사람들은 어떨까? 성인 중에도 각자의 아동기에 디에고가 겪은 것에 맞먹는 불행과 트라우마를 경험한 사람이 아주 많았다. 내 환자들은 아이들이기 때문에 나는 그들이 어떤 트라우마를 겪었는지 부모나 양육

---

* 크레틴cretin은 체구가 작고 기형적이며 지능이 아주 낮은 사람을 가리키는 말이다.

자에게 들었다. 때로는 병원에 데려온 자녀보다 부모 자신이 더 심한 부정적 경험을 한 경우도 많았다. 지난 몇 년 동안 나와 알고 지내온 엄마와 아빠, 이모, 삼촌 들은 육체적·언어적·성적 학대를 당한 과거, 가정 폭력을 겪으며 자라난 성장기, 심지어 누군가 칼에 찔리거나 총에 맞는 것을 목격한 사건 등에 대해 들려주곤 했다. 이제 그들은 관절염, 신부전, 심장병, 만성 폐질환, 암을 앓고 있었다. 대부분 베이뷰 또는 그와 비슷한 지역에서 성장한 사람들이었다. 이렇게 이른 시기에 부정적 경험에 노출되는 것이 이 인구 집단 전체의 건강에 어떤 장기적 영향을 미칠지 나는 반드시 알아내고 싶었다.

나의 환자들을 포함해 베이뷰 주민들이 평균적인 미국인보다 더 높은 스트레스를 경험했다는 점에는 의심의 여지가 없었다. 나는 어린 세라 P.와 스테로이드 부작용에 대한 정규 처방을 떠올렸다. 베이뷰의 성인들이 어려서 발달의 결정적인 단계들을 거치는 동안 호르몬이 스트레스 용량으로 분비되었다면, 그 결과로서 나타나는 부작용들은 어떤 것이었을까?

그 답은 바로 내가 근무 첫날 읽었던 〈2004년 샌프란시스코 지역 건강 평가〉 보고서에 있었다.

지구 전체는 말할 것도 없고, 미국에만도 베이뷰 같은 곳이 수천 군데는 된다. 공중보건대학원에서 나는 취약한 공동체(저소득층과 최근에 이민한 이민자 비율이 높은 공동체나 유색인 공동체 등)와 부유한 동네들 사이의 건강 격차의 심각성에 관한 강의를 들었는데, 사실 미국에 사는 이민 가족의 흑인 여성인 나로서는 그 모든 것이 마치 물은 축축하다는 말처럼 당연한 이야기를 듣는 기분이었다. 내가 찾고 있던 것은 현상이 아니라 **이유**였다. 보스턴에서 역학자 이치로 가와치Ichiro Kawachi 교수의 강의실에 앉아 그가 제시하는 고위험 지역사회들의 비만율에 관한 충격적인 데이터를 보며 이렇게 자문했던 일이 생생하다. **이거 혹시 코르티솔과 연관된 일은 아닐까? 매일 폭력과 불안정한 거주라는 위협을 공기처럼 들이마시며 사는 삶이 취약한 건강과, 또 잠재적으로는 그 원인과도 연관되어 있을 가능성은 없을까?** 끔찍하게도 시카고의 복작거리는 공영주택에 사는 사람들이 말라가는 연못에 살고 있는 올챙이들과 그리 다르지 않을 것 같다는 생각이 들었다.

　나는 베이뷰 사람들이 아동기에 경험한 사건이 그들을 파괴적인 의학적 궤도에 올려놓을 수 있다는 점을 실례로 목격한 참이었다. 아동기의 사건이 남은 평생에 걸쳐 건강에 영향을 미칠 수 있다는 사실 자체는 무시무시하다. 그러나 만약 그러한 과정에서 작동하는 기제가 정말 스트레스 반응 체계라면, 이것이 변화를 위한 넓은 활주로를 열어줄 수 있다. 우리가 한 아이의 발달단계 중 충분히 이른 시기에 겪는 문제를 밝혀내기만 하면, 이후 그 아이의 삶에 의미심장한 영향을 미칠 수 있다는 뜻이기 때문이다.

코르티코스테론이 올챙이에게 미친 영향과 관련해서는 노출된 기간의 길이와 타이밍 모두가 결정적으로 작용했다. 스탠퍼드대학교 소아 중환자실에서는 스트레스호르몬의 부작용이 아이들에게 문제를 일으키지 않게 하려면 어떤 조치를 취해야 하는지 알고 있었다. 나와 동료들이 디에고 같은 환자들을 위한 정규 처방을 만들 수는 없을까? 그 내용은 어떤 것이 될까? 아직 그 답은 알 수 없었다. 하지만 그러한 생각은 어릴 적 아빠와 함께 문제를 풀던 중 내가 바른 궤도에 들어섰음을 감지했을 때처럼 짜릿한 전율을 안기기에 충분했다.

3   18킬로그램이라고?

.

우리 진료소 같은 곳에서 일할 때의 멋진 점이자 힘든 점은 각자에게 어떤 필요(잠!)나 욕구(점심!)가 있든, 언제나 우리를 환자들에게 다시 끌어다놓는 긴박감이 저변에 흐르고 있다는 사실이다. 때로는 근무를 마친 뒤 역경과 건강의 관계를 탐구하며 시간을 보내는 호사를 누리기도 했지만, 진료소에 있을 땐 코앞에 차트들이 산더미처럼 쌓여 있었고 대기실은 아픈 아이들로 가득했다.

특히 디에고의 경우, 나를 끌어당기는 익숙한 그 힘을 더욱 강렬하게 느꼈다. 디에고에게 호흡기와 습진 치료약 처방전을 써주기는 했지만 여전히 성장 정지 문제를 해결해야 한다는 생각이 들었다. 나는 다시 한 번 바티아 박사에게 도움을 청했다. 혹시 호르몬 치료가 필요한 건 아닌지 궁금했다.

그러나 바티아 박사는 디에고의 검사 결과에 적어도 우리가 측정할 수 있는 범위에서는 호르몬 불균형이 드러나지 않았다고 했다. 자신의 경험상 이런 경우에는 약물 치료가 별 도움이 되지 않을 거라고 했다. 그러면서 바티아 박사가 디에고에게 가장 효과적인 치료법으로 제안한 것은 놀랍게도 **대화** 치료였다.

다행히도 나에게는 이럴 때 도움을 청할 만한 사람이 있었다. 베이뷰 아동건강센터는 환자 지원 서비스를 위한 약간의 보조금을 받고 있었다. 그 돈으로 무엇을 할지 결정할 때, 누구와 의논하는 것이 가장 좋을까? 다름 아닌 베이뷰 지역사회다. 나는 그동안의 교육을 통해 충분한 자원을 지원받지 못하는 공동체에서 건강 결과를 개선하려면 바로 그 공동체의 사람들과 관계를 구축하는 것이 중요하다는 사실을 잘 알고 있었다. 학교와 교회에서 건강을 주제로 행사를 개최하고, 영양 프로그램을 도입하고, 천식 예방 교실을 여는 일을 내 업무의 일부로 삼은 것도 바로 그 때문이었다. 사람들은 동네에서 나를 마주치는 일에 익숙해졌다. 많은 사람이 좋은 의도를 안고 이곳에 왔다가 지키지 못한 수많은 약속을 남기고 떠나버린 일이 많았다. 하지만 이제 베이뷰 사람들은 이곳 아이들의 건강을 개선하는 데 헌신하겠다는 내 말을 믿어주기 시작했다.

환자 지원을 위한 보조금이 도착했을 때 그 돈을 어떻게 써야 하는가에 대한 답은 명백했다. 바로 정신 건강 서비스였다. 당시 소아과에서 심리치료사를 직원으로 두는 것은 상당히 이례적인 일이었다. 하지만 동료들과 나는 우리가 추측한 것이 아니라 그들 자신이 필요하다고 말하는 것을 지역 주민들에게 제공해야 한다는 확신이 있었다.

하지만 그 치료사 직책을 맡을 적임자를 찾을 수 있을지 걱정이었다. 베이뷰 헌터스 포인트 한가운데 자리 잡은 비영리 건강센터인 이곳은 최소한의 직원과 예산으로 운영되는데다, 다들 힘든 초과근무도 무보수로 해내고 있는 형편이었다. 물론 내가 생각하기에는 꿈의 직업일 수 있지만, 아무리 그런 나라도 그게 모든 사람에게 꿈의 직업이라고 생각할 만큼 정신 나간 사람은 아니었다. 휘트니 클라크Whitney Clarke 박사가 면접을 보러 사무실에 들어왔을 때, 내 희망은 바닥에 떨어졌다. 겉모습만으로 사람을 판단하면 안 된다는 걸 알면서도 이런 생각이 드는 건 어쩔 수 없었다. **절대로 이 남자가 적임자일 리 없어.**

클라크 박사의 외모를 가리켜 베이뷰 같은 동네의 심리치료사를 떠올릴 때 처음 연상되는 이미지는 아니라고 말한다면, 그것은 아주 절제한 표현이다. 그는 남성이고, 백인이며, 크리스 파인(영화 〈스타트렉 비욘드〉에서 젊은 캡틴 커크를 연기한 배우)을 빼닮았다. 한마디로 그는 걸어 다니는 아베크롬비 광고였고, 나에게 이 말은 환자들이 그를 신뢰하고 그와 관계를 형성하는 걸 어려워할 거라는 의미였다. 이는 소외되고 해결해야 할 문제가 아주 많은 지역사회에서 일하는 심리치료사에게는 꽤 큰 결점이다. 그러나 그와 한참 이야기를 나누다보니 처음에 품었던 회의가 녹아내렸고, 그가 환자들의 마음을 움직일 것이라고 직감했다.

예상대로 대부분의 환자가 클라크 박사를 추천하면 무작정 거부했다. "내 아이를 백인 심리치료사에게 데려가지는 않을 거예요." 공통된 반응이었다. 하지만 충분히 이해할 만한 반응이기도 했다. 취약한 지역에 살고 있는 이 가족들 대다수는 제도화된 인종차별을 경험했고, 그 경험이 외부인에 대한 깊은 불신과 반사적으로 방어하는 태도를 낳았다. 다행히 그 무렵에는 나와 주민들 사이에 굳건한 관계가 형성되어 있었다. 내가 클라크 박사를 추천하며 그가 아이들에게 큰 변화를 일으킬 거라고 말하자 그들도 내 말을 믿어주었다. 그리고 모두들 오래지 않아 그의 진짜 모습을 알아보았다. 편하게 이야기를 나눌 수 있는 대화 상대이면서도 환자를 보살피는 일에서는 한 치의 물러섬도 없는 능숙한 의사의 모습 말이다. 어느새 클라크 박사는 환자들에게 일종의 안식처 같은 존재가 되었다. 몇 달 뒤 나를 다시 만난 환자들이 그에 대한 자랑스러움으로 얼굴을 빛내는 모습을 볼 때마다 정말 뿌듯했다. 그렇게 얼마 지나지 않아 그들 또한 클라크 박사를 이웃에게 추천하고 있었다.

바티아 박사와 디에고에 관한 이야기를 나눈 뒤 나는 클라크 박사에게 상황을 설명하고 디에고에게 어떤 종류의 치료를 추천해야 할지 물었다. 그리고 우리는 곧 로사에게 트라우마에 초점을 맞춘 인지행동치료trauma-focused cognitive behavioral therapy, TF-CBT 경험이 있고 스페인어 대화가 가능한 치료사를 연결해주었다. 트라우마에 초점을 맞춘 인지행동치료란 부모와 아이 모두 참여시켜 트라우마가 아이의 발달에 미치는 영향을 바로잡을 수 있도록 설계된 임상 프로토콜이다.[1]

나의 끝없는 할 일 목록에서 이 일을 완료 상태로 체크하고 나니 기분이 한결 나아졌다. 그러나 우리가 생각해낼 수 있는 최선의 치료 방법을 디에고에게 제공했음에도, 나는 여전히 좌절감을 떨칠 수 없었다. 내 환자들에게서 역경과 건강문제의 관계를 점점 더 뚜렷이 목격하고 있으면서도 그 문제를 해결할 준비가 전혀 안 되었다는 느낌이었다. 디에고의 성장에 관해서라면 감사하게도 바티아 박사의 지도를 받을 수 있었지만, 누구에게도 조언을 구할 수 없는 경우 또한 아주 많았다. 이전 10년의 경험으로 나는 내 눈에 실제로 보이는 현실을 믿게 되었다. 하지만 왜 의학대학원이나 레지던트 과정에서는 그 문제를 해결할 방법을 배우지 못했을까? 치료법에 대한 임상 프로토콜은 어디 있고, 이 일에 관해 위원회가 의사에게 하는 권고 사항들은 어디 있을까?

내 좌절감을 들어주는 역할은 클라크 박사가 맡았다. 그가 치료하고 있는 정신 건강 증상들과 나를 가장 괴롭히는 의학적 사례 모두의 뿌리에 역경이 자리하고 있다는 나의 가설에 관해 우리는 수차례 이야기를 나눴다. 내분비학에 대한 배경지식이 부족한 그도 나의 생각이 완벽하게 합리적이라고 받아들였다. 심지어 그는 디에고와 같은 스트레스 시스템 유형에 꼭 맞는 몇 가지 극단적인 사례들을 들려주기도 했다.

마지막 퍼즐 조각

몇 달 뒤, 클라크 박사가 내 사무실에 오더니 활짝 웃는 얼굴로 연구 논문 한 편을 건넸다.

"이거 본 적 있어요?" 그가 물었다.

1998년 〈미국 예방의학 저널American Journal of Preventative Medicine〉에 실린 〈아동 학대 및 가정 기능장애와 성인기 주요 사망 원인들과의 관계: 부정적 아동기 경험ACE 연구Relationship of Childhood Abuse and Household Dysfunction to Many of the Leading Causes of Death in Adults: the Adverse Childhood Experiences(ACE) Study〉라는 빈센트 펠리티Vincent Felitti 박사와 로버트 안다Robert Anda 박사 연구 팀이 쓴 논문이었다.[2]

"아뇨." 그의 말투에서 그게 뭔가 중요한 논문이라는 것을 느낄 수 있었다.

"차트는 잠시 덮어두는 게 좋겠네요."

"이거, 내가 **생각하는** 그거예요?"

"일단 한번 보신 다음 얘기하죠." 그가 말했다.

클라크 박사가 채 문을 닫기도 전에 나는 초록의 절반을 읽었다. 그리고 첫 페이지의 일부만 읽었는데도 이미 깨달음의 전율이 왔다.

여기 있었어!

모든 걸 완벽하게 맞춰주는 마지막 퍼즐 조각이 바로 여기에 있었다.

지난 10년 동안 내가 경험한 모든 것, 나 혼자서는 정확히 끼워 맞출 수 없었던 그 모든 의문과 관찰을 순식간에 정리하는 핵심이 나타난 것이다. 나는 벌렁거리는 심장을 안고 그 연구에서도 특히 인상적인 부분들을 큰 소리로 읽었고, 사이사이 낮은 소리로 자메이카 사투리를 탄성처럼 뱉어냈다. 펠리티와 안다의 연구에서 가장 먼저 받은 인상은 그들의 연구가 놀라울 정도로 탄탄하다는 점이었다.[3] 그들은 무려 1만 7421명에게서 얻은 데이터를 제시해 내 기대를 뛰어넘는 엄청난 수치로 타당성을 증명했다.

논문을 다 읽고 나서도 흥분은 가라앉지 않았다. 나는 영화 〈매트릭스〉의 마지막 장면, 갑자기 초록색 숫자들이 흘러내리는 세계 속의 네오가 된 기분이었다. 나를 둘러싼 현실 전체를 보게 되었을 뿐 아니라, 이제는 그 현실을 **이해한** 것이다. ACE 연구에 따르면 아동기의 불행이 주는 스트레스와 나쁜 건강 사이에 관계가 있다고 생각한 사람은 나만이 아니었다. 이 마지막 퍼즐 조각, 매트릭스의 마지막 암호 조각은 내 환자들에게 일어나고 있는 일을 이해하는 데, 그리고 더욱 중요하게는 그들을 치료하는 데 꼭 필요한 것이었다. 당시 나는 그 순간이, 그 이해가 내가 하는 일을 뿌리 깊게 변화시키리라는 것을 알았다. 하지만 내 삶 자체를 얼마나 많이 바꿔놓을지는 짐작조차 하지 못했다.

1985년, 빈센트 펠리티 박사는 샌디에이고의 카이저 비만 클리닉에서 그날의 첫 환자를 면담하고 있었다. 병원 식당 배식 줄에서 펠리티 박사 뒤에 서서 기다리거나, 복도에서 그를 마주쳤다면 아마도 그의 몸가짐에서 강한 인상을 받을 것이다. **위엄 있다. 차분하다.** 아마 이런 말들로 그 느낌을 표현할 수 있겠다. 백발이 무성한 이 침착한 지식인은 공영 텔레비전 방송의 뉴스 진행자나 신랄한 정치 토론을 냉정하게 이끌어가는 사회자에 꼭 어울리는 인물로 보였다. 말하는 태도에 자신감과 권위가 배어 있을 뿐 아니라 발음은 매우 정확하고 분명했다. 바로 그랬기 때문에 그의 획기적인 의학적 발견이 예상치 못한 말실수에서 시작되었다는 사실을 알았을 때 나는 더더욱 놀라지 않을 수 없었다.

도나는 53세 여성으로 심신을 쇠약하게 만드는 당뇨병과 심각한 체중 문제에 시달리고 있었다. 2년 전 체중 감량 프로그램에서 45킬로그램 이상을 줄였던 그녀가 지난 여섯 달 사이에 원래 체중으로 되돌아갔다. 펠리티는 자기 안에서 좌절감과 책임감이 서로 충돌하는 것을 느꼈다. 사실 그는 도나가 왜 궤도에서 이탈했는지 정말 알 수 없었다. 전에는 정말 잘해왔고 그렇게 힘들게 노력해 성공을 거둔 그녀가 다시 원점으로 돌아오다니 말이다.

펠리티는 반드시 그 이유를 밝혀내겠다고 작정했다.

그는 늘 하는 예비 검사 질문들을 하나하나 던졌다. 태어났을 때 몸무게가 얼마였습니까? 처음 학교에 입학했을 때는 몸무게가 얼마였죠? 고등학교에 들어갔을 때는요? 처음 성관계를 했을 때는 몇 살이었습니까?

그런데 이 마지막 질문에서 말이 잘못 나갔다.

"처음 성관계를 했을 때는 몇 살이었습니까?"가 아니라 "처음 성관계를 했을 때는 몸무게가 얼마였습니까?"라고 물은 것이다.

"18킬로그램요." 도나가 대답했다.

이 대답에 그는 멈칫했다. **뭐라고? 18킬로그램?**

그는 잘못 들은 게 분명하다고 생각하며 잠시 말을 멈추었다. 그러다가 무엇 때문이었는지, 그 질문을 똑같이 다시 던져보았다. 어쩌면 도나는 80킬로그램이라는 뜻으로 한 말일지도 몰랐다.

"미안한데요, 도나, 처음 성관계를 했을 때 몸무게가 얼마였다고요?"

도나는 잠자코 있었다.

도나가 입을 열기를 기다리는 사이, 뭔가 있다는 느낌이 왔다. 20년 넘게 환자들을 상대해온 그는 의미심장하게 멈춰진 대화 뒤에 진단의 금광이 숨어 있다는 사실을 잘 알고 있었다.

"18킬로그램요." 도나가 눈을 내리깔며 대답했다.

펠리티는 충격으로 멍해진 채 가만히 다음 말을 기다렸다.

"제가 네 살 때였어요. 상대는 아버지."

펠리티는 그 순간 큰 충격을 받았지만 감정을 드러내지 않으려 몹시 노력했다고 한다(나도 그런 기분을 아주 잘 안다). 23년 동안 환자들을 만났지만 그가 검진 중 성적 학대에 관한 이야기를 들은 건 그때가 처음이었다. 오늘날에는 믿기 어려운 이야기일 것이다. 그가 한 번도 그런 질문을 하지 않아서였는지, 아니면 오늘날에 비해 학대 이야기들이 더 깊이 묻혀 있던 1980년대였기 때문인지는 나도 확실히 모르겠다. 그 점에 대해 물었을 때 펠리티는 아마 자신이 한 번도 그런 질문을 하지 않아서였던 것 같다고 대답했다. 결국 그는 의사이지 심리치료사는 아니었으니 말이다.

도나와 그런 이야기를 나누고 몇 주 뒤, 펠리티는 같은 체중 감량 프로그램에 참여하고 있지만 역시나 뜻대로 결과를 내지 못하는 또 다른 환자를 면담했다. 사실 프로그램 초반만 해도 패티는 모범 환자였다. 185킬로그램이었던 몸무게를 51주에 걸쳐 60킬로그램까지 줄였기 때문이다. 패티와 도나만이 아니었다. 정해진 식이요법을 따르며 1년 만에 136킬로그램이나 줄일 정도로 훌륭한 결과를 내던 환자가 많았다. 펠리티는 그런 결과들에 고무되었지만, 한편 의아함을 느끼고 있었다. 도중에 탈락하는 사람들의 비율이 너무 높았던 것이다. 프로그램에 참여한 지 얼마 안 된 환자들이라면 이해할 수 있었다. 음식을 줄이는 식이요법을 오랜 시간 내내 유지한다는 것은 무척 어려운 일이니까. 하지만 정말 이상한 것은, 가장 **성공적인 결과**를 내고 있던, 그러니까 가장 오랫동안 프로그램을 지속해오며 가장 좋은 결과를 이끌어낸 환자들의 탈락률이 가장 높다는 점이었다. 환자들은 자신이 목표로 한 몸무게에 도달해 힘겹게 달성한 목표를 축하해야 할 바로 그 시점에 갑자기 사라졌다. 프로그램에서 완전히 빠지거나 몇 달 후 감량한 체중 대부분을 도로 늘린 다음 다시 찾아오는 식이었다. 펠리티와 동료들은 너무나 의아했다. 해결하기 어렵기로 악명 높은 체중 문제를 타개할 방법을 발견한 것 같았는데, 도무지 알 수 없는 이유로 그 해법이 지속되지 않으니 말이다.

펠리티는 도대체 무슨 일이 벌어지고 있는 건지 알아내고자 패티와 면담을 했다. 패티가 프로그램에서 곧 이탈할 것 같은 낌새가 보였기 때문이다. 지난 3주 동안 패티의 몸무게는 17킬로그램이나 다시 늘었다. 패티는 잘못된 방향으로, 그것도 아주 빠른 속도로 가고 있었다. 펠리티는 너무 늦기 전에 패티를 원래 궤도로 돌려놓기를 바랐다.

펠리티는 갑작스러운 체중 증가의 원인을 알아내기 위해 신체검사부터 실시했다. 심부전 때문에 몸이 수분을 다량으로 보유하려는 것일까? 그러나 패티에게서 심부전으로 인한 체액 보유를 암시하는 부기나 부석부석함은 찾아볼 수 없었다. 갑상샘이 제대로 기능하지 못하는 것일까? 패티의 모발과 피부, 손톱을 자세히 살펴보았지만 건조하거나 얇지 않았고 갑상샘 크기도 정상이었다. 신진대사의 문제를 나타내는 신체 신호는 전혀 없는 듯 보였다.

모든 가능성을 확인한 다음 펠리티는 패티와 이야기를 나누기 시작했다.

"패티, 당신 생각에는 지금 무슨 일이 벌어지고 있는 것 같아요?"

"체중 말씀이신가요?"

"그래요."

패티는 희미한 미소를 지으며 자기 손을 내려다봤다.

"제가 자면서 음식을 먹는 것 같아요." 그녀가 멋쩍게 말했다.

"그게 무슨 말이죠?"

"어렸을 때 몽유병이 있었어요. 커서는 오랫동안 전혀 그런 증세가 없었는데 요새 다시 나타난 것 같아요. 지금 전 혼자 살고, 잠들기 전에 부엌을 깨끗이 치워놓고 자요. 그런 데도 아침에 일어나보면 냄비와 접시들이 더러워져 있고 상 자와 깡통들이 열려 있어요. 누군가 음식을 만들어 먹은 게 분명한데 저는 전혀 기억이 안 나거든요. 하지만 집에는 저뿐 이고 제 체중이 늘고 있으니까, 유일한 답은 결국 제가 먹었 다는 거겠죠."

펠리티는 고개를 끄덕였다. 좀 별스러운 일이었고, 어쩌 면 정신병리학적 문제를 암시하는 신호일지도 몰랐다. 평소 라면 정신 의료 기관을 추천하고 자신은 패티의 신체 건강에 만 집중했을 테지만, 이번에는 무언가가 그를 붙잡았다. 얼마 전 도나와 대화를 나눈 이후, 자신이 평소에 늘 하는 질문만으 로는 알아낼 수 없는 무언가가 환자의 치료 성과에 영향을 줄 수 있음을 알게 됐기 때문이다. 자신의 영역을 벗어나는 일 같 기는 했지만 그래도 펠리티는 새로운 길을 따라가기로 했다.

"패티, 자면서 먹는다면 체중이 느는 이유는 설명이 돼 요. 그런데 왜 하필 지금 그런 증세가 나타났을까요?"

"모르겠어요."

"3년 전 또는 석 달 전에는 왜 이런 일이 일어나지 않았 을까요?"

"모르겠어요."

펠리티는 다시 시도했다. 전염병과 역학 분야에서 일한 경험이 있는 그로서는 표면적인 설명만으로 만족할 수 없었다. 대개는 병을 유발하는 계기가 되는 사건이 있다. 런던 소호 지역에서 그렇게 많은 사람이 콜레라에 걸린 것은 단순히 재수가 없어서가 아니었다. 병에 걸린 모든 사람을 하나로 묶어주는 공통점이 있었고, 그것은 바로 오염된 우물이었다.

펠리티는 패티가 자면서 먹는 행동을 시작한 것에도 분명 원인이 있으리라 생각했다.

"잘 생각해봐요, 패티. 당신 인생에서 무슨 일이 일어나고 있죠? 왜 지금 자면서 먹는 행동을 시작하게 되었을까요?"

잠시 침묵에 잠겨 있던 패티가 마침내 입을 뗐다.

"음, 그 일과 관련이 있는지는 모르겠는데요. 직장에 어떤 남자가 있어요." 패티는 다시 시선을 떨구었다.

펠리티는 잠자코 기다렸고, 결국 패티가 설명을 이어갔다. 요양원에서 간호사로 일하고 있는데 새로 담당한 환자 한 명이 계속 추근거린다는 얘기였다. 패티보다 나이가 훨씬 많은 유부남인데, 살이 빠지니 정말 보기 좋다고 하더니 그 후로 줄곧 그녀에게 성관계를 제안했다. 처음에 펠리티는 어리둥절했다. 비교적 가벼운 희롱이(어쨌든 당시는 1980년대였으니까) 그렇게 극단적인 방식으로 반응할 만한 일이라고는 여겨지지 않았기 때문이었다. 하지만 패티의 이야기를 들을수록 상황은 더욱 명백해졌다. 패티에게는 열 살 때부터 할아버지에게 근친상간을 당해온 오랜 과거가 있었다. 패티가 체중 문제를 겪기 시작한 것도 바로 그때부터였다.

그날 패티가 돌아간 뒤, 펠리티 박사는 패티와 도나의 유사성을 무시할 수 없음을 깨달았다. 우연의 일치일 수도 있지만 그 타이밍만큼은 도저히 그냥 넘길 수 없었다. 두 환자 모두 아동기에 근친상간 학대를 당한 직후부터 몸무게가 불었다. 그리고 몇 십 년이 지난 지금, 패티는 환자가 추근거리자 갑자기 다시 체중이 늘어나기 시작했다. 혹시 패티는 트라우마를 되새기게 하는 일로부터 자신을 보호하기 위해 무의식적으로 체중을 불린 게 아닐까? 이제껏 이 문제를 완전히 잘못 보고 있었던 거라면? 의사로서 그는 환자의 체중을 문제로 인식해왔다. 그런데 이것이 사실은 문제가 아니라 **해결책**이라면? 환자의 체중이 심리적·정서적 장벽, 즉 환자가 해를 입지 않도록 보호하는 무엇이라면? 그렇다면 가장 성공적이었던 환자들, 즉 보호막을 완전히 벗어버렸던 환자들이 그렇게 필사적으로 자신의 보호막을 다시 찾아 걸친 이유도 설명이 되었다.

펠리티는 자신이 학대의 역사와 비만 사이에 감춰진 관계를 살짝 엿본 정도에 지나지 않는다고 생각했다. 이때부터 펠리티는 학대와 비만의 잠정적 관계를 더욱 명확히 알아내기 위해 비만 프로그램의 일반 점검과 환자 면담에서 아동기의 성적 학대 경험에 대해 묻기 시작했다. 결과는 충격적이었다. 두 명 중 한 명이 그런 과거를 인정했다. 처음에 펠리티는 이것이 사실일 리 없다고 생각했다. 만약 사실이라면 의대에서 그 관계에 대해 당연히 배웠을 테니까 말이다. 그러나 총 186명의 환자와 이야기를 나눠 본 후 그는 확신했다. 혹시라도 자신의 환자 집단이나 질문 방식에 특이한 점이 있어서 그러한 결과가 나온 것은 아닌지 분명히 확인하기 위해, 그는 동료 다섯 명과 함께 다른 비만 환자 100명을 대상으로 학대당한 경험을 조사했다. 거기서도 같은 결과가 나왔을 때, 펠리티는 자신들이 엄청난 무언가를 밝혀냈음을 알았다.

아동기의 부정적 경험이 건강에 미치는 영향

아동기의 부정적 경험과 나쁜 건강 상태의 연관성에 관한 펠리티 박사의 첫 통찰은 의학계에 하나의 이정표를 세운 '부정적 아동기 경험 연구ACE Study'로 이어졌다. 이 일은 탐정처럼 사고하는 의사를 보여주는 최고의 사례다. 직감을 따라가 그것을 과학적으로 검증해내는 작업. 단 두 명의 환자에서 출발한 이 연구는 결국 의료 전문가들에게 수많은 사람의 삶에 대한 결정적인 통찰을 제공하는 토대이자 영감이 되었다.

탐정처럼 자신의 분야에서 숨어 있던 사실을 밝혀낸 펠리티는 그 이야기를 널리 퍼뜨리고자 노력하기 시작했다. 그는 1990년에 애틀랜타에서 열린 전국 비만 콘퍼런스에서 자신이 발견한 내용을 발표했다가 동료들에게서 대대적인 비판을 받았다. 객석에 있던 한 의사는 환자들이 학대당했다는 이야기는 자신의 실패한 삶에 대한 핑계를 대려고 날조한 내용이라고 주장했다. 펠리티의 말에 따르면 그 남자는 박수갈채를 받았다고 한다.

콘퍼런스에서 펠리티가 환자들에게 속았다고 생각하지 않은 사람이 적어도 한 명은 있었다. 그날 밤 발표자들을 위한 만찬에서 질병통제예방센터 소속의 역학자 데이비드 윌리엄슨David Williamson이 펠리티의 옆자리에 앉았다. 이 연륜 있는 과학자는 펠리티에게 아동기에 당한 학대와 비만 사이에 관계가 있다는 그의 주장이 사실이라면 그것은 어마어마한 중요성을 지닌 일이라고 말했다. 그러면서 286건에 기초한 증거는 아무도 믿으려 하지 않는다는 점도 지적했다. 펠리티에게 필요한 것은 비만 프로그램에 참가한 소규모 집단만이 아니라 다양한 인구 집단을 대상으로 하는 대규모의 역학적 타당성이 있는 연구였다.

그리고 몇 주 뒤, 윌리엄슨은 펠리티에게 의사이자 질병통제예방센터의 역학자인 로버트 안다를 소개했다. 안다는 질병통제예방센터에서 수년간 행동 건강behavioral health *과 심혈

* 건강에 해롭거나 이로운 행동을 하는지 여부 또는 그 정도를 포괄하는 개념.

관계 질환 사이의 관계를 연구해온 인물이었다. 이후 2년 동안 안다와 펠리티는 학대와 비만의 연관성에 관한 기존의 모든 문헌을 검토하고 의미 있는 연구를 실행할 가장 좋은 방법을 생각했다. 그들의 목표는 다음 두 가지를 밝혀내는 것이었다. 첫째, 아동기에 학대를 당한 경험 또는 제 기능을 하지 못하는 가정에 방치된 경험과 성인기에 건강을 해치는 행동(알코올중독, 흡연, 심각한 비만)을 하는 습관 사이의 관계. 둘째, 아동기에 학대를 당한 경험 또는 제 기능을 하지 못하는 가정에 방치된 경험과 **질병** 사이의 관계. 그 일을 하려면 수많은 성인의 종합검진 결과와 건강 데이터가 필요했다.

다행히 그들에게 필요한 데이터의 일부는 이미 샌디에이고의 카이저 퍼머넌트_{Kaiser Permanente} 의료 센터(이하 카이저)에서 매일 수집되고 있었다. 한 해에만 4만 5000명 이상이 카이저 건강검진 센터에서 종합검진을 받았다. 카이저에서 축적한 건강검진 결과에는 인구통계학적 정보와 이전에 받은 진단들은 물론 가족력, 각 환자들이 현재 씨름하고 있는 문제 또는 질병까지 담겨 있었으니, 펠리티와 안다에게는 그야말로 보물처럼 귀중한 데이터였다. ACE 연구 계획서에 대한 감독위원회의 승인을 얻기 위해 아홉 달에 걸쳐 싸운 끝에, 펠리티와 안다는 마침내 연구를 시작할 준비를 마쳤다. 1995년부터 1997년 사이에 그들은 카이저 헬스플랜을 이용하는 회원 2만 6000명에게 아동기의 경험이 건강에 미치는 영향을 연구하는 데 필요한 도움을 요청했고, 그중 1만 7421명이 연구 참여에 동의했다. 펠리티와 안다는 이 과정에서 연구 참가자들을 두 차례 만나고, 그다음 주에는 참가자들에게 아동기의 학대나 문제가 있는 가정에 노출된 경험, 그리고 흡연과 마약 사용, 성병 감염과 같은 현재의 건강 위험 요인들에 관해 묻는 설문지를 발송했다.

이 설문지로 펠리티와 안다가 '부정적 아동기 경험Adverse Childhood Experiences', 줄여서 ACE라는 용어로 표현한 것에 관한 결정적인 정보가 수집되었다. 비만 프로그램에서 목격했던 만연한 역경들을 바탕으로 두 사람은 학대와 방임, 제 기능을 하지 못하는 가정에 대한 정의를 ACE의 열 가지 구체적 범주로 분류했다. 그들의 목표는 18세가 되기 전에 이 열 가지 범주 중 어떤 것을 경험했는지 질문해 각 환자가 아동기에 부정적 경험에 노출된 수준을 판단하는 것이었다.

1. 정서적 학대(반복적)
2. 신체적 학대(반복적)
3. 성적 학대(접촉)
4. 신체적 방임
5. 정서적 방임
6. 가정 내 약물남용(알코올중독자나 약물남용 문제가 있는 사람과 함께 거주)

7. 가정 내 정신질환(우울증이나 정신질환을 앓은 사람 또는

　자살을 시도한 사람과 함께 거주)

8. 어머니가 폭력을 당함

9. 부모의 이혼 또는 별거

10. 가정 내 범죄행위(가족 중 투옥된 사람이 있는 경우)

　각각의 학대와 방임과 제 기능을 하지 못하는 가정에 대한 항목은 하나당 1점으로 계산되었다. 총 열 가지 범주이므로 가장 높은 ACE 지수는 10점이다.

　펠리티와 안다는 건강검진과 설문에서 얻은 데이터를 가지고 건강에 위험한 행동들과 건강 상태가 ACE 지수와 상관관계를 보인다는 사실을 밝혀냈다.

　첫째, 그들은 아동기의 부정적 경험이 놀랍도록 흔하다는 사실을 깨달았다. 전체 인구 가운데 67퍼센트가 최소한 한 가지 ACE 범주에 해당했고, **네 가지 이상**인 사람이 12.6퍼센트였다.[4]

　둘째, 그들은 아동기의 부정적 경험과 나쁜 건강 상태 사이에 용량-반응 관계dose-response relationship가 있음을 발견했다. 이는 ACE 지수가 높을수록 건강에 대한 위험도 크다는 뜻이다. 예컨대 ACE 범주 네 가지 이상에 해당하는 사람은 ACE 지수가 0점인 사람에 비해 심장병과 암에 걸릴 가능성이 **2배** 컸고 만성폐쇄성폐질환에 걸릴 가능성은 **3.5배** 컸다.[5]

내 환자들과 베이뷰 사람들에게서 목격한 바를 감안할 때 이 연구가 정확히 핵심을 찔렀다는 사실을 직감으로 알았다. 임상에서 수없이 보아왔지만 그것을 입증하는 문헌은 한 번도 발견할 수 없었던, 내가 찾던 바로 그 연관성을 보여주는 강력한 증거였다. ACE 연구를 읽은 후, 나는 아동기에 겪은 학대, 방임, 스트레스와 이후 평생 지속되는 신체 변화, 손상 사이에 의학적 관계가 존재하는지에 관한 질문에 마침내 답할 수 있었다. 이제 베이뷰 헌터스 포인트의 우물 속에 아주 위험한 성분이 들어 있다는 것은 명백했다. 그것은 납이 아니었다. 유독성 폐기물도 아니었다. 심지어 가난 그 자체도 아니었다. 그것은 아동기에 겪은 불행이었다. 바로 그것이 사람들을 병들게 하고 있었다.

ACE 연구에서 실상을 가장 잘 드러내는 요소 중 하나는 그 연구가 **무엇**을 연구했느냐가 아니라 **누구**를 연구했느냐다. 베이뷰 헌터스 포인트의 가난, 폭력, 의료 서비스 부족을 보고는 "물론 그 사람들이 더 병들었죠, 그건 이해할 수 있어요"라고 말할 사람이 많을 것이다. 어쨌든 나도 공중보건대학원에서 그렇게 배웠다. 가난과 열악한 의료 서비스야말로 나쁜 건강 상태의 원인이다. 그렇지 않은가?

ACE 연구는 바로 이 지점에서 통념을 뒤흔들며, 그러한 지배적 관점이 중대한 무언가를 놓치고 있음을 보여준다. 그러니까 ACE 연구를 **어디**에서 실시했는지 확인하면 금세 알 수 있다.

베이뷰? 할렘? 로스앤젤레스의 사우스센트럴 지역?

아니다.

탄탄한 중산층 거주지인 샌디에이고였다.

최초의 ACE 연구에 참여한 사람들 중 70퍼센트가 코카서스인종, 즉 백인이었고, 70퍼센트가 대학 교육을 받았다. 게다가 참가자들은 카이저 의료 센터 환자들이니 훌륭한 의료 서비스를 누리고 있었다. 후속 ACE 연구들도 최초의 연구 결과가 옳았음을 계속해서 입증했다. ACE 연구로 촉발된 다른 여러 연구들도 아동기의 부정적 경험이 소득이나 인종, 의료 접근성과 무관하게 그 자체만으로 미국(과 전 세계)의 가장 흔하고 심각한 질병 다수의 위험 요인이라는 사실을 명백히 밝혀냈다.

ACE 연구가 강력한 의미를 지니는 여러 이유 중에서도 특히 중요한 이유는 연구의 초점이 비단 행동이나 정신 건강 상의 결과에만 국한되지 않는다는 점이다. 이 연구는 심리학자들이 아니라 두 명의 내과의사가 실시한 것이었다. 사실 사람들은 아동기의 트라우마가 폭음, 나쁜 식습관, 흡연 등 성인기의 건강을 해치는 위험한 행동과 연관이 있다는 사실(이에 대해서는 나중에 더 자세히 이야기하자)을 직관적으로 이해한다. 그러나 생애 초기의 부정적 경험이 심장병이나 암처럼 목숨을 앗아 가는 병들과도 관계가 있다는 점에 대해서는 대부분 **깨닫지 못한다.** 진료소에서 나는 아동기의 부정적 경험이 환자들의 몸에 지속적인 피해를 입히고 있는 상황을 매일같이 목격한다. 이 아이들은 아직 심장병이 생기기에는 너무 어릴지 모른다. 하지만 그들에게 높은 비율로 나타나는 비만과 천식에서 나는 심장병의 초기 신호들을 확실히 알아볼 수 있다.

ACE 연구에 대한 오해와 편견

불행과 질병의 관련성을 증명한 ACE 연구를 발견한 내게는 엄청난 흥분과 함께 격분의 파도도 몰려왔다. **왜 이제야 이 이야기를 듣게 된 거지?** 분명 판도를 바꿔놓을 만한 연구인데, 그간 의대에서도 공중보건대학원에서도, 심지어 레지던트 과정에서도 이에 대해 전혀 배우지 못했다. 펠리티와 안다가 ACE 연구 결과를 처음 발표한 것이 1998년인데, 2008년까지 나는 그 논문을 읽어본 적이 없었다. 무려 10년 동안! 게다가 이 중요한 과학은 여전히 환자들의 건강 개선에 사용할 수 있는 임상 도구로 만들어지지 않았다. 어떻게 이럴 수가 있을까?

몇 년 뒤 펠리티 박사를 만났을 때, 그는 동종 업계 사람들이 이 논문의 여러 부분을 공격했다는 이야기를 들려주었다. 펠리티와 안다가 모든 비판을 성공적으로 반박했는데도 연구는 전혀 힘을 얻지 못했다. 사실상 이 연구는 거의 사라진 것이나 마찬가지였다. 그 연구가 무엇을 밝혀냈는지 생각하면 정말 말도 안 되는 상황이었다. 질병통제센터에 근무하는 안다의 동료들은 질병 가능성이 그렇게 크게 증가했다면 한 연구자의 경력 전체를 통틀어 한두 번 나올까 말까 한 사례라며 결과를 몹시 궁금해했다. 그들의 발견에서 가장 결정적인 요소는 용량-반응 관계였다. 그것은 누군가 담배를 더 많이 피우고 담배를 피운 햇수가 더 오래될수록 폐암에 걸릴 가능성이 더 커지는 식의 관계다. ACE 연구는 용량-반응 관계를 강력하게 밝혀냈는데, 이는 인과관계 증명으로 나아가는 중요한 한 걸음이다. ACE 지수가 7점 이상인 사람은 **살면서 언젠가 폐암에 걸릴 가능성이 3배** 커지며, 미국인의 사망 원인 1위인 허혈성 심장질환에 걸릴 가능성은 **3.5배** 커진다.

만약 내일 당장 펠리티와 안다의 연구만큼 대규모의 연구에서 코티지치즈를 먹으면 살면서 암에 걸릴 확률이 3배 높아진다는 결과가 나왔다고 발표한다면 어떤 일이 일어날까? 인터넷은 발칵 뒤집히고 유제품 로비 단체는 위기관리 전문가를 고용할 것이다.

무엇이 문제였을까? 나는 왜 이 연구에 관해 들어보지 못했던 걸까? 공영 라디오방송에서 이 이야기를 듣거나 펠리티 박사가 오프라 윈프리와 인터뷰하는 장면을 왜 본 적이 없을까? 이제 나는 적어도 세 가지 이유를 알고 있다.

첫째, 이는 ACE 연구에 대한 오해와 관련이 있다. 즉, 질병 위험이 증가하는 것은 모두 행동 때문이라는 일부 사람들의 믿음 때문이다. 앞서 언급했듯이 많은 사람이 자신은 역경과 건강의 관계를 이해한다고 생각한다. 가난하게 살거나 힘든 아동기를 보낸 사람은 필연적으로 음주와 흡연을 비롯해 건강을 해치는 위험한 행동들을 한다는 것이 통념이다. 그러나 그중에서도 똑똑하고 강인한 사람은 성장하며 자신이 겪은 악조건을 극복해 과거를 떨치고 앞으로 나아갈 수 있다는 것이다. 얼핏 이치에 맞는 생각처럼 보인다. 하지만 한때는 지구가 평평하다는 것이 완벽하게 이치에 맞는 생각으로 받아들여졌다는 사실을 기억하자.

다행히 몇몇 똑똑한 과학자들이 행동 탓으로 보는 가정을 검증했다. 그들은 아동기의 부정적 경험과 심장병 및 간질환의 연관관계를 검토하고, 그 병들이 흡연, 음주, 운동부족, 비만과 같은 건강에 해로운 행동으로 인한 결과일 가능성이 어느 정도나 되는지 계산하기 위해 아주 복잡한 분석을 실시했다. 그랬더니 '나쁜 행동'이 질병 위험 증가 원인 중 약 50퍼센트만을 차지한다는 결과가 나왔다.[6] 어찌 보면 이는 좋은 소식이다. 아동기의 부정적 경험에 노출된 사람이라 해도 신중을 기해 흡연이나 운동 부족 등 건강에 해로운 행동을 피하기만 한다면, 약 50퍼센트의 확률로 건강상의 위험에서 자신을 보호할 수 있다는 뜻이니 말이다. 그러나 동시에 이 말은 그 사람이 건강에 해로운 행동을 전혀 하지 않는다 해도 **여전히** 심장병이나 간 질환에 걸릴 확률이 더 높다는 뜻이기도 하다.

펠리티 박사의 환자인 패티가 여기에 딱 맞는 예다. 패티는 심각한 비만에, 스스로 묘사했듯이 자면서 먹는 사람이었다. 분명 그녀는 비만을 초래하는 행동을 하고 있었고 비만이 다시 이후의 건강 문제들을 일으켰다. 그렇지 않은가? 그러나 속단은 하지 말자. 펠리티 박사의 비만 프로그램에서 이탈했던 패티는 나중에 다시 돌아와 체중 문제에 대해 도움을 요청했다. 여러 해에 걸쳐 패티는 체중을 뺐다가 다시 늘리기를 수차례 반복했고 심지어 비만 수술을 한 이후에도 그랬다. 가슴 아프게도 패티는 폐 조직이 손상되고 호흡이 어려워지며, 결국에는 호흡이 불가능해지는 자가면역질환인 폐섬유증으로 42세에 사망했다. 하지만 비만은 폐섬유증의 원인이 아니다. 패티는 담배도 피우지 않았고 석면 같은 알려진 어떤 폐 독소에도 노출된 적이 없었다. ACE 지수가 2점 이상이면 자가면역질환에 걸릴 가능성이 2배다. 아마도 패티의 가장 큰 위험 요인은 그녀의 ACE 지수였을 테지만, 패티 본인도 의사들도 그 사실을 알지 못했다.

미국에는 개인의 책임을 대단히 중시하는 문화가 있다. 우리가 선택하는 생활 방식은 우리의 건강에 엄청난 영향을 미친다. 이른바 나쁜 행동은 틀림없이 건강 악화의 위험성을 증가시키고, 이는 반박할 수 없는 사실이다. 그러나 ACE 연구는 우리에게 그것이 이야기의 전부가 아님을 다시 한 번 보여준다.

내가 의대에서 펠리티와 안다의 연구에 대해 들을 수 없었던 둘째 이유이자 아마도 가장 강력한 이유는, 그것이 두려움을 안기는 감정적인 연구이기 때문일 것이다. 냉철하고 계산적인 시선으로 지난 10년간 소비한 코티지치즈의 양을 검토하는 것과 과거의 트라우마나 학대의 기억을 다시 돌아보는 것은 전혀 다른 일이다. 나는 지금 이 책을 읽는 모든 사람의 머릿속에 누군가가 떠올랐으리라 확신한다. 정신질환을 앓는 가족과 함께 살았던 친구, 술을 너무 많이 마시거나 정서적으로 학대하는 부모 밑에서 또는 매를 아끼면 자식을 망친다고 믿는 부모 밑에서 자란 누군가를 말이다. 학급이든 전문적 콘퍼런스든 결혼식이든 미국 의회든, 각자가 어느 집단에 속해 있든 갑자기 모든 구성원의 ACE 지수를 밝힌다면 이것이 우리 중 아주 많은 사람과 관련된 문제라는 사실이 명백히 드러날 것이다. 그러나 우리 대부분은 과거에 일어났던 슬프고 마음 아픈 일들은 생각하고 싶어 하지 않는다. 사람들이 트라우마가 건강에 미치는 영향을 과소평가하는 이유는 그것이 **정말로** 우리 모두에게 적용되기 때문일지도 모른다. 결국 죄인이든 성자든 상관없이 누구에게나 끈질기게 이어지는 생물학적 결과가 존재한다는 사실을 받아들이기란 쉬운 일이 아니다. 그냥 우리와 우편번호가 다른 지역에서나 일어나는 일로 여기는 편이 훨씬 마음 편한 것이다.

ACE 연구가 1998년에 의학계와 과학계에서 적극적으로 받아들여지지 않았던 마지막 이유는 과학적 공백이라는 말로 가장 잘 설명할 수 있을 것이다. 이 연구는 역경이 건강에 악영향을 미친다는 사실을 밝혀냈지만, 당시 펠리티와 안다는 **무엇**을 드러냈을 뿐 **어떻게**에 대한 답은 내놓지 못했다.

나에게는 참으로 다행스럽게도, 그사이 10년 동안의 연구가 이 과학적 공백들을 서서히, 그러나 확실히 메우고 있었다.

이제 내가 할 일은 헤이스 연구실과 세라 P.에게 돌아가 **어떻게**를 더 깊이 파고드는 것이었다. 내게는 어떤 퍼즐 조각들이 ACE 연구의 과학적 공백들에 딱 들어맞을지에 대한 뚜렷한 직감이 있었다. 건강에서 역경이 하는 역할 뒤에 자리 잡은 생물학적 메커니즘이 스트레스 반응 체계라는 사실을 밝혀내고 증명하는 작업은 아주 흥미로운 일이라고 생각했다. 다시금 학술 저널들의 세계로 뛰어들고 몇몇 의학 콘퍼런스에 참가해야 했지만, 이제는 나를 안내해줄 ACE 연구가 있었다. 나의 탐색에 그 언어를 사용할 수 있고, 저자들에게 질문을 던져 실마리를 얻을 수도 있으며, 심지어 진료실에서 나의 ACE 데이터도 수집할 수 있었다. 아동기의 부정적 경험이 내 환자들과 베이뷰의 문제로만 그치는 일이 아니라는 깨달음이 심장을 두근거리게 했다. 역경이 건강에 미치는 파괴적 영향은, 감춰진 것 같지만 사실은 다 드러나 있는 공중보건 위기의 모든 특징을 갖고 있다.

디에고를 만나기 전부터, 심지어 아동기의 부정적 경험에 관해 알기 전부터, 나는 베이뷰에 희망을 걸고 있었다. 베이뷰의 문제들은 확산력이 큰 만큼, 그 해결책 또한 그러할 것이었다. 진료소 문을 연 첫날 나는 직원들에게 말했다. 우리가 이곳 사람들을 성공적으로 치료할 수 있다면, 어느 곳에 있는 누구라도 치료할 수 있을 거라고.

2부 _____ 진단

4 숲에서 마주한 거대한 곰의 공격

날씨가 쌀쌀했다. 12월 샌프란시스코의 흔한 밤이었다. 친구들과 미션가街를 걸어가다가 체온을 높여보려고 두 팔로 몸을 감싸던 것이 기억난다. 공중보건대학원에 다니느라 보스턴에서 지내다가 휴일을 맞이해 집에 돌아온 나는 코트도 안 입고 집을 나설 만큼 샌프란시스코는 늘 따뜻할 거라고 착각했던 모양이다. 속으로 이 정도면 고마운 수준이라고 생각했다. 어쨌든 눈은 내리지 않았으니까. 오랜 친구들과 밖에서 저녁을 보내며 기분이 한껏 들떠 있었고, 잘못 고른 옷도 함께 웃어넘길 또 하나의 이야깃거리일 뿐이었다. 차를 세워둔 곳으로 걸어가는 내내 우리 네 사람은 도시의 소음도 묻어버릴 만큼 동시에 떠들어대고 있었다. 밤이 가까워지는데도 헤어지기가 아쉬워 19번가와 미션가 사이 모퉁이에서 어정거리던 참이었다. 우리는 길 건너편에서 빨간 차가 속도를 늦추는 것도 알아차리지 못했다. 그런데 바로 몇 초 후, 탕! 탕! 탕! 하는 소리가 들렸다. 차는 쌩하니 20번가 쪽으로 가버렸다. 처음에 내 친구 마이클은 그냥 웃었다.

"그냥 할일 없는 애들이 폭죽 갖고 노는 거야." 마이클이 잠시 놀란 마음을 추스르며 이렇게 말했지만 곧 뭔가 불안한 분위기를 감지했는지 우리를 차 쪽으로 이끌었다. "여기 얼른 뜨자. 무슨 일 났나봐."

마이클의 차에 거의 다다랐을 때 우리는 보도에 누워 있는 남자를 발견했다. 그의 친구인 듯한 다른 남자 셋이 조금 떨어진 곳에서 고함을 치며 길가에 주차된 차들의 창을 주먹으로 두드리고 있었다.

"세상에!" 사촌 재키가 말했다. "저 사람, 총 맞았어!"

나는 친구들이 반대쪽으로 달려가는 것도 모르는 채, 반사적으로 피해자 쪽으로 다가갔다.

"네이딘!" 마이클이 뒤늦게 내 팔을 붙잡으려 했지만 허사였다.

나는 무릎을 꿇고 쓰러진 남자 옆에 앉았다. 목숨을 살려야 한다는 생각밖에 떠오르지 않았다. 바로 작년에 의대 과정을 마친 참이었다. 순간 의사의 본능이 나를 움직였다. 얼굴을 살펴보니 체격은 커도 아직 소년임을 알 수 있었다. 많아야 열일곱쯤 됐을까. 오른쪽 눈썹 위에 총알이 들어간 구멍이 하나 있었고, 옆으로 쓰러져 있던 터라 머리 뒤쪽 총알이 빠져나간 자리에 생긴 주먹만 한 크기의 상처도 보였다. 내면의 목소리가 외상 치료실에서 훈련받은 대로 상태 보고를 읊기 시작했다. "두부에 총상! 다른 관통상의 신호는 없음!"

싸늘하게 쓰러져 있는 영화 속 사상자와는 달리 실제 상황의 이 사람은 자기 몸 위에 구토물을 쏟아냈다. 그간 병원에서 무서운 장면들을 수없이 보았지만 이번은 또 달랐다. 아주 천천히 흐르는 시간 속에서 나는 자동조종장치처럼 움직였다. 의대에서 배운 대로 점검할 사항들을 하나하나 체크해 나갔다. ABCD—**기도**airway, **호흡**breathing, **혈액순환**circulation, **장애**disability. **기도를 확보해. 숨을 쉬고 있는지 확인해봐. 맥박 체크하고. 목이 부러졌을지 모르니 경추의 위치를 유지해야 해.** 동시에 머리 뒤쪽에서는 또 다른 목소리가 끊임없이 들려왔다. 지금 여긴 응급실이라는 안전한 환경이 아니야. 문간에서 지키고 있는 경비원도 없고, 그 빨간 차가 다시 올지도 몰라! 심장이 쿵쾅거리고 손이 덜덜 떨렸다. 몸의 모든 세포가 당장 그 자리를 떠나라고 말하고 있었지만, 그래도 나는 구급대원이 도착할 때까지 그의 곁에 남아 있었다.

몇 시간 뒤, 미션 지역 경찰서에 앉아 우리가 목격한 장면을 최대한 자세히 설명하려 애쓰고 있을 때 그가 숨졌다는 소식이 전해졌다. 그날 밤을 마무리하기에는 너무 가슴 아픈 일이었지만 달리 내가 할 수 있는 일이 없었다는 사실도 알았다. 그날 밤 집으로 돌아가서는 한잠도 자지 못했다. 이후 몇 주, 몇 달 동안 나는 빠른 속도로 다가오는 빨간색 차를 보거나 자동차 엔진의 역화음을 들을 때마다 순식간에 그날 밤으로 돌아간 듯 그 순간의 공포를 고스란히 느꼈다. 신체 반응 역시 똑같았다. 심장 뛰는 속도가 빨라지고, 시선이 이리저리 흔들리고, 배 속이 단단히 조여드는 느낌이 들었다. 당시 나의 생물학적 체계가 빨간 차를 위험과 연결시킴으로써 이례적으로 높은 수준의 스트레스에 반응하고 있었다는 것을 지금의 나는 안다. 과거의 일을 기억하는 나의 몸이, **지금의** 빨간 차가 **과거의** 빨간 차만큼 위험할 경우를 대비해 스트레스 호르몬을 잔뜩 뿜어내 몸 전체에 내보내고 있었던 것이다. 나의 몸은 맡은 바 소임을, 그러니까 내가 해를 입지 않도록 보호하는 임무를 다하고 있었다.

매일 우리의 뇌는 머리 위 나무가 우지끈하는 소리, 옆집에서 개가 짖는 소리, 전동차가 지나갈 때 얼굴을 때리는 두꺼운 공기층 등 **수많은** 정보를 처리하고 그 위험성을 해석한다. 인류가 생존하기 위해 뇌와 몸은 효율적 정보 처리 방식을 갖춰야 했고, 스트레스 반응 체계도 그중 하나다. 어린아이가 버너를 만지면 아이의 몸이 그 일을 기억한다. 버너에 (그리고 그와 관련된 모든 자극에) 위험하다는 생화학적 꼬리표를 붙이거나 책갈피를 끼워두는 것이다. 그러면 다음에 누군가 버너에 불을 붙이는 걸 볼 때 아이의 몸은 생생한 기억과 함께 근육 긴장, 빠른 맥박 등 다양한 방법으로 아이에게 경고신호를 보낸다. 대개 이 정도면 아이가 전과 같이 행동을 하는 걸 막을 수 있다. 우리 몸은 이런 식으로 우리를 보호하려 노력하고, 이는 아주 합리적인 과정이다. 진화를 통해 그러한 기제를 만들어내지 못한 선사시대의 생물들은 번식하지도, 살아남지도 못했다.

그런데 스트레스 반응이 이따금 맡은 일을 **지나치게** 잘할 때가 있다. 이런 일은 자극에 대한 반응이 적응적이고 목숨을 구하는 방향에서, 부적응적이고 건강에 해로운 방향으로 바뀔 때 일어난다. 예를 들어 우리 대부분은 전쟁터에서 돌아온 군인 가운데 많은 수가 외상 후 스트레스 장애를 앓는다는 사실을 알고 있다. 몸이 너무 많은 걸 기억하는 극단적인 사례다. 외상 후 스트레스 장애가 생기면 스트레스 반응은 현재의 자극과 과거의 자극을 반복적으로 혼동한다. 참전 용사들이 현재의 삶을 몹시 어려워하는 것이 바로 이 때문이다. 하늘에 떠 있는 것이 B-52 폭격기든 관광객들을 하와이로 데려가는 상업 항공기든, 몸은 똑같이 **치명적인 위험에 처해 있다고** 느끼는 것이다. 외상 후 스트레스 장애의 문제는 그것이 깊이 새겨져 고착되는 것, 즉 과거에 붙잡힌 스트레스 반응이 반복 모드로 고정되는 것이다.

나에게 빨간 차라는 구체적인 도화선은 마침내 내 몸의 아주 오래된 방어기제에서 분리되었고, 내 뇌는 더 이상 그것을 위협으로 해석하지 않는다. 이제는 도시의 거리에서 빨간 차가 내 옆을 지나쳐도 움찔하지 않는다. 하지만 몇 년이 지나도록 나는 그 **이유**를 알지 못했다. 내 몸은 어떻게 그 강렬한 스트레스 사건에서 회복할 수 있었을까? 빨간 차와 내 스트레스 반응으로 인한 생물학적 작용 사이의 감각 연결을 희미하게 만든 것은 무엇일까? 디에고가 나를 ACE 연구라는 길 위에 세워줄 때까지, 여러 해가 지나도록 나는 그런 질문들을 던져볼 생각조차 하지 못했다.

ACE 연구를 발견한 뒤 나는 또다시 연구 문헌들 속으로 파고들어 몇 달을 보냈고, 스트레스의 생물학과 그것이 어린이의 건강과 발달에 미치는 영향에 관한 탄탄하고 대단히 흥미진진한 연구의 진전이 이루어졌음을 알게 되었다. 이제 나는 그날 밤 미션가에서 내 몸에 일어난 일이 어떤 것인지 알고 있다. 그것은 학대부터 방임까지 다양한 역경들을 경험할 때 내 환자들의 몸에 일어나는 일과 같은 현상이었다. 위험을 감지한 몸이 스스로를 보호하려는 목적으로 격한 화학 반응을 촉발하는 것이다. 그리고 무엇보다 중요한 사실은, **몸이 기억한다**는 것이다. 스트레스 반응 체계는 인류가 생존하고 현재까지 번성할 수 있게 해준 기적적인 진화의 산물이다. 우리 모두는 스트레스 반응 체계를 갖고 있는데, 그것은 유전과 생애 초기의 경험에 의해 세밀하게 조절되며 고도로 개인화된다. ACE 지수가 0점인 아이와 디에고의 스트레스 반응을 다르게 만드는 것이 무엇인지는 앞으로 우리가 풀어나갈 복잡한 질문이지만, 어쨌든 처음에는 모든 스트레스 반응이 똑같은 체계에서 출발한다. 그 체계는 제대로 작동해 우리의 목숨을 구할 수도 있고 균형이 어긋나 수명을 단축시킬 수도 있다.

스트레스에 반응하는 몸

계산대 앞에서 순서를 기다리며 잡지를 뒤적이다가, 또는 인터넷의 소용돌이를 떠돌다가, 한 번쯤은 초인적인 힘에 대한 이야기를 읽어봤을 것이다. 자기 아이를 덮친 차를 들어올린 아버지 이야기(어쩌면 도시 전설일 수도 있다), 산에서 남편을 공격하던 사자를 쫓아버린 여자 이야기(이건 진짜 실화다) 같은 것들. 더 극적인 예를 찾는다면, 평범한 남자가 전쟁터에서 두 군데나 총을 맞은 몸으로 전장을 가로질러 친구를 구한 영웅담도 있다. 사람들이 이렇게 엄청난 일을 해내도록 만드는 건 무엇일까? 물론 매일같이 뽀빠이의 시금치를 먹었기 때문은 아니다. 이는 정교하게 설계되고 진화에 의해 필수 요소로 장착된 스트레스 반응 체계 때문이다.

스트레스 반응 체계는 기본적으로 이렇게 작동한다. 숲속을 걷다가 곰과 마주쳤다고 상상해보자. 우리의 뇌는 신장

위에 자리 잡은 부신에 갖가지 신호들을 보내 이렇게 말한다. **"스트레스호르몬을 방출해! 아드레날린! 코르티솔 말이야!"** 그러면 심장이 쿵쾅쿵쾅 뛰기 시작하고 동공이 확장되며 기도가 열려, 이제 곰과 싸우거나 곰에게서 달아날 준비가 갖춰진다. 흔히 이야기하는 **투쟁-도피 반응**fight-or-flight response이다. 이러한 반응은 우리의 목숨을 구하기 위해 수천 년에 걸쳐 진화되었다. 한편 이보다는 덜 알려졌지만 몸이 취할 수 있는 또한 가지 반응이 있는데 바로 꼼짝하지 않고 얼어붙는 상태다. 곰이 우리를 바위라고 착각하기를 바라면서 말이다. 그래서 어떤 이들은 **투쟁-도피-경직 반응**fight-flight-freeze response이라는 용어를 쓰기도 한다. 여기서 나는 간단하게 투쟁-도피라는 용어를 쓰겠다.

스트레스 반응 체계가 어떤 식으로 잘못될 수 있는지, 또는 의사들의 표현으로 '스트레스 조절 장애 상태가 되는지'를 이해하고 파악하려면, 그 체계가 제대로 돌아갈 때 일어나는 일에 관한 몇 가지 기본 사항들을 알아야 한다. 이 생물학적 체계는 인류의 가장 오래되고 가장 복잡한 체계 중 하나라는 점을 미리 말해두어야겠다. 사람들은 대개 이 문제에 관한 설명을 다 듣고 나서도 약간 혼란스러워한다. 최대한 간단하고 정확하게 설명하도록 노력하겠다.

다음은 이 체계에서 활동하는 주요 참가자들이다.[1]

- 편도체amygdala: 뇌의 공포 중추.

- 전전두피질prefrontal cortex: 뇌의 앞부분으로 판단, 기분, 감정 등의 인지 및 실행 기능을 조절함.

- 시상하부-뇌하수체-부신 축hypothalamic-pituitary-adrenal(HPA) axis: 부신의 (더 오래 활동하는 스트레스호르몬인) 코르티솔 생산 과정을 작동시킴.

- 교감신경-부신수질 축sympatho-adrenomedullary(SAM) axis: 부신과 뇌의 (짧게 활동하는 스트레스호르몬들인) 아드레날린과 노르아드레날린의 생산 과정을 작동시킴.

- 해마hippocampus: 기억 강화에 결정적인 정서적 정보를 처리함.

- 청반locus coeruleus에 있는 노르아드레날린 핵noradrenergic nucleus: 기분, 짜증, 이동 운동, 흥분, 주의, 놀람 반응을 조절하는 뇌 속의 스트레스 반응 체계.

이제 다시 숲으로 돌아가자.

곰을 보면 우리의 편도체는 즉각 경보를 울리며 뇌에게 "곰은 **무서운** 존재이니 두려워해야 해!"라는 신호를 보낸다. 그러면 뇌는 교감신경-부신수질 축과 시상하부-뇌하수체-부신 축을 활성화해 투쟁-도피 반응을 촉발한다. 교감신경-부신수질 축에서 나온 신호는 신경을 따라 뇌에서 부신으로 이동해 부신에게 아드레날린을 만들라고 지시하는데, 이 아드레날린이 바로 우리가 느끼는 무서움과 관련된 여러 감정들의 원인이 된다. 아드레날린은 심장을 빠르고 세차게 뛰게 만들어 필요한 모든 곳에 피를 내보내고, 기도를 열어 산소를 더 많이 흡수하게 한다. 또한 혈압을 높이고, 방광을 조이는 작은 근육들에 공급하는 피를 (달리기와 점프에 필요한) 골격근으로 보내는데, 두려움에 사로잡히면 옷에 소변을 지릴 것 같은 느낌이 들고 때로는 정말 그렇게 되기도 하는 것은 바로 이 때문이다. 아드레날린은 지방을 에너지로 사용할 수 있도록 당분으로 바꾸는 일도 한다.

또한 교감신경-부신수질 축은 청반의 노르아드레날린 핵도 활성화하는데, 이를 좀 더 일상적인 표현으로 바꾸면 이 정도가 되겠다. "내가 무술은 못 해도 미치광이 짓은 얼마든지 할 수 있거든!" 청반의 노르아드레날린 핵은 뇌 안에 있는 스트레스 반응 센터로, 우리를 아주 흥분하게 만든다. (경기에 이겼을 때 오클랜드 레이더스 팬들, 아니 더 심하게는 경기에 졌을 때 그들이 보이는 모습을 떠올려보면 되겠다.) 강력한 자극제들인 아드레날린과 노르아드레날린은 우리의 사고를 더 명료하게 만들어 안전한 곳으로 갈 가장 빠른 길을 찾아내도록 돕는다. 또 지극한 행복감도 만들어낸다. 이것이 바로 세상도 정복할 수 있다는 생각이 들게 만드는 아드레날린 쇄도다. 그러나 신체 화학과 관련된 모든 것이 그렇듯이, 무엇보다 중요한 건 균형이다. 아드레날린과 노르아드레날린에 대한 전전두피질

(이성, 인지, 판단의 책임을 맡은 뇌 부위)의 반응 그래프는 알파 벳 U자를 뒤집어놓은 것처럼 생겼다.[2] 소량은 기능을 향상시 키지만 너무 과하면 집중할 수 있는 능력을 망쳐버린다는 뜻 이다.

이제 심장이 펌프질을 하고 근육은 만반의 태세를 갖춘 다. 싸울 준비가 되었다는 느낌이 든다. 여기서 잠깐 멈춰 생 각해보면, 곰과 싸우는 게 좋은 대책은 아니라고 여겨질 수 있다. 어쨌든 회색곰은 몸무게가 770킬로그램까지도 나가는 동물이니 말이다. 거대한 이빨과 무시무시한 발톱도 있다. 싸 워봐야 뼈도 못 추릴 확률이 높다. **정말로** 겁에 질렸을 때 공 포 중추가 우리 뇌의 사고하는 부분을 차단해버리는 것은 바 로 이 때문이다. 저 무시무시한 역경에 직면해야 하니 말이 다. 일단 아무 생각도 하지 말고 행동해야 목숨을 구할 수 있 다. 그래서 편도체는 전전두피질로 연결되는 뉴런들을 통해 전전두피질의 스위치를 일시적으로 내려버리거나, 아니면 전 전두피질의 기능을 아주 낮춰버린다. 교감신경-부신수질 축 에서는 아주 짧게(몇 초 또는 몇 분간) 작동 반응을 활성화해 이 상황에 가장 필요한 것, 즉 혈액과 산소, 에너지 그리고 대 담함을 마음껏 사용할 수 있게 해 우리 몸이 만반의 준비를 갖추도록 한다.

이와 동시에 시상하부-뇌하수체-부신 축은 뇌를 자극해 호르몬 방출을 촉발한다. 이에 따라 여러 화학적 메신저들이 단계적으로 방출되고, 그러면서 몇 가지 더 오래 작동하는 스트레스호르몬들도 나오는데, 그중 가장 주목할 호르몬이 바로 코르티솔이다.

곰이 아주 많은 숲에서 살고 있다고 상상해보자. 처음 한두 번 곰을 만난 뒤 우리의 몸은 더 효율적으로 이 곰 문제에 대응하고 싶어 할 것이다. 기본적으로 코르티솔은 곰이 득시글거리는 숲에 사는 일이나 장기간 계속되는 식량 부족에 대처하는 일처럼 반복적이거나 장기적인 스트레스 요인에 신체가 적응하도록 돕는다. 코르티솔은 아드레날린과 유사하게 혈압과 혈당을 높이는 한편, 인지(명료한 사고)를 억제하며 기분을 불안정하게 만든다.

코르티솔은 수면도 방해하는데, 곰이 가득한 숲에 산다면 얕은 잠을 자는 편이 더 안전하므로 이는 아주 합리적인 현상이다. 식욕을 떨어뜨리고 지방 연소를 자극하는 아드레날린과 달리 코르티솔은 지방 축적을 자극할 뿐 아니라 몸이 당분과 지방 함량이 높은 음식을 갈망하게 만든다. 사랑하는 사람과 헤어졌을 때를 생각해보라. 왜 그렇게 잠을 못 잤을까? 도대체 왜 바닥이 드러나도록 아이스크림 한 통을 다 퍼먹었을까? 바로 코르티솔 때문이다. 코르티솔 수치가 높으면 생식기능도 억제될 수 있다. 숲에서 곰들과 이웃하며 살고 있다면 아이를 낳는 건 더 안전한 곳으로 이사할 때까지 기다리는 편이 나을 테니 말이다.

스트레스 반응의 기능 중에서 그리 당연하게 여겨지지는 않지만 대단히 중요한 또 한 가지 기능이 있는데, 바로 면역계를 활성화하는 것이다. 어쨌든 곰과 싸운다면 몇 군데 상처를 입을 수 있으니 말이다. 그럴 경우 우리는 면역계가 상처를 치료할 준비가 되어 있기를 바랄 것이다. 준비된 면역계는 다친 부위에 염증을 일으켜 상처를 안정시키고, 우리가 끝까지 싸워 곰을 쫓아버리거나 곰에게서 도망칠 충분한 시간을 벌어준다.

일단 곰에게서 달아나 안전한 동굴로 돌아오면 교감신경-부신수질 축과 시상하부-뇌하수체-부신 축은 저절로 멈추도록 설계되어 있다. 몸은 피드백 억제라는 일종의 스트레스 온도 조절 장치를 사용해 스트레스 반응이 제 할 일을 마친 뒤에는 저절로 꺼지게 한다.[3] 다량의 아드레날린과 코르티솔이 스트레스 반응을 가동했던 뇌의 부위들에 피드백을 보내 작동을 중단시키는 것이다. 이 얼마나 놀랍도록 잘 진화된 체계인가! 특히 우리가 숲에 살고 있고, 그 숲에 곰이 아주 많다면 정말 유용하다. 그런데 곰이 우리 동굴 안에 같이 살고 있어서 도저히 안전함을 느낄 수 없다면? 그럴 땐 어떤 일이 벌어질까?

곰과의 동거(일명 스트레스 반응 조절 장애)

소아과의사로 일하면서 나는 끔찍한 상황을 경험한 아이들을 끊임없이 만나왔다. 한 환자에게 곰은 언어와 신체로 엄마를 학대하는 아버지였다. 또 다른 환자에게는 정신과 약을 복용하지 않을 때면 아이들을 돌보지 않고 위험한 상황에 방치하는 엄마가 곰이었다. 학교에서 돌아오는 길에 빗나간 총알에 맞은 뒤로 자기가 사는 동네 자체가 곰이 되어버린 열네 살 소녀도 잊을 수 없다.

나의 환자들에게 스트레스 반응은 하루에 수십 번, 때로는 수백 번씩 일어나는 일이었다. 디에고를 비롯한 환자들이 겪는 문제의 근원에 도달하려면 스트레스 반응이 정확히 언제, 또 어떻게 몸에 해롭게 작용하는지를 이해해야 했다. 그렇게 강도 높은 부정적 경험에 노출될 때 아이들의 뇌와 몸에는 어떤 일이 일어나는 것일까? 다행히 몇몇 똑똑한 과학자들도 똑같은 질문을 던지고 있었다.

조사를 위해 연구 문헌의 토끼굴을 수시로 드나들던 나는 아동임상심리학자 재클린 브루스Jacqueline Bruce와 필 피셔Phil Fisher 연구 팀의 놀라운 연구에 대해 알게 되었다. 2009년 그들은 위탁 가정에서 생활하는 미취학 아동들의 부정적 경험이 스트레스 반응 체계, 구체적으로는 시상하부-뇌하수체-부신 축의 기능에 미치는 영향을 알아보는 연구에 착수했다.[4] 이를 위해 그들은 위탁 양육 아동 117명과 학대당한 경험이

없는 저소득측 아동 60명의 코르티솔 수준을 분석했다. 그들이 발견한 내용은 내가 환자들을 보며 추측해온 바를 한층 분명히 확인해주었다. 다시 말해서 위탁 가정의 아이들은 학대 경험이 없는 아이들에 비해 코르티솔 수준이 조절 가능한 상태를 벗어나 있었다.[5]

알고 보니 코르티솔은 예측 가능한 일간 패턴이 있었다. 아침에는 잠을 깨우고 하루를 준비하기 위해 증가했다가 이후 점점 줄어들어 잠을 자야 할 밤 시간에 가장 낮은 수치를 기록한다. 그러므로 코르티솔 패턴이 혼란에 빠졌는지 여부를 판단하는 것은 가능하다. 피셔와 브루스는 학대를 경험한 아이들의 경우 전반적으로 코르티솔 수치가 높을 뿐 아니라, 정상적인 일간 코르티솔 분비 패턴도 깨져 있음을 발견했다. 가장 높아야 할 아침 수치는 그다지 높지 않은 반면, 이후 양이 줄어드는 기울기도 가파르지 않아 저녁의 코르티솔 수치는 물론 하루의 평균 수치도 상대적으로 높았다.

위탁 양육 아동 연구에서 한 가지 흥미로운 부분은 인구통계학적으로 볼 때 대조군의 아이들이 부모의 교육과 소득 수준 측면에서 실험군 아이들과 그리 다르지 않았다는 점이다. 두 집단 사이의 주요한 차이라면 대조군 아이들의 경우 최소한 한 명의 친부모와 함께 살고 있고, 아동복지 서비스를 접해본 적이 없으며, 학대당하지 않았다는 점이다. 대조군에 속한 저소득층 아이들도 분명 살면서 적어도 어느 정도의 역경에 노출된 **경험이 있었을** 테지만, 그럼에도 그들의 코르티솔 수준은 정상이었다. 이 점은 스트레스를 경험하더라도 모두가 조절 장애 수준까지 넘어가는 것은 아니라는 점을 시사한다.

우리는 역경과 비극과 고난이 인생의 일부라는 점을 알고 있다. 질병과 이혼, 트라우마에서 아이들을 보호하고 싶은 마음이 아무리 간절하더라도 때로는 그런 일들이 벌어진다. 이 연구는 나날이 직면하는 삶의 어려움들도 사랑을 품은 양육자에게 제대로 된 지원을 받으면 극복할 수 있다는 사실을 말해주고 있었다.

이어서 필 피셔는 생애 초기의 부정적 경험이 어린이들의 발달 중인 뇌와 신체에 미치는 영향에 관한 과학적 내용을 종합하려는 야심 찬 노력의 일환으로 발달기 아동에 관한 전국 과학 회의National Scientific Council on the Developing Child와 함께 연구를 진행했다. 전국 과학 회의 역시 스트레스 반응 체계의 조절 장애가 문제의 핵심이라는 사실을 알아냈다.

핵심은 스트레스 반응이 너무 자주 활성화되거나 스트레스 요인이 너무 강력할 때면 몸이 시상하부-뇌하수체-부신 축과 교감신경-부신수질 축을 차단하는 능력을 상실할 수 있다는 것이다. 이 상태를 가리키는 용어는 **피드백 억제 장해** disruption of feedback inhibition인데, 이는 몸의 스트레스 온도 조절 장치가 고장 난 상태를 과학의 언어로 표현한 말이다. 특정 온도에 도달하면 '열' 공급을 차단해야 하지만, 계속해서 체내 시스템 전체에 코르티솔을 쏟아붓는 것이다. 피셔와 브루스가 위탁 아동들에게서 목격한 것이 정확히 이런 상태였다.

궁극적으로 전국 과학 회의는 스트레스 반응의 세 가지 유형을 다음과 같이 분류했다.[6]

- 긍정적 스트레스 반응: 건강한 발달의 정상적이고 필수적인 요소로, 일시적인 심박동 증가와 호르몬 수준의 경미한 상승이 그 특징이다. 긍정적 스트레스 반응을 일으킬 만한 상황으로는 아이가 새로운 돌보미를 처음 만나는 날이나 예방접종 등이 있다.

긍정적 스트레스의 좋은 예로 많은 운동선수가 공감할 수 있는 종류의 스트레스, 바로 경기 시작 전의 초조함을 들 수 있다. 중요한 달리기경주 직전에 육상선수는 불안함이 몰려오는 것을 느낀다. 심장이 마구 뛰고 속이 울렁거리는 등 신체 변화도 수반된다. 그러나 이런 아드레날린 증가는 중요한 작업을 한다. 이 선수는 산소를 더 많이 흡수하고 더 많은 피를 근육으로 보내며 집중력을 높이고 있는 것이다. 출발을 알리는 총성이 울릴 때, 선수는 이미 만반의 준비를 갖춘 상태다.

- 힘들지만 견딜 수 있는 스트레스 반응: 사랑하는 사람을 잃는 일이나 자연재해, 끔찍한 부상 같은 더욱 심각하고 지속적인 고난을 겪고 나면 우리 몸은 신체 경보 시스템을 한층 활성화한다. 이 활성화가 일정한 시간 후에 가라앉거나 아이의 적응을 돕는 성인과의 관계를 통해 완화되면 뇌와 다른 기관들은 해악을 끼칠 수 있는 영향들에서 회복된다.

많은 아이가 어릴 때는 이불에 오줌을 싸지만 자라면서 점점 그 버릇을 뗀다. 견딜 만한 스트레스 반응의 예로 부모의 이혼 후 이불에 오줌 싸는 버릇이 다시 생긴 아이의 경우를 들 수 있다. 이혼 후 아빠가 나가 살기 시작했지만, 이혼 과정이 험악하지 않았고, 부모 모두 공동 양육에 전념하며 아이에게 안정과 추가적인 지원이 필요하다는 사실을 잘 이해하고 있다. 그 결과 아이의 스트레스가 완화되면서 오줌 싸는 버릇은 몇 달 뒤 다시 사라진다. 차량 총격 사건으로 스트레스가 나를 덮쳤던 때처럼 든든한 지원 네트워크가 제대로 작동한다면 그 영향은 일시적이다.

- 유독성 스트레스 반응: 아이가 신체 학대나 정서 학대, 방임, 양육자의 약물남용 또는 정신질환, 폭력, 심각한 경제적 곤란으로 인한 부담 축적 등 강력하고 빈

번하거나 오래 지속되는 부정적 경험을 하는 동안 성인의 적절한 지원을 받지 못할 경우 일어난다. 이런 식으로 스트레스 반응 체계가 장기간 계속 활성화되면 뇌 구조 및 다른 기관계들의 발달에 장해가 발생할 수 있고, 스트레스 관련 질병과 인지 손상의 위험성이 높아지며 이는 성인기까지 이어진다.

디에고가 유독성 스트레스 반응을 겪고 있다는 점에는 의심의 여지가 없었다. 아이가 네 살 때 당한 성적 학대도 그렇고, 그밖에도 디에고의 가족은 아이의 스트레스 반응 체계에 과도한 부담을 가하는 여러 곤란을 겪어왔기 때문이다. 아빠에게는 명백한 음주 문제가 있었고, 엄마는 우울증을 앓고 있었다. 두 사람 모두 디에고의 스트레스를 완화해줄 능력이 없었던 셈이다. 디에고가 겪는 증상들의 조합은 스트레스 반응 체계가 적절한 지원 없이 장기간 활성화될 때 일어나는 것으로 알려진 바와 완전히 일치했다.

스트레스 반응 체계가 건강하게 발달하려면 아이는 긍정적 스트레스와 견딜 만한 스트레스를 모두 경험해야 한다. 그래야 스트레스 요인에 직면할 때 교감신경-부신수질 축과 시상하부-뇌하수체-부신 축이 정상적으로 반응하도록 조절되기 때문이다. 그러나 아이의 ACE 지수가 1점씩 올라갈 때마다 견딜 만한 스트레스가 유독성 스트레스로 넘어갈 위험성은 점점 커진다. ACE 지수가 높을수록 스트레스 반응 체계가 다수의 스트레스 요인들에 더 자주, 더 강렬하게 반응하기 때문이다.

올챙이들과 마찬가지로 아이들은 반복적인 스트레스 반응에 특히 민감하다. 고강도의 역경은 뇌의 구조와 기능만이 아니라 아직 발달 중인 면역계와 호르몬계에도 영향을 미치며, 심지어 DNA를 읽고 전사 방식에도 영향을 준다. 일단 스트레스 반응 체계가 조절 장애 패턴으로 배선되고 나면 그 생물학적 영향은 점점 퍼져나가 신체 내부 기관들에서 여러 문제를 일으킨다. 신체는 커다랗고 섬세한 스위스 시계와 같아서 면역계에서 일어나는 일은 심혈관계에서 일어나는 일에도 깊이 연관된다. 그렇다면 이제 한도를 벗어난 스트레스 반응 체계의 후속 영향들을 살펴보자.

5 위험에 빠진 면역계

한 아이의 스트레스 반응이 어떻게 작동하는지 알고 싶다면, 주사기가 가득한 통을 들고 진찰실로 들어가 이제 주사를 맞을 시간이라고 말해보면 된다. 이제 나는 간호사가 예방접종을 하러 들어올 때 벌어지는 소동의 양상만 보고도 환자의 ACE 지수를 거의 정확히 추측할 정도가 되었다. 그동안 정말이지 온갖 상황을 다 보았다. 비명, 발길질, 깨물기, 심지어 주사를 맞지 않으려고 말 그대로 벽을 기어오르려는 아이들도 있다. 너무 당황해서 내 가운에 토한 아이도 있었다. 또 한 아이는 진찰실에서 뛰쳐나가 우리가 붙잡을 때까지 한 블록 끝까지 달아나기도 했다. 이토록 극단적인 두려움의 표출은 주사에 대한 일반적인 공포 반응이라 할 수 없다. 정말 숲속에서 곰을 만났을 때나 나올 법한 반응이다. 이러한 자연적인 스트레스 반응 유발 실험은 동시에 유독성 스트레스를 구성하는, 똑같이 중요한 또 하나의 성분을 시험할 기회이기도 하다. 그것은 바로 스트레스 완화제가 되어줄 수 있는 양육자의 능력이다. 최악의 반응을 보이는 아이들은 안아주거나 입맞추거나 노래를 불러주는 등 어떠한 방법으로든 아이를 달래줄 확률이 **가장 낮은** 양육자들과 함께 진료실에 온다. "꼼짝 못 하게 애를 꽉 붙잡아요!" "이렇게 낭비할 시간 없어요. 30분 안에 직장에 돌아가야 한다고." 그동안 우리가 수없이 들은 말이다.

이런 현상을 관찰하고 상관관계를 추측할 수는 있다. 하지만 내게 필요한 건 아동기의 부정적 경험이 환자들에게 영향을 미치는지의 **여부**뿐 아니라 영향을 미치는 방식까지도 엄밀히 평가할 수 있는 방법이었다. 얼마 후 스탠퍼드대학교 의료 센터의 생애 초기 스트레스와 소아 불안 프로그램Early Life Stress and Pediatric Anxiety Program을 이끄는 아동 정신의학자 빅터 캐리언Victor Carrion 박사가 나의 새로운 동지가 되었다.

우리는 아직 스트레스가 뇌에 어떻게 영향을 입히는지에 관해 모르는 것이 많지만, 매일같이 유망한 연구들이 나오며 점점 더 많은 정보가 쏟아지고 있다. 유독성 스트레스가 뇌에 미치는 영향에 관해 우리가 지금과 같은 수준으로 알게 된 것은 캐리언 박사가 한 것과 같은 중요한 연구들 덕분이다.

스트레스가 아이들에게 미치는 치명적 영향

캐리언 박사는 과다한 부정적 경험에 노출된 어린이들과 오랫동안 작업해왔다. 과거 성인을 대상으로 한 연구에서 높은 수준의 코르티솔이 해마에 유해하다는 것이 밝혀졌지만, 캐리언 박사는 아이들의 경우만 특정해서 살펴보기로 했다. MRI 기술 덕분에 아이들의 뇌를 들여다보고 트라우마를 경험한 아이들의 뇌에 코르티솔이 미치는 영향을 알아볼 수 있었다. 캐리언 박사의 연구가 의사들에게 특히 설득력 있게 여겨지는 것은 의사들에게 익숙한 언어로 이야기하기 때문이다. 역경을 경험한 아이를 MRI 기계에 들여보내면 뇌 구조에서 **측정이 가능한 변화들**을 관찰할 수 있다.

이 연구를 위해 캐리언 연구 팀은 다양한 지역의 의료 기관에서 환자를 선발했다.[1] 기준은 트라우마에 노출된 경험이 있는 10세부터 16세 사이의 청소년으로 외상 후 스트레스 장애 증후군이 있어야 한다는 것이었다. 폭력 장면을 목격하거나 신체·정서 학대를 당하는 등 여러 트라우마 사건을 경험한 아이가 대부분이었고, 그중 다수가 가난하게 살고 있었다. 대조군은 트라우마를 경험한 일이 전혀 없지만 소득과 연령, 인종 면에서 실험군과 비슷한 아이들로 꾸려졌다. 연구자들은 예비 면담에서 아이들이나 보호자들에게 외상 후 스트레스 장애 증상 및 수면 장애, 과민성, 집중력 부족 등을 비롯한 과다 각성 증상들에 관해 질문했다. 그런 다음 MRI를 실시하고 아이들의 타액 속 코르티솔을 하루에 네 번씩 체크했다. 뇌 스캔 결과가 나오면 3차원으로 부피를 측정해 아이의 해마 크기를 알아보았다.

연구 팀은 아이가 가진 증상 수가 많을수록 코르티솔 수치가 더 높고 해마의 부피는 더 작다는 사실을 밝혀냈다. 그리고 처음 해마의 부피를 측정한 지 12개월에서 18개월이 지난 뒤 같은 아이의 해마를 다시 측정해 그들의 해마가 더 작아졌다는 사실도 알아냈다. 아이들이 더 이상 트라우마 상황을 겪지 않을 때도 학습과 기억을 담당하는 뇌 부위들은 계속 줄어들고 있었는데, 이는 과거에 겪은 스트레스의 영향이 여전히 그들의 신경 체계에 작용하고 있다는 뜻이었다.

캐리언 박사는 환자 집단 전체에게서 유독성 스트레스의 영향을 평가하는 것이 중요하다는 내 의견에 동의했고, 어떤 결과가 나올지 나만큼이나 깊은 관심을 보였다. 우리는 ACE 지수와 내 환자들에게서 가장 흔히 나타나는 두 가지 문제, 즉 비만과 학습 및 행동 문제 사이의 연관관계를 중점적으로 알아보기로 했다. 각 환자들의 차트를 꼼꼼히 검토한 뒤 나의 연구를 보조하는 줄리아 헬먼Julia Hellman이 모든 환자의 ACE 지수를 판정했다. 나아가 우리는 스탠퍼드대학교의 다른 검토자에게도 재검토를 의뢰하고 무작위로 추출한 차트들에서 ACE 지수를 계산하게 해 우리가 판정한 ACE 지수가 정확한지 다시 한 번 확인했다.

처음에 우리가 검토한 702명 환자 집단의 ACE 지수는 펠리티와 안다의 연구 결과와 상당히 유사하게 나타났다. 아이들 중 67퍼센트가 부정적 경험을 적어도 한 가지 이상 했으며, 12퍼센트는 네 가지 이상이었다. 처음에 나는 우리 아이들의 점수가 더 높지 않은 것에 오히려 놀랐다. 어쨌든 베이뷰는 상당히 험한 동네이니 말이다. 펠리티와 안다가 던진 질문들만으로는 우리 환자들이 경험하는 모든 일을 다 아우를 수 없었다. 가령 지역 내에서 벌어지는 폭력이나 가족 중 추방된 사람이 있거나 하는 것들은 베이뷰 아이들의 삶에서는 너무나 흔한 일이다. 그럼에도 나는 베이뷰의 우리 환자들이 카이저 병원의 환자들보다 어린 시절에 더 많은 부정적 경험을 했으리라 예상했는데, 그러다가 문득 한 가지 사실을 깨닫고 이마를 쳤다. 펠리티와 안다의 연구 대상은 **성인**이었다. 그들의 평균연령은 55세였다. 그들은 18세까지 겪은 아동기의 부정적 경험의 수를 떠올려보라는 요청을 받았다. 반면 우리 연구에서 환자들의 평균연령은 **8세**였다. 아이들 다수는 18세 생일이 되기 전까지 더 많은 부정적 경험을 하게 될 가능성이 컸다. 게다가 우리가 기록한 부정적 경험들은 아이 본인이 아니라 보호자가 알려준 것이라는 점, 따라서 부끄러움이나 두려움 때문에 또는 '우리는 그런 이야기는 입에 올리지 않는다'는 이유로 아이의 역경에 대해 정확하게 알리지 않았을 가능성도 감안해야 했다.

그것 말고도 ACE 지수가 4점 이상인 환자들의 경우 과체중 또는 비만일 가능성이 **2배**, 학습 및 행동 문제 진단을 받을 가능성이 **32.6배**에 달한다는 의미심장한 사실이 드러났다. 함께 연구에 참여한 스탠퍼드대학교의 통계학자가 전화를 걸어 그 숫자들에서 어떤 결과가 나왔는지 말해주었을 때 나는 복잡한 감정을 주체할 수 없었다. 중요한 발견을 했다는 뿌듯함도 있었지만, 아이들을 생각하면 너무나 가슴이 아팠다. 학교생활에서 어려움을 겪으며 고군분투하고 있는데도 사람들에게서 '너는 ADHD 환자'라거나 '문제아'라는 말만 듣는 아이들. 그 모든 문제가 실은 해로울 정도로 압도적인 역경과 직접적으로 연관되어 있는데도 말이다.

이런 사실이 너무나도 중요한 이유는, 정확한 진단을 통해 의사들에게 증상의 기저에 깔린 생물학적 문제를 알려주어야 하기 때문이다. 그래야 의사들이 최선의 치료와 최대한 정확한 예후를 제공할 수 있다. 예컨대 어떤 환자의 간에 암이 생긴 것을 발견할 경우, 그 암이 애초에 간에서 생긴 것인지 아니면 전립선이나 몸의 다른 곳에서 전이된 것인지 파악하는 일은 의사들에게 매우 중요하다. 신체적으로 드러나는 증상이 같더라도 그 치료법과 예후는 저마다 다르기 때문이다.

현재 ADHD는 전적으로 증상에만 근거해 진단한다. 앞서 언급했듯이 그 기준에는 부주의, 충동성, 과잉 행동이 포함되지만,《정신질환 진단 및 통계 편람Diagnostic and Statistical

Manual of Mental Disorders》은 그 기저에 깔린 생물학적 기제에 관해서는 언급하지 않는다. 대신 거기에 나온 말은, 만약 동일한 증상들이 조현병 등 **다른** 정신질환과 연관되는 경우에는 ADHD가 아니라는 것이다. 그러니까 우리가 충동성과 과잉행동을 목격했지만 그 증상들이 뇌종양 때문임을 발견했다면 ADHD라고 진단할 수 없다.

펠리티와 안다의 연구를 통해 나는 유독성 스트레스의 예후, 즉 내 어린 환자들이 직면한 장기적인 위험이 일반적인 ADHD와 상당히 다르게 보인다는 점을 깨닫기 시작했다. 유독성 스트레스의 행동 증상들이 완전히 다른 별개의 진단 범주를 구성하는지 여부를 정확히 알아내려면 아직 가야 할 길이 멀었다. ADHD와 달리 유독성 스트레스의 진단이 의학 문헌에 존재하지 않는다는 사실도 문제였다.

최근의 의학사에서 이러한 임상적 패턴과 유사한 경우를 찾아볼 수 있다. 1980년대에 의학계는 새로운 유행병에 맞닥뜨렸다. 사람들은 의사를 찾아가 발진이나 염증을 호소했고, 결핵과 C형 간염으로 응급실을 찾았다. 더욱 이해할 수 없는 것은 카포시 육종Kaposi's sarcoma에 걸린 사람들이 떼로 나타나는 현상이었다. 카포시 육종은 피부와 입, 림프절을 공격하는 매우 드문 유형의 암이다. 한동안 이 각각의 의학적 문제들이 서로 연관되었을 거라고 의심하는 사람은 아무도 없었다. 모두가 이미 알려진 병이었기 때문이다. 의사들은 훈련

받은 대로 염증과 간염과 암을 치료했다.

　그러나 이러한 증상을 가진 환자들이 이전에 한 번도 본 적 없는 엄청난 규모로 계속 몰려들었다. 의사들은 염증과 간염, 카포시 육종을 더 잘 치료하는 수밖에 없다고 결론을 내렸다. 근원에 깔린 문제는 전혀 건드리지 못하는 전략이었고, 환자들의 병은 점점 더 깊어만 갔다. 이제 우리는 그 염증과 결핵, 카포시 육종이 더욱 심각한 근원적 문제, 그러니까 전체 면역계를 훼손하는 감염이 일어났음을 암시한다는 사실을 알고 있다. 이는 에이즈를 규정하는 질병들이었다. 즉, 그것은 의학적 개입이 필요한 상태이자 상당히 다른 예후와 치료가 요구되는 생물학적 문제, 바로 인간면역결핍바이러스에 의한 후천성면역결핍증을 암시하는 증상들이었다.

　만약 내가 ACE 지수가 높은 환자들을 보면서 천식이나 비만이나 행동 문제**만을** 치료한다면 역사의 교훈을 제대로 배우지 못한 거라는 생각을 떨칠 수 없을 것이다. 우리는 ACE 지수가 0점인 사람들보다 6점 이상인 사람들의 기대 수명이 20년이나 짧다는 사실을 알고 있다.[2] ACE 지수가 높은 환자의 경우, 그의 수명을 줄이는 것은 비만이 아니라 비만으로 신호를 보내고 있는 기저의 유독성 스트레스일 수 있다. 문제의 뿌리를 치료하기 위해서는 환자의 증상이 내게 들려주는 두 가지 이야기, 그러니까 표면으로 드러난 이야기와 밑에 감춰진 이야기를 모두 살펴야 했다. 트리니티라는 이름의 환자가 ADHD라는 주요 질환을 가지고 진료실로 들어섰을 때 나는 그럴 준비가 아주 잘 되어 있었다.

갑상샘기능항진증에 걸린 아이

베이뷰 지역에서 내가 단순히 리탈린$_{ritalin}$* 처방전만 써서 내미는 의사가 아니라는 평판을 얻기 시작할 무렵이었다. 더 자세한 진찰이 필요하다고 느낄 때면 사람들은 나에게 아이를 데리고 왔다. 하지만 트리니티의 사례를 얼마나 자세히 들여다봐야 할지 알기 위해서는 먼저 아이의 ACE 지수를 확인해야 했다. 처음 702명의 차트를 검토한 뒤부터 환자들이 처한 건강상의 위험을 더욱 확실히 파악하기 위해 **모든 환자**를 대상으로 역경에 노출된 정도에 관해 질문했다. 신장, 체중, 혈압 등과 마찬가지로 ACE 지수는 나의 정규 진찰의 기본 항목으로 사용되었다.

트리니티를 힘들게 하는 학습 및 행동 문제들은, 만약 아이의 ACE 지수가 0점이었다면 표준적인 ADHD 검사로 이어졌을 것이다. 하지만 나는 ACE 지수가 4점 이상인 환자의 경우 학습 또는 행동 문제가 있을 확률이 32배 더 높으며, 이는 곧 일반적인 ADHD의 문제가 아닐 수 있다는 사실을 알

---

* ADHD 치료제.

고 있었다. 나의 확신에 따르면, 이런 경우 문제는 전전두피질을 제약하고 편도체를 과도하게 자극하며 스트레스 온도 조절 장치에 합선을 일으키는 스트레스 반응 체계의 만성적인 조절 장애, 다시 말해 유독성 스트레스였다. 트리니티의 차트를 넘겨보니 ACE 지수가 6점이었다.

처음 진찰실로 들어온 트리니티를 본 순간, 나는 어린 시절로 돌아간 느낌을 받았다. 우리 가족이 자메이카에서 미국으로 이주하기 전 킹스턴에 있는 호프 밸리 초등학교에 다닐 때였다. 당시 1학년이었던 나는 그 학교에서 형제만 넷인 우리 집에는 없던 존재를 발견했다. 바로 함께 놀 다른 여자아이들이었다. 나보다 나이가 많은 시끌벅적한 여자애들이 나를 무리에 받아주었고, 치마를 입은 채 줄넘기하는 법과 정글짐에 올라가는 법 같은 아주 중요한 기술을 알려주었다. 나는 엄마에게 그 애들과 똑같이 머리를 단정하게 땋아달라고 졸라댔다. 다들 팔다리가 길고 마른 체형에 코코아색 피부와 새하얀 치아를 갖고 있었다. 트리니티도 거기 있었다면 꼭 그 무리의 일원으로 보였을 것이다. 빳빳한 흰색 면 반팔 셔츠와 무릎까지 내려오는 남색 울 스커트로 된 교복까지도 비슷했다. 나는 트리니티가 열한 살치고 키가 크며 평균보다 훨씬 말랐다는 점을 알아챘다. 물론 그 애가 내 어린 시절 친구들처럼 매일 학교까지 5킬로미터씩 걸어 다닐 리는 없을 것이다. 트리니티는 이모 곁에 조용히 앉아 진찰실 안을 훑어보았다. 예의 바르고 고분고분하며 무척이나 상냥한 아이였다. 내가 묻기도 전에 트리니티의 이모는 조카의 ACE 지수 배후의 이야기를 쏟아내기 시작했다.

트리니티의 엄마는 헤로인 중독자로, 딸의 인생에는 아무도 예측할 수 없는 순간에 특별 출연자로만 등장했다. 행방이 묘연한 채 지내다가 어느 날 갑자기 나타나서 트리니티를 데리고 쇼핑을 하러 가는 식이었다. 그러나 그 쇼핑은 사실 백화점들을 돌아다니며 딸을 바람잡이로 이용해 옷과 신발을 훔치는 일이었다. 트리니티가 엄마와 나갔다 올 때마다 립글로스 등 작은 물건들을 훔쳐 온다는 사실을 알고 이모는 이후 엄마의 방문을 허락하지 않았다. 트리니티가 학교에서 큰 문제들을 일으키기 시작한 것은 그때부터였다. 선생님들의 인내심도 한계에 달했다. 학습 문제뿐 아니라 트리니티는 감정 조절도 제대로 하지 못했다. 곧잘 행동화*를 보이는가 하면 옆 친구와 문제를 일으켰으며, 5분 이상 가만히 앉아 있지 못했다. 때로는 교실에서 뛰쳐나가기도 했다.

* 방어기제의 하나인 행동화acting out는 금지된 감정이나 소망, 너무 괴로운 기억이나 공포로 인한 불안을 가라앉히려는 무의식적 욕구에서, 그러한 억눌린 고통을 행동으로 표출해 괴로운 감정을 해소하는 것이다. 이때 나오는 행동은 대개 반사회적이거나 충동적이고 자기나 타인에게 해로운 행동으로, 이 행동이 초래할 부정적 결과에 대해서는 고려하지 않는다.

대부분의 내 어린 환자들이 그렇듯이, 진찰실에서 보이는 침착한 행동만 봐서는 트리니티가 그런 말썽을 일으키리라고는 아무도 짐작할 수 없었을 것이다. 그러나 나는 유독성 스트레스라는 렌즈를 장착하고 트리니티를 검진했다. 즉, ACE 지수가 0점인 아이들보다 훨씬 더 꼼꼼하게 트리니티를 살펴본 것이다. 둘 다 골초인 부모와 살고 있는 환자를 진찰할 때는 아이의 폐에서 나는 소리를 훨씬 더 자세히 들어봐야 하는 것처럼, 너무나 당연한 수순이었다. 트리니티가 여러 면에서 높은 위험성을 지니고 있음을 아는 나는, 먼저 아이의 폐 소리에 집중해서 귀를 기울였다. 쌕쌕거림은 없었다. 피부도 살펴보았다. 건조함도, 각질도 없이 따뜻하고 부드러웠다. 머리카락 끝부분이 갈라지기는 했지만 이는 헤어스타일에 따라 아프리카계 미국인 소녀들에게 흔히 나타나는 현상이었다. 정상 범주를 심각하게 벗어난 요소는 없는 듯 보였다. 심장을 살펴보기 전까지는 그랬다.

　　의사들은 규칙적인 심장박동(박자를 건너뛰거나 잡음이 없는 상태)뿐 아니라 심장이 얼마나 세게 뛰는지도 확인해야 한다. 트리니티의 가슴에 청진기를 댔을 때 나는 잠시 멈추고 이어피스를 다시 꽂아야 했다. 트리니티의 심장박동은 볼륨을 정상보다 조금 더 높게 올려놓은 것 같았다. 아주 미세한 차이이긴 했지만, 아이의 심장박동 소리는 내가 예상했던 부드러운 **두-근** 소리가 아닌, **두-근**에 더 가까웠다. 나는 청진기를 빼고 잠시 트리니티를 바라보았다. 그런 다음 살며시 내 손을 트리니티의 가슴에 가져다 댔다. 착각이 아니었다. 트리니티의 심장은 정상보다 더 큰 소리를 낼 뿐 아니라 촉각으로도 강하게 뛰는 게 느껴졌다. 심장박동에 대한 의문에 마른 몸매까지 더하면 심전도 검사를 받아보기에 충분한 위험신호였다.

다음 날 나온 심전도 결과는 트리니티의 심장에 이상이 있음을 확인해주었다. 결과에 따르면 트리니티의 심장은 정상보다 더 빨리 뛰고, 근육 또한 정상 수준 이상으로 힘들게 일하고 있었다. 심전도를 해석한 심장병 전문의가 함께 보낸 메모도 내 추측을 더욱 굳혔다. "그레이브스병Graves' disease일 가능성 있음." 마른 몸매와 강한 심장박동(거기에 머리카락 갈라짐까지)은 갑상샘호르몬 분비를 과다하게 자극하는 자가면역질환인 그레이브스병의 신호일 수 있다. 앞에서 예로 든 갑상샘기능저하증(갑상샘이 갑상샘호르몬을 충분히 만들지 않는 경우)과 달리 그레이브스병은 갑상샘기능항진증(갑상샘이 갑상샘호르몬을 너무 많이 만드는 경우)의 한 사례다. 갑상샘기능저하증에 걸린 성인은 체중이 잘 늘고 다소 무기력해질 수 있다. 이와 대조적으로 그레이브스병 환자들은 지나치게 활동적인 경우가 많고 체중이 계속 감소한다.

유럽에서는 갑상샘기능항진증을 바제도병Basedows's disease이라고 부르는데 로버트 그레이브스Robert Graves 박사와 같은 시기에 이 병을 규명한 독일 의사 칼 아돌프 폰 바제도Karl Adolph von Basedow의 이름을 따온 것이다. 유독성 스트레스에 관해 조사하던 중 나는 나치 강제수용소를 탈출한 난민들 가운데 갑상샘기능항진증 환자가 많았음을 보여주는 데이터를 발견했다.[3] 실제로 큰 전쟁 중에 갑상샘기능항진증 발병이 증가했다는 사실이 밝혀지면서 크릭스-바제도kriegs-Basedow(크리크 krieg가 '전쟁'을 뜻하므로 이는 '전시의 갑상샘기능항진증'이라는 말이다)라는 용어도 만들어졌다. 트리니티는 내분비과로 갔고, 의사는 트리니티가 실제로 그레이브스병을 앓고 있음을 확인해주었다. 갑상샘기능항진증 때문에 트리니티가 학교에서 문제를 일으켰다는 점에는 의심의 여지가 없었다. 약을 복용하자 행동과 학습 면에서 상황이 개선되었다. 문제가 완전히 사라진 것은 아니지만 트리니티의 생활은 전과 비교할 수 없이 좋아졌다.

알고 보니 연구자들은 1825년부터 이미 그레이브스병이 스트레스가 심한 사건과 관련된 경우가 많다는 사실을 알고 있었다.[4] 그런 사건이라면 트리니티도 수없이 겪었다. 갑상샘기능항진증에다 트리니티의 감정 조절 문제까지 더해져 교실에서 보내는 시간이 훨씬 더 힘들어진 것도 분명했다. 많은 의사가 바쁘다는 이유로 환자의 가슴에 청진기 한 번 대보지 않고 오로지 행동 증상들을 근거로 ADHD를 진단한다는 사실은 통탄할 일이다.

고위험군에 속한 아이들을 검진할 때는 몸 전체를 살펴보는 접근법을 취하는 것이 중요하다는 점을 다시 한 번 깨달았다. 내가 찾아내야 하는 문제가 무엇인지 나도 항상 정확히 알 수는 없다. 그러나 ACE 지수를 유독성 스트레스에 대한 위험의 척도로 활용하면서 나는 더 나은 의사가 될 수 있었다. 적합한 렌즈를 끼면 그 렌즈가 없었다면 놓쳤을지도 모를 것들을 포착할 수 있었다. 트리니티의 증상들이 내게 들려준 첫째 이야기, 즉 그레이브스병을 치료하기 위해 약을 처방한 다음, 나는 그 증상들이 가리키는 둘째 이야기, 바로 기저에 깔린 유독성 스트레스를 치료하기 위해 가족 치료family therapy[*]를 제안했다. 가족 치료의 목적은 트리니티와 이모 모두에게, 트리니티의 교감신경-부신수질 축과 시상하부-뇌하수체-부신 축이 재활성화되는 것을 제한하는 환경을 조성하도록 가르치는 것이었다. 무서운 상황이나 심한 스트레스 상황을 예방하고, 만약 그런 상황이 발생할 경우에는 제대로 대처해 궁극적으로는 트리니티의 아드레날린과 코르티솔 양을 줄이는 것이 목표였다.

나는 트리니티의 행동을 치료하기 위해 약물 치료부터 시작하지 않았다. 유독성 스트레스를 치료할 때 나는 무엇이 듣고 무엇이 듣지 않는지 알아내면서 단계적으로 접근하는

---

* 가족 구성원의 상호작용을 통해 신체적·정신적 가족 문제를 해결하는 방법.

방법을 선호한다. 분명 약물이 치료에 큰 역할을 하는 환자들도 있지만, 우리 임상 팀은 기저의 생물학적 문제를 해결하기 위해 약물을 사용하는 일에 신중을 기한다. 앞에서도 말했듯이 아드레날린과 노르아드레날린에 대한 전전두피질의 반응 그래프는 알파벳 U자를 뒤집어놓은 모양처럼 생겼다. 유독성 스트레스 때문에 충동 조절 능력이 손상되고 주의력이 떨어진 아이들은 전전두피질의 기능이 뒤집힌 U자의 내리막 부분에 위치하고 있을 가능성이 크다(커피를 **너무 너무** 많이 마신 탓에 목숨을 유지할 만큼의 정신조차 집중할 수 없는 상태와 비슷하다). 이런 경우 우리 임상 팀은 각성제인 메틸페니데이트 methylphenidate(리탈린)나 암페타민amphetamine 계열 약물은 잘 사용하지 않는다. 대신 우리가 사용하는 것은 원래 고혈압 치료를 위해 개발되었으나 ADHD 치료에도 사용되는 구안파신 guanfacine이라는 비각성제다. 구안파신은 전전두피질에서 아드레날린과 노르아드레날린이 열심히 활동하는 특정 회로들을 표적으로 삼아 스트레스가 심한 상황에서도 충동성과 집중력을 바로잡고 개선하도록 돕는다.[5]

후천성면역결핍증의 배후에 손상된 면역계가 있음을 처음으로 의심하기 시작했던 의사들이 그랬듯이, 나 역시 더욱 전체적인 방식으로 증상에 접근하는 이 과정이 만족스러웠다. 그렇지만 나의 작업은 여전히 의학의 변방에서 벌어지는 일에 불과했다. 유독성 스트레스를 진단하기 위한 명료한 기준이나 혈액검사는 존재하지 않았고(지금도 여전히 존재하지 않는다) 어떤 약물들을 조합해 처방하면 되는지도 알려져 있지 않았다. 어떤 증상이 유독성 스트레스와 관련된 것인지 확인할 수 있도록 나를 안내하는 가장 큰 지침은 ACE 연구였고, 나는 그 연구에서 설명한 병들과 상태들이 빙산의 일각일 뿐이라는 것을 알고 있었다. 결국 문제의 근원이 조절 장애 상태에 빠진 스트레스 반응 체계라면, 그 영향은 아주 넓은 범위까지 미칠 수 있다. 교란된 스트레스 반응은 신경계만이 아니라 면역계, 호르몬계, 심혈관계에도 영향을 끼친다. 모든 사람의 생물학적 유전적 구성은 각자 다르기 때문에 조절 장애가 발현되는 양상도 마찬가지로 다양해질 수밖에 없다.

우리 진료소 직원들이 새롭게 습득하던 내용에 짓눌리는 기분을 느끼기 시작한 것도 바로 이 지점이었다. 유독성 스트레스와 관련되지 않은 게 없다는 생각이 들었기 때문이다. 이 문제를 두고 직원들과 깊은 대화를 나눌 때마다 나는 문제의 출발점을 어디로 잡느냐가 중요하다고 강조했다. 문제를 해체해보면 핵심에는 스트레스 반응 조절 장애가 있었다. 거기서 출발해 줄기를 따라가며 조절 장애가 신체의 각 기관계에 어떤 영향을 미치는지 살펴보는 것이다.

우리는 기반이 되는 기관계들에서부터 탐사를 시작하기로 했다. 무엇이 잘못되었는지 알아내고 그것을 치료하려면, 분자 수준에서 무슨 일이 벌어지고 있는지를 알아야 했다. 다시 연구 문헌들로 돌아가 기관계들을 하나하나 분류하고 유독성 스트레스가 신체의 정상 기능들을 정확히 **어떻게** 방해하는지 최선을 다해 알아내는 것, 그것이 이제부터 우리가 할 일이었다.

유독성 스트레스와 뇌

차트를 검토한 결과, 유독성 스트레스를 암시하는 가장 분명한 신호는 학습 문제인 것 같았다. 어린 시절에 한 부정적 경험이 4가지 이상인 환자들이 학습 및 행동 문제 진단을 받을 가능성은 32.6배였다. 이는 곧 아동기의 부정적 경험이 빠른 속도로 발달 중인 어린이들의 뇌에 지대한 영향을 미친다는 뜻이었다. 나는 의대와 레지던트 기간에 뇌 발달에 관해 많은 걸 배웠고, 아이가 태어난 첫 해 동안 뇌에서 1초에 100만 개 이상의 신경연결이 만들어진다는 사실을 알고 있었다.[6] 레지던트 시기에는 독소나 질병 또는 신체 외상 때문에 그 과정이 교란되어 심각한 결과가 생기는 사례들을 직접 목격하기도 했다.

이제 우리가 알아야 할 것은 유독성 스트레스가 뇌에 어떤 영향을 미치는가였다. 내 안의 과학 너드는 나와 우리 팀이 영화 〈스타워즈〉에서 전투용 인공위성인 데스 스타의 계획을 알아내려는 반란군과 비슷하다고 생각하곤 했는데, 이 경우 데스 스타는 바로 유독성 스트레스였다. 데스 스타가 어떻게 작동하는지 알아내 그 도면을 연구하고 약점을 찾아낸다면, 우리는 그것이 만들 해악을 예방하는 방법 또한 찾을 수 있을 터였다.

앞서 우리는 스트레스 반응에 등장하는 캐릭터들을 이야기했다. 편도체와 전전두피질, 해마, 그리고 청반에 있는 노르아드레날린 핵(앞으로는 짧게 '청반'이라고 부르겠다)이 그 주인공들이다. 이 뇌 부위들은 스트레스 반응의 최전선에 있기 때문에, 정상에서 심하게, 그것도 오랜 기간 벗어난 스트레스 반응에 가장 큰 피해를 입으며, 그 결과 각자 일하는 방식 또한 근본적으로 달라진다. 더불어 아동기의 부정적 경험이 장기적 문제를 초래하는 방식을 이해하는 데 중요한 또 다른 뇌 영역이 있다. 바로 복측피개영역ventral tegmental area, VTA으로 뇌의 쾌락과 보상 중추로, 행동과 중독에 영향을 미친다.

경보 장치(일명 편도체)

편도체는 뇌의 공포 중추다. 뇌 정중선midline 근처의 측두엽 안쪽 깊은 곳에 위치한 편도체는 뇌에서 가장 먼저 발달한 부위로 여겨지며, 이 때문에 종종 '도마뱀 뇌'라고도 불린다. 서로 연결되어 감정과 기억, 동기 자극, 행동을 관장하는 변연계를 구성하는 뇌 부위들 중에서도 주전 선수로 꼽힌다. 편도체는 우리가 환경에 나타난 위협을 식별하고 그에 반응하도록 돕기 때문에, 변연계에서도 가장 중요한 부분이다. 곰의 포효를 듣자마자, 또는 곰의 거대한 옆모습을 얼핏 보자마자 우리에게서 곧바로 분출되는 감정이 무엇일지 생각해보라. 다름 아닌 공포다. 공포는 우리가 곰에게서 화를 면하도록 돕기 위해 발달된 감정이다.

편도체가 만성적 스트레스 요인에 의해 반복적으로 작동하다보면 과도하게 활성화되고 그 결과 우리는 곰이라는 자극 또는 (진료소에서 보고 알게 된 건데) 주사기를 든 간호사 같은 자극에 과장된 반응을 보인다. 루마니아의 고아원에서 심하게 학대당한 아이들을 대상으로 MRI 연구를 실시한 결과, 그들의 편도체가 몹시 비대해져 있다는 것이 드러났다.[7] 편도체가 만성적 또는 반복적으로 활성화될 때 일어나는 또다른 결과는 무서운 일인지 무섭지 않은 일인지 예측하는 능력이 망가지는 것이다. '늑대가 나타났다'고 외치던 소년처럼 뇌의 다른 부분들에게 사실은 무서워하지 않아도 될 일에 대해 허위 경보를 보내는 것이다.

공격적인 행동의 주인공(일명 청반)

이 뇌 부위는 공격적인 행동(레이더스 팬들, 미안한데 당신들이 자꾸 생각나네요)을 부추기는 주범이다. 청반은 전전두피질과 매우 밀접하게 연계해 작동하는데, 이 두 부위가 충동 조절을 주관하는 방식에서 일치하는 면을 보이는 것은 그 때문이다. 청반이 조절 장애 상태가 되면 노르아드레날린(뇌에서 나오는 아드레날린)을 너무 많이 분비하고, 그 결과 불안과 흥분, 공격성이 높아질 수 있다. 또한 우리의 신체 시스템을 향해 동굴 안에 곰이 있으니 경계를 풀지 말라고 외치는 호르몬을 과도하게 방출함으로써 수면-각성 주기sleep-wake cycle를 심하게 망쳐놓을 수도 있다.

지휘자(일명 전전두피질)

전전두피질은 뇌의 앞쪽 부분으로 이마 바로 뒤에 위치하고 있다. 매우 원시적인 부위로 여겨지는 편도체와 달리 전전두피질은 마지막에 발달한 부분으로, 우리에게 추론과 판단, 계획, 의사 결정 등의 능력을 부여한다. 종종 '실행 기능'의 부분이라고도 불리는데, 실행 기능이란 상충하는 생각과 외부에서 입력된 내용을 분별하고, 현재 하는 행위가 미래에 가져올 결과들을 따져보고, 정해진 목표를 향해 노력하며, '사회적 통제'를 행사하는(즉, 억누르지 않으면 사회적으로 용인되지 않는 결과를 불러올 만한 충동들을 억누르는) 능력을 말한다.

전전두피질은 다양한 연주자들의 박자와 음량을 각각 조율하고 모든 소리를 조화시켜 혼란스럽고 시끄러운 것이 아니라 일관되고 아름다운 음악으로 이끌어가는 오케스트라 지휘자와 여러 모로 비슷하다. 초등학교 5학년 시절 교실에서 보낸 평범한 하루를 생각해보라. 선생님이 앞에서 이야기하고 있는데 옆자리에 앉은 아이는 종이를 뭉쳐 교실 저쪽으로 집어던지고, 내 앙숙은 책상 밑에서 사납게 발길질을 해대고, 내가 좋아하는 아이는 이제 날 안 좋아한다는 쪽지를 막 보내오는 장면. 물론 이 정도면 **정상** 작동하는 전전두피질에게도 한꺼번에 처리하기에는 너무 많은 일거리이긴 하다.

유독성 스트레스에 시달리는 아이들의 경우, 전전두피질의 활동은 두 가지 방식으로 억제된다. 첫째, 과도하게 활성화된 편도체가 전전두피질에게 뭔가 무서운 일이 벌어지고 있으니 참견 말고 가만 있으라는 메시지를 보낸다. 생존이 걸린 판국에 이성이 걸리적거리면 안 되니까 말이다. 둘째, 청반이 뇌에 노르아드레날린 홍수를 일으켜 전전두피질에게서 본능과 충동을 제압할 힘을 앗아가 버린다. 전전두피질은 아이의 뇌에서 충동에 브레이크를 밟고 더 현명한 결정을 내리도록 도와주는 부분이다. 아이에게 **활동 욕구**를 흠뻑 주입하는 자극들이 들어오는데 이를 무시한 채 가만히 앉아 집중하라고 말하는 것은 너무 무리한 요구다. 전전두피질이 이렇게 무력해지면 사람마다 다른 결과가 나올 수 있다. 어떤 사람은 집중하지 못하고 문제를 해결하지 못하는 정도에 그칠 수 있지만, 어떤 사람은 충동적 행동이나 공격성을 표출하기도 한다.

기억 은행(일명 해마)

해마는 뇌에서 기억을 만들고 유지하는 일을 담당하는

부분으로, 실제로 두 마리의 작고 귀여운 해마sea horse처럼 생겼다. 심각한 스트레스 사건이 벌어지는 동안 활성화된 편도체는 해마에 뉴런 연결 능력을 교란시키는 신호들을 보낸다. 한마디로 단기 기억과 장기 기억을 만드는 일을 어렵게 만드는 것이다. 알츠하이머병 환자들의 뇌를 스캔해보면 해마가 심하게 손상되어 있는 것을 알 수 있다. 따라서 해마가 학습에서 그토록 결정적인 이유는 아주 명백하며, 모든 자극에 즉각 반응하는 예민한 편도체를 지닌 아이들이 구구단 암기부터 공간 기억까지 기억에 관한 모든 부분에서 왜 그렇게 불리한지도 쉽게 알 수 있다.

야호, 라스베이거스로 가자!(일명 복측피개영역)

청반이 레이더스 팬이라면 복측피개영역은 뇌의 라스베이거스다. 우리는 보상과 동기 부여, 중독 같은 것들을 담당하는 이 부분이 우리 신용카드를 갖고 달아나지 않도록 아주 조심해야 한다. 이 부위는 도파민이라는 한 단어로 요약할 수 있다. 섹스를 하거나, 헤로인 주사를 맞거나, 하루를 마무리하며 초콜릿 케이크 한 조각을 권하는 말에 좋다고 대답할 때 당신의 뇌에서 쏟아져 나와 기분을 좋게 해주는(또는 황홀한 기분을 느끼게 하는) 그 신경전달물질 말이다.

몸의 스트레스 반응 체계가 계속해서 과부하에 걸리면 도파민 수용체의 감도가 엉망이 된다. 전과 똑같은 정도의 쾌감을 느끼려 해도 갈수록 점점 더 많은 양의 자극이 필요해지는 것이다. 복측피개영역에 어떤 생물학적 변화가 일어나 고당분 고지방 식품 같은 도파민 자극제들을 갈망하게 된다면, 그 변화는 위험한 행동 또한 더 많이 하게 만들 수 있다.

ACE 연구는 아동기의 부정적 경험에 노출된 정도와 복측피개영역을 활성화하는 많은 활동 및 물질 사용 사이에 용량-반응 관계가 있음을 보여주었다. 요컨대 ACE 지수가 4점이상인 사람은 0점인 사람에 비해 흡연 가능성이 2.5배, 알코올의존 가능성이 5.5배, 정맥 주입 마약을 사용할 가능성은 10배다. 따라서 어린 사람들이 담배나 술처럼 해로운 도파민자극제에 의존하는 것을 방지하고 싶다면, 삶의 초기에 역경을 겪는 일이 뇌의 도파민 기능에 어떤 영향을 미치는지 반드시 이해해야 한다.

호르몬의 조화

여성이라면 누구나 느껴봤을 불안감이 있다. 생리를 할지 안 할지 걱정이 되는 달에는 꼭 생리가 더 늦게 시작된다고 느낀 적 있는가? 그건 그저 느낌이 아니다. 스트레스 반응은 호르몬계에도 영향을 미치기 때문에 생리 주기부터 성욕과 허리둘레에까지 변화를 일으킬 수 있다.

호르몬은 신체의 화학적 메신저로서, 광범위하고 다양

한 생물학적 과정들을 가동하는 임무를 맡고 있다. 그중 주요한 것들을 꼽자면 성장과 신진대사(신체가 음식에서 에너지를 얻고 비축하는 것), 성 기능, 생식 등이다. 그러니까 사실상 모든 것이라 할 수 있다. 호르몬계는 스트레스 반응에 매우 민감하다. 당연한 얘기다. 숲에서 곰을 보았을 때 그 모든 반응("아드레날린! 코르티솔! 출발!")을 일으키는 것이 바로 호르몬이니 말이다.

우리 몸의 호르몬계에 속한 거의 모든 것이 스트레스의 영향을 받는다. 성장호르몬, 에스트로겐과 테스토스테론 등의 성호르몬, 갑상샘호르몬, 혈당을 조절하는 인슐린은 모두 스트레스가 발생하는 동안 대체로 양이 감소한다. 건강에 미치는 주요한 영향들 중에는 난소와 고환(이 둘을 생식샘이라고도 한다)의 기능 이상, 정신사회적 단신psychosocial short stature, 비만 등이 있다. 여성의 경우 생식샘 기능 이상이 생기면 배란이 안 되거나 생리가 멈추거나 생리불순이 생길 수 있다. 한 연구에서는 수감 초기에 스트레스를 겪는 여성들(사실 갓 수감되고도 스트레스를 겪지 않는다는 것을 상상할 수 있을까?) 중 33퍼센트가 생리불순을 겪는다는 사실을 밝혀냈다.[8] 정신사회적 단신이란 우리가 디에고에게서 목격한 바로 그 현상이다. 즉, 어린이와 청소년이 유해한 환경 때문에 성장이 심각하게 지연되는 것이다. 어떤 경우에는 아이들의 성장호르몬 수치가 심각하게 줄어들기도 하지만, 디에고처럼 성장호르몬 자체는 줄어들지 않는 경우도 있다. 이럴 때는 성장호르몬이 제 역할을 하도록 돕는 다른 요인들에 이상이 생긴 것이라고 추정한다. 비만은 비교적 익숙한 해악이지만, 이때 호르몬계에서는 이중의 재난이 벌어진다. 언급했듯이 만성 스트레스는 쾌락 중추(복측피개영역)에 영향을 미쳐 우리가 고당분·고지방 식품을 더욱 갈망하게 하고, 증가한 코르티솔은 우리 몸의 당분 대사를 더 어렵게 해 몸이 지방을 더 쉽게 축적하도록 만든다. 그러나 여기서 악당은 코르티솔만이 아니다. 렙틴leptin과 그렐린ghrelin이라는 호르몬들도 스트레스 반응이 활성화될 때 증가한다. 이 호르몬들은 식욕을 더욱 강렬하게 부추겨 코르티솔과 힘을 합해 우리의 허리둘레를 늘리는 만행을 저지른다.

진료소에서 차트를 검토한 결과 ACE 지수가 4점 이상인 아이는 0점인 아이에 비해 과체중이거나 비만일 가능성이 2배였다. 우리가 생물학과 건강에 영향을 미치는 사회적 요인들이 충돌해 의미심장한 결과를 일으키는 현상을 목격한 것이 바로 이 지점이었다. 그동안 취약한 공동체에서 살고 있는 아이들에게는 건강을 해치는 많은 위험 요인이 중첩되어 있다고 이야기해왔다. 베이뷰 같은 곳에서는 좋은 의료 서비스를 받을 기회가 부족하고, 안전하게 놀 수 있는 장소도 거의 없으며, 식품 안전성도 보장되지 않는다. 이 모두가 엄청난 건강 격차에 원인을 제공한다.

그러나 같은 동네에 살고 있고, 의료 서비스 접근성도 똑같으며, 안전한 놀 곳과 영양가 있는 음식이 똑같이 부족한데도 우리 환자들 중에는 ACE 지수가 0점인 아이들도 있다. ACE 지수가 높은 아이들의 호르몬계에 유독성 스트레스가 어떤 짓을 하는지 알게 되면 그 아이들이 과체중인 것이 주로 패스트푸드만 먹기 때문**만은** 아니라는 사실을 깨닫게 될 것이다. 식품 사막(영양가 있는 음식이 결핍된 동네들을 꼭 집어 가리키는 용어다)에 살고 있으며, 타코벨이 맥도날드를 대체할 건강한 선택이라고 생각하는 부모가 양육하고 있기 때문**만도** 아니다. 이런 것들이 문제를 악화하는 데 분명히 한몫을 담당하지만, 그것들이 이야기의 전부는 아니다. 우리의 연구 데이터는 유독성 스트레스의 기저에 깔린 메커니즘이 얼마나 강력한 힘을 발휘할 수 있는지를 보여주었다. 즉 대사이상 역시 중요한 원인이었다. 식품 사막에서 성장한 사람이라면 당연히 건강하기가 어렵다. 그런데 그에 더해 코르티솔 수치가 높아 고당분·고지방 식품에 대한 욕망을 이길 수 없다면, 감자튀김 대신 브로콜리를 택하기란 더욱더 어려워질 것이다.

독성 스트레스와 면역계

면역학은 의대 시절 나를 가장 괴롭힌 과목이었다. 면역계야말로 의사들의 가장 듬직한 조력자여야 하니 내게는 참

안타까운 일이 아닐 수 없었다. 문제는 그 모든 게 너무 복잡하다는 사실이었다.

면역계는 여러 가지 힘을 행사한다. 우리 내부와 바깥의 세계가 어떻게 관계하는지 감시할 뿐 아니라, 외부의 위협에 맞서 신체를 방어하는 일까지 책임지고 있다. 어찌 보면 면역계는 각 개인에게 자신만의 국무장관과 국방장관을 하나로 통합한 존재와도 같다. 우리 몸에는 수많은 적과 동맹이 있기 때문에 때로는 누가 적이고 누가 우리 편인지 구별하기가 어렵다. 면역계는 그 **모두에** 대한 전문가여야 한다. 예컨대 어떤 박테리아 또는 바이러스의 표면에 있는 단백질은 **나쁜** 단백질이니 싸워서 무찔러야 한다는 것을 알고, 또한 허파와 신경과 혈구에 있는 단백질들은 **좋은** 단백질이니 그대로 내버려 둬야 한다는 것도 아는 전문가 말이다.

우리 몸의 장관들은 대외 관계가 만족스러울 때는 자신의 존재를 잘 드러내지 않는다. 평소에는 감염되거나 다친 세포, 암으로 변해가는 세포를 찾기 위해 끊임없이 몸 전체를 살피면서 질서를 유지하는 본업을 조용히 수행하다가, 그런 세포들을 발견하면 달려들어 파괴한다. 그런데 어떤 악당이 그 통상적인 순찰에 걸려들지 않고 질병을 일으키면 국방장관은 경보를 울려 군대를 결집하고 전략적 공격을 개시한다. 면역계는 사이토카인cytokine이라는 화학 신호를 사용해 부상이나 질병에 맞서는 신체 반응을 활성화한다. 사이토카인은

'세포 이동 명령체cell mover'를 뜻하는 단어다. 사이토카인은 우리 몸에게 백혈구를 더 만들라고 재촉한다. 백혈구는 감염에 맞서 싸우고, 항체를 만들고, 박테리아를 먹어치우는 등 다양한 일을 하는 세포들을 활성화시키기 때문이다. 또한 면역계는 벌레에 물려 빨갛게 부어오르는 것 같은 염증을 일으키도록 자극하는 일도 한다. 몸속의 다른 모든 것과 마찬가지로 면역계에도 중요한 것은 균형이다.

스트레스 반응 조절 장애가 생기면 면역과 염증 반응이 심각한 타격을 입는데, 이는 면역계를 구성하는 거의 모든 요소에 스트레스호르몬이 영향을 미치기 때문이다. 스트레스호르몬에 만성적으로 노출되면 면역계는 몇 가지 방식으로 억제되기도 하고 또 다른 방식으로 활성화되기도 한다. 하지만 그중 어떤 것도 좋은 변화는 아니다. 스트레스는 면역계에서 감기와 결핵과 특정 종양들을 퇴치하는 기능을 약화시킬 수 있다. 스웨덴의 보건학자 예르케르 칼렌Jerker Karlén과 동료들은 세 종류 이상의 생애 초기 스트레스에 노출된 아이들은 코르티솔 수치가 증가하며 상기도 감염(감기), 위장염(위장 독감 stomach flu) 등 기타 바이러스 감염에 더욱 취약하다는 사실을 알아냈다.[9] 또한 스트레스 반응 조절 장애는 염증과 과민 반응(알레르기, 습진, 천식을 생각해보라), 심지어 트리니티가 걸린 그레이브스병 같은 자가면역질환(면역계가 자신의 몸을 공격하는 것)까지 증가시킨다.

ACE 연구가 처음 발표된 후 수년 동안 과학자들은 아동기의 부정적 경험과 자가면역질환의 관계를 면밀히 검토해 왔다. 연구 결과들을 보면 아동기의 스트레스가 아동과 성인 모두의 자가면역질환과 강력한 상관관계가 있음을 알 수 있다.[10] 공중보건학자 샨타 듀브Shanta Dube는 펠리티 박사와 안다 박사와 협력해 1만 5000여 명의 ACE 연구 참가자들의 데이터를 분석했다. 그들의 ACE 지수와 그들이 류머티즘 관절염, 낭창, 제1형 당뇨병, 셀리악병(만성 소화 장애증), 특발성 폐섬유증 같은 자가면역질환으로 입원한 빈도를 검토한 것이다. 듀브가 발견한 사실은 충격적이었다. ACE 지수가 2점 이상인 사람은 0점인 사람에 비해 자가면역질환으로 입원하는 비율이 2배 이상이었다.

아이가 태어날 당시에는 뇌와 신경계가 완전히 발달하지 않은 상태이듯이, 면역계 역시 태어나고 한참 뒤까지 발달 과정을 이어간다. 사실 갓 태어난 아기들에게는 면역력이라 할 만한 것이 거의 없으며, 이후 엄마로부터 약간의 도움을 받아가며 발달시킨다. 모유 수유가 아주 중요한 이유 중 하나는 엄마의 항체가 아기를 감염에서 보호할 뿐 아니라, 아기의 면역계가 성장하도록 돕기 때문이다. 사람들이 아주 어린 아기들을 바깥에 데리고 나가는 걸 주저하는 이유가 궁금했다면, 이것이 바로 그 이유다.

아기의 면역계는 생후 첫 몇 년에 걸쳐 아기가 처한 환경에 반응하며 발달한다. 이때의 면역계는 취임 첫 해의 국무장관으로 생각하면 이해하기 쉽다. 아직은 외국의 국가원수들을 차례로 만나며 누가 적대적이고 누가 호의적인지 파악하는 중이다. 그런데 안타깝게도 몸속에 아드레날린과 코르티솔이 과도하게 많은 경우에는 위협의 실상을 정확히 해석하기가 어렵다. 발달 초기에 이런 식의 혼란이 일어나면 면역계의 기능에는 평생 지속될 변화들이 일어날 수 있고, 이것이 질병으로 치닫는 경우도 많다. 이 상황은 이렇게 생각해볼 수 있다. 흥분한 국방장관이 몸에 들어온 침략자들을 무찌르라고 군대를 파견했는데, 군대가 적들을 제대로 찾아 공격하기도 하지만 때로는 아무 일 없는 곳에 문제가 있다고 오해하기도 하는 것이다. 그렇게 몸속에 염증이 더 많아질수록 일부 염증이 신체 자체의 조직들을 공격하고, 그럼으로써 류마티스관절염, 염증성 장질환, 다발성경화증 같은 자가면역질환을 일으킬 가능성도 커지는 것이다. 생애 초기에 경험하는 역경은 염증을 증가시키며, 몸 안을 돌아다니는 군대의 수가 많으면 그들이 실수를 저지를 가능성도 더 커지기 마련이다.

뉴질랜드 더니든Dunedin의 연구자들은 염증 수치의 변화를 실제로 측정했다.[11] 그들은 30년에 걸쳐 1000명의 사람들을 추적하며 중요한 건강 데이터 포인트들을 관찰하고 기록했다. 이 연구자들은 펠리티와 안다의 연구를 보강했을 뿐 아니라, 아동기에 학대를 당한 이들의 네 가지 염증 지표가 무려 20년이나 지난 후에도 학대받지 않았던 이들보다 훨씬 높다는 사실을 발견했다.[12] ACE 연구에 결정적인 내용을 추가한 셈이다. 환자들이 경험한 아동기의 부정적 사건들을 **그 일이 벌어지고 있는 당시에** 기록해 역경이 생물학적 피해에 선행한다는 점을 자료로 보여줌으로써 인과관계의 논거를 강화했기 때문이다.

우리는 균형이 잘 잡힌 면역계야말로 건강에 가장 중요한 역할을 한다는 사실을 알고 있다. 아동기의 불행이 **한 사람의 평생에 걸쳐** 면역계의 발달과 조절에 해를 입힌다는 사실을 이해하면, ACE의 과학이 질병과 사망의 몇몇 주요 원인들을 퇴치하는 데 얼마나 큰 힘을 발휘할지 짐작할 수 있다.

불행과 자가면역질환의 상관관계

ACE의 과학을 이루는 퍼즐 중에서 나에게는 면역계라는 조각이 특히 중요하다. 사람들에게 유독성 스트레스가 면역계에 어떻게 영향을 미치는지 알려주면 듣는 태도가 달라지기 때문이다. 자신이 알고 있던 내용과 어긋나는 뜻밖의 이야기이니 그럴 만도 하다. 물론 과식하면 호르몬이 엉망이 되고 체중이 는다는 점, 충동적으로 살거나 알코올에 중독되면 신경계에 그 영향이 미친다는 점은 다들 알고 있다. 그러나 이런 잘못된 행동들이 그레이브스병이나 다발성경화증 같은 병들과도 관계가 있다고는 생각하기 쉽지 않다. 대다수가 그런 병들은 순전히 유전적 불운 때문에 생긴다고 생각한다. 샨타 듀브의 연구와 같은 후속 ACE 연구들의 강점은, 아동기의 불행이라는 환경적이고도 구체적인 요인이 자가면역질환과 강력한 상관관계가 있음을 보여준다는 것이다.

펠리티 박사의 환자 패티는 그 상관관계에 주의를 기울이는 일의 중요성을 강조하기에 완벽한 사례다. 패티는 극도의 비만인 데다 심리적 문제와 감정적 문제(자는 동안 음식을 먹는 행동이 이 부분에 문제가 있음을 암시한다)까지 있었다. 학대가 종종 정서적 문제를 일으키고 때로는 비만으로 이어진다는 걸 아는 사람도 그 외에 다른 문제는 없다고 생각하는 것이 보통이다. 그러나 패티가 사실은 자가면역질환의 하나인 특발성 폐섬유증으로 사망했다는 사실이 드러나면서(ACE 지수가 높을수록 자가면역질환이 발병할 가능성도 커진다) 이야기의 흐름은 더욱 복잡해졌다. 유독성 스트레스가 불러오는 결과는 단지 신경과 호르몬의 문제만이 아니라 면역계의 문제이기도 한데, 면역계의 증상들은 감지하기 훨씬 더 어렵다. 아동기 불행은 패티의 정신적 삶을 위험하게 한 만큼 면역계 또한 위험에 빠뜨렸다. 패티의 문제는 그녀가 받은 유독성 스트레스가 면역계에 치명적인 해를 입힐 수 있다는 걸 안 사람이 아무도 없었다는 사실이다. 그 누구도 문제를 어디에서 찾아야 할지 몰랐다.

열두 달 만에, 나는 생애 초기의 불행한 경험이 나의 환자들에게 어떻게 영향을 미치는지에 관해 지난 10년 동안 배운 것보다 훨씬 더 많이 알게 되었다. 하지만 전체적인 그림이 완성된 것은 아니었다. 과도한 스트레스 반응이 건강에 많은 해를 끼칠 수 있다는 것은 충분히 납득할 만한 일이라 여겨졌다. 신경계·내분비계·면역계에 일어난 변화들이 우리 아이들에게 어떻게 문제를 일으키는지도, 나는 모두 이해했다고 생각했다. 그러나 ACE 연구는 아동기의 불행이 수십 년 뒤의 건강 문제들까지 일으킬 수 있음을 보여주었다. 그 무렵이면 많은 사람이 아동기의 힘겨운 환경에서 벗어났을 시기다. 그런데 왜 펠리티 박사의 환자들은 우리 아이들이 겪는 것과 같은 또는 더 심하다고 할 수도 있는 문제들을 보였던 것일까? 아동기의 부정적 경험은 왜 이렇게 화수분 같은 양상을 나타내는 것일까? 나는 유독성 스트레스의 메커니즘이 한 차원 더 깊은 곳에, 훨씬 더 희미한 선들로 그려져 있을지 모른다는 불편한 느낌을 떨칠 수 없었다. 이런 질문들이 나를 유독성 스트레스라는 토끼굴로 더 깊이 끌고 들어가리라는 걸 알았다. 하지만 여기까지 온 이상 유독성 스트레스가 가장 깊은 수준에서, 그러니까 유전의 차원에서 어떻게 작동하는지를 알아내야만 했다.

6 새끼를 핥지 않는 어미 쥐

　　아주 어린 아기의 부모들은 기진맥진, 의기양양함, 걱정, 자랑스러움, 두려움 등 각기 다른 색깔로 이루어진 감정의 무지개를 달고 우리 진료소를 찾아온다. 딸 니아를 데리고 온 샬린의 완전한 무표정은 그래서 더욱 두드러졌다.[1] 이 젊은 엄마는 딸에 관한 질문에 대답하면서도 표정과 눈빛에 아무 변화가 없었다. 마치 신고 있는 신발 사이즈나 22번 버스의 도착 시간에 관해 이야기하는 느낌이었다. 그 점을 제외하면 샬린은 갓난아이를 둔 여느 20대 초반의 엄마들과 다르지 않았다. 꼭 맞는 청바지에 귀여운 블라우스를 입었고, 머리는 단정하게 뒤로 당겨 묶은 모습이었다. 그러나 생후 5개월 된 니아는 평범한 아기와 거리가 멀었다. 샬린이 니아를 임신했을 때 니아는 어느 순간 성장을 멈추었고, 응급 제왕절개수술로 예정일보다 8주 일찍 출산했다. 태어났을 때 니아의 몸무게는 1.36킬로그램밖에 안 되었다. 병원에서 몇 주를 보낸 뒤 상황이 호전되어 양호한 건강 상태로 퇴원했지만, 이후 집에서 몇 주를 보낸 뒤로는 아무리 노력해도 체중이 늘지 않았다.

나와 진료팀이 샬린을 상담하고 원인을 밝혀내려고 애쓰는 동안 내 걱정은 점점 더 깊어만 갔다. 우리는 몇 시간 동안 샬린을 데리고 니아의 음식을 준비하는 방법, 먹여야 할 시간과 먹여야 하는 양에 관해 하나하나 가르쳤다. 니아의 활력징후를 체크하고 혈액검사도 했다. 마치 우주왕복선 발사를 위한 관제 센터의 업무를 처리하듯이 니아의 체중과 신장 기록을 검토했다. 그러는 동안 차츰 샬린의 건강 문제도 뚜렷이 보였다. 겉으로는 특유의 무표정함을 보이는 샬린도 딸이 울거나 보채면 금세 짜증을 내고 어쩔 줄 몰라 했다. 뚝 그치라고 말하거나 완전히 모른 체했다. 산후 우울증이 분명했지만, 도움을 받으라고 아무리 설득해도 샬린은 말을 듣지 않았다.

결국 니아의 건강이 심각해졌고, 우리에게는 더 이상 손쓸 방법이 없었다. 니아는 성장 장애에 시달리고 있었다. 성장 장애란 아기의 체중이 충분히 늘어나지 않아 결국 발달이 정표*에 도달하지 못하는 상태를 가리키는 의학 용어다. 생애

---

* 아이의 신체, 정서, 지능 등의 발달 정도를 연령별로 표준화한 것.

첫 1년 동안은 매 초마다 100만 개의 새로운 신경연결이 만들어지므로, 이 시기에 건강한 뇌 회로를 만드는 데 필요한 지방과 단백질을 충분히 얻지 못하면 심각한 결과로 이어질 수 있다.[2] 나는 니아를 잘 돌보면 체중 증가에 도움이 될 것이라는 희망으로 입원을 권했다. 병원에서 지내는 나흘 동안 니아의 상태는 정확히 내 바람대로 되었지만, 퇴원하자마자 그동안 늘려놓은 체중이 다시 줄어들었다. 우리는 치료 노력을 두 배로 강화하고, 사회복지사와 함께 샬린을 치료에 참가시키려고 애썼지만, 결국 또다시 니아를 입원시킬 수밖에 없었다.

이번에는 병원의 입원팀과 상의하다가 아동보호 서비스 Child Protective Services, CPS 이야기를 꺼낼 때가 왔다는 데 의견이 모아졌다. 그들 역시 샬린과 니아의 관계에서 우리가 느낀 것과 동일한 문제를 감지했다. 샬린은 여전히 우울증을 앓고 있었고, 여전히 도움을 거부하고 있었다. 두 번째 퇴원 이후 니아의 성장은 또다시 멈추었다. 나는 샬린의 상태가 급격히 악화되리라는 것을 알면서도, 무거운 마음으로 어떤 소아과 의사도 원치 않는 일을 할 수밖에 없었다. 아동보호 서비스 신고서를 제출하는 것이었다.

나는 샬린이 대놓고 니아를 방임하는지, 제대로 먹이지 않거나 해하는지는 확실히 아는 바가 없었다. 하지만 조산아임을 감안하더라도 니아의 체중이 3백분위수(100명의 몸무게를 적은 순서대로 나열했을 때 3번째)에 못 미친다는 사실은 분명히 알고 있었다. 니아는 위험 지대에 있었고, 그 무렵 모녀의 관계는 명백히 니아의 성장에 악영향을 미치고 있었다. 이런 경우에는 하나하나 빠짐없이 분석하기가 어렵다. 우리는 달을 다 채우지 못하고 태어난 아기가 다른 아기들에 비해 요구하는 것이 더 많으며(수면 패턴이 더 불규칙적이고, 더 자주 먹여야 하는 등), 그런 요구들이 육아에 지친 새내기 부모에게 과한 스트레스를 안긴다는 이유만으로도 아이가 방치될 위험이 더 크다는 사실을 알고 있다.

양육자가 아이와 눈을 맞추면서 여러 가지 표정으로 아이를 자극하고 안아주고 입을 맞춰주지 않으면 유아의 호르몬과 신경은 손상을 입을 수 있다. 이는 아이의 성장과 발달을 저해한다. 보살핌을 받지 못하면 영양이 충분하더라도 아기가 잘 자라지 못하는 것이다. 니아의 경우, 충분히 먹여주는 사람이 없는 것이 문제였을까? 아니면 샬린의 우울증이 너무 깊어 니아를 돌보지 못하는 것이 원인이었을까? 진실은 둘 다일 것이다.

이 시점에서 나는 유독성 스트레스의 렌즈로 상황을 바라보기 시작했다. 니아는 생후 5개월이라는 여리디여린 시기에 이미 우울증에 걸린 엄마와 양육에 전혀 참여하지 않는 아빠라는 두 가지 부정적 경험을 갖고 있었다. 아마도 샬린 또한 ACE 지수가 만만치 않을 것이다. 신고서를 제출하고 샬린을 아동보호 서비스의 엄격한 감시 아래 두는 상황에 슬퍼하면서도 마음속에서는 전에 품었던 중요한 질문 하나가 떠올랐다. 아동기의 부정적 경험은 왜 그렇게 확실하게 한 세대에서 다음 세대로 대물림되는 것일까? 유독성 스트레스는 내가 목격한 그 어떤 유전병보다도 부모에게서 아이에게로 일관되게 전해지는 것 같았다.

베이뷰에서 오랫동안 살아온 주민으로, 열 살 난 증손자 타이니의 주양육자인 코라를 예로 들어보자. 예순여덟 살인 코라는 사실 아이를 돌볼 생각이 없었다. 하지만 아동복지사가 전화를 걸어 타이니의 엄마가 수감되어 아이가 지낼 집을 찾아야 한다고 말했을 때, 그녀는 이럴 수도 저럴 수도 없어 속이 탔다. 자신의 아들이자 타이니의 할아버지는 아이를 보살필 능력이 없었다. 아들 부부 모두 알코올과 약물 중독으로 허덕이며 살다 아내가 먼저 40대 후반에 신부전으로 세상을 떠났다. 게다가 이제는 타이니의 엄마마저 오랫동안 교도소 신세를 질 판이었다. 코라는 지칠 대로 지쳐 있었다. 그래도 아이를 복지 기관에 맡길 수는 없었다.

코라는 정기검진을 위해 타이니를 진료실에 데려왔다. 코라의 가장 큰 걱정은 타이니의 행동이었다. 매일같이 학교에서 전화가 걸려 왔다. 최근에는 교실에서 자기 책상을 뒤집어엎었고, 자신을 꾸짖으려는 선생님에게 발길질을 해서 정학 처분을 받았다. 검사를 하는 동안 나는 코라가 말한 상황을 몸소 확인할 수 있었다. 대부분의 아이가 진료실에서는 가장 얌전해진다는 사실을 감안하면, 타이니를 지켜보는 것만으로도 정말 많은 걸 알 수 있었다. 타이니는 우리의 주의를 끌기 위해 수시로 대화에 끼어들고, 진찰대 위의 서류를 사납게 찢어발기는가 하면, 진찰대에서 뛰어내려 서랍들을 열어젖히고 속에 든 것들을 닥치는 대로 꺼냈다. 눈 깜짝할 사이 바닥으로 내려서더니 미처 손을 쓰기도 전에 내 컴퓨터의 전원을 뽑아버리기도 했다. 두말할 필요도 없이 타이니가 진료실에서 문제를 일으키지 않도록 계속 통제하고 있기가 쉽지 않았다.

코라와 타이니가 왔을 때는 베이뷰 진료소가 문을 연 초기라 ACE 검사를 정규적으로 실시하기 전이었다. 하지만 나는 타이니를 치료하기 위해 많은 지원이 필요하다는 걸 단박에 알 수 있었다. 나는 잠시 양해를 구하고 클라크 박사와 상의하기 위해 그의 사무실로 갔다. 다시 진료실로 돌아왔을 때는 언제나 하는 방식으로 짧게 똑똑 두드린 다음 살며시 문을 열었다. 눈앞에 펼쳐진 장면이 걸음을 멈춰 세웠다.

타이니는 구석에 쪼그리고 앉아 두 손으로 얼굴을 가린 채 증조할머니의 빗발치는 매질에서 제 얼굴을 보호하고 있었다. 어깨, 머리, 얼굴, 몸까지, 코라는 아이에게 달려들어 닥치는 대로 아이를 후려치며 소리를 질렀다.

내 눈을 믿을 수가 없었다. 이 사람이 정말 **진료실에서** 아이를 구타하고 있다는 말인가?

"그만해요!" 내가 강하게 말했다. 그런 뒤 두 걸음 만에 성큼 방을 가로질러 두 사람 사이에 섰다. "우리 진료실에서도, 다른 어디에서도, 아이를 때려서는 안 돼요."

나는 타이니를 찬찬히 살피며 심하게 다친 곳이 없는지 확인했다. 그런 다음 이 상황을 보고해야 할 의무가 있기 때문에 아동보호 서비스에 전화를 걸 수밖에 없다고 코라에게 침착하게 설명했다.

"그래요. 전화해요." 코라가 말했다. "아동보호 서비스가 이 아이를 길러주지는 않아요. 아이를 기르는 건 나라고요. 바르게 행동하도록 애를 가르쳐야 해요. 안 그러면 결국 제 엄마처럼 감옥에 들어가고 말 테니까."

코라는 자기가 옳은 일을 하고 있다고 확신하는 게 분명했다. 이미 두 세대가 인생을 망치는 모습을 지켜본 그녀는 타이니가 바른 길에서 벗어나지 않게 하려고 자신이 자라며 배운 수단에 의지하고 있었다. 역설적인 사실은 코라의 의도와 달리 그런 구타는 타이니가 엄마와 조부모처럼 될 가능성을 **더욱 키우는** 신경화학물질들을 타이니의 몸속에 폭포처럼 쏟아낸다는 점이었다. 그날 나는 코라를 설득해 곁에 그녀를 앉혀둔 채 아동보호 서비스에 전화를 걸었다. 코라는 내가 자신을 두둔하고 있으며, 아동보호 서비스에 '고발하는' 것이 아니라 폭력을 쓰지 않고도 타이니의 행동 문제를 해결할 도구를 요청한다는 것을 알았다. 결국 코라는 나를 충분히 신뢰하고 클라크 박사와의 상담에 동의했다. 그녀는 구타를 멈췄고 가족은 흩어지지 않았다.

따뜻한 포옹과 입맞춤의 힘

코라의 일은 오랫동안 내 마음에 남아 있었다. 나는 코라와 타이니, 그리고 그 사이 세대의 사람들에 관해 생각했다. 내 주변 어디서나 세대를 이어가는 ACE의 증거들이 보였다. 그러나 내가 유독성 스트레스라는 생물학적 유산을 이해하고 이를 막는 방법을 깨닫기까지 퍼즐 조각들을 맞출 수 있었던 것은 맥길대학교 신경과학자 마이클 미니Michael Meaney 박사 연구 팀이 어미 쥐들과 새끼 쥐들을 대상으로 한 획기적인 연구 덕분이었다.

미니 연구 팀은 두 무리의 어미 쥐와 새끼 쥐를 관찰했다.[3] 그들은 새끼 쥐가 연구에 사용되고 나면 어미 쥐가 스트레스 받은 새끼를 핥아 털을 다듬어준다는 사실을 알아차렸다. 사람으로 치면 포옹과 입맞춤 같은 행동이었다. 흥미로운 점은 모든 어미 쥐가 똑같은 정도로 그런 행동을 하는 것은 아니었다. 어떤 어미 쥐는 높은 강도로 핥고 털을 다듬는 반면 어떤 어미 쥐는 그 정도가 낮았다. 이는 힘든 하루를 보낸 자식에게 정다운 입맞춤과 따뜻한 포옹을 얼마나 해주느냐의 차이였다.

의자에 앉아 있던 내 몸을 일으킨 것은 바로 그다음 부분이었다. 연구자들은 새끼 쥐의 스트레스 반응이 어미 쥐가 '많이 핥아주는가' 아니면 '적게 핥아주는가'에 따라 직접적으로 영향을 받는 사실을 알게 되었다. 그들이 새끼 쥐들을 연구에 사용하거나 그 밖의 방법으로 새끼 쥐들에게 스트레스를 주었을 때 많이 핥아주는 어미 쥐의 새끼들은 코르티코스테론을 비롯한 스트레스호르몬 수치가 낮았다. 많이 핥아주면 스트레스가 낮아지는 이 효과는 용량-반응 관계도 보였다.[4] 즉 어미 쥐가 더 많이 핥아주고 털을 골라줄수록 새끼 쥐의 스트레스호르몬 수치는 그만큼 더 낮아졌다. 게다가 많이 핥아주는 엄마를 둔 새끼 쥐들의 '스트레스 온도 조절 장치'는 더 민감하고 효과적이었다.

이와 대조적으로 어미 쥐가 적게 핥아주는 새끼들은 스트레스 요인(이 경우에는 20분 동안 꼼짝 못 하게 붙잡아두는 상황)에 대한 반응으로 코르티코스테론 수치가 높이 치솟았고, 상황이 지나간 뒤 스트레스 반응 스위치를 끄는 것도 더 어려워했다. 새끼 쥐가 평생 겪는 스트레스 반응의 변화들은 태어나고 첫 열흘 동안 어미 쥐가 새끼 쥐의 털을 다듬어주는 행동으로 예측할 수 있었다. 더욱더 놀라운 점은 그 변화들이 **다음 세대**에까지 이어진다는 것이었다. 많이 핥아주는 어미 쥐 밑에서 큰 암컷 새끼 쥐는 나중에 자라서 새끼를 낳으면 역시나 많이 핥아주는 어미가 되었다.

미니의 연구 논문을 읽으며 나는 샬린과 니아를 떠올렸다. 어렸을 때 샬린 본인은 '핥아주기와 다듬어주기'를 얼마나 많이 받았을까? 샬린 또한 만만치 않은 스트레스 요인들에 직면하고 있는 게 틀림없었다. 레지던트 시절 나는 조산아를 출산하는 일이 적절한 지원을 받고 회복탄력성이 높은 부모에게조차 얼마나 무서운 일인지 직접 목격했다. 내 진료실 문을 열고 들어왔을 때 샬린은 조산아를 낳아 우울증에 걸린 젊은 엄마였지만, 그녀가 언제나 그렇게 살아온 것은 아니었다.

베이뷰에서 자라온 샬린은 한때 장래가 촉망되는 학생이었다. 고등학교 축구 선수로 뛰다가 실력만으로 대학 장학금을 받았을 때는 베이뷰의 불리한 현실을 극복해낸 것만 같았다. 그러나 대학 1학년 때 무릎 부상을 당하며 그녀의 꿈은 무너졌다. 이듬해 대학을 중퇴했고 몇 년 동안 집에서 지내다가 임신을 하게 됐다. 샬린은 지금 어린 딸을 보살피느라 허덕이고 있었다. 샬린과 니아 모두 걱정스러운 상황이었다. 의학을 통해 나는 성장 장애를 진단하는 방법을 배웠다. 하지만 유독성 스트레스의 세대 간 순환을 끊는 법은 배우지 못했다.

나는 집요하게 미니의 연구에 몰두했다. 근원에 자리한 가장 중요한 메커니즘을 찾아야 했다. 그들이 찾고 싶던 것도 나와 다르지 않았다. 생애 초기의 경험은 **어떻게** 평생의 스트레스 반응과 행동에 영향을 미치는가. 우리는 그 변화의 뿌리를 찾고 있었다.

그들은 어미 쥐가 새끼 쥐에게 전하는 메시지가 실제로 새끼 쥐의 스트레스 반응이 배선되는 방식을 바꿔놓는다는 사실을 발견했다. 그런데 그 변화가 일어나는 방식은 유전이 아니라 **후성유전**이었다.

유전자와 환경이 서로 무관하다고 여기는 사람이 여전히 많다. 우리가 갖고 태어난 특정한 유전자 암호들이 우리의 생물학적 특징들과 건강을 결정하며, 우리가 하는 경험들은 성격이나 가치관처럼 더 바꾸기 쉬운 것들을 형성한다고 말이다. 이렇게 유전자와 환경을 각자 별개의 모퉁이에 밀어 넣은 결과, 본성과 양육 중 무엇이 더 중요하냐는 오랜 논쟁이 일어났다. 사람들은 오랫동안 이 문제를 두고 논쟁을 벌였지만, 과학이 점점 발달하면서 논쟁은 조금씩 줄어들었다. 이제 과학자들은 그 둘을 분리할 수 없음을 꽤 확정적으로 말한다. 사실 우리는 환경과 유전자 암호 **모두가** 생명 활동과 행동 **모두를** 형성한다는 것을 알고 있다. 유전자와 환경이 얼마나 긴밀하게 영향을 주고받는지 생각해보면, 본성 대 양육 논쟁이 명백한 승자 없이 수백 년 동안 이어져온 것도 놀랍지 않다. 다행히 과학의 진보 덕에 우리는 마침내 우리의 모습과 신체가 작동하는 방식, 그리고 궁극적으로 **우리가 어떤 존재인지**가 동시에 결정된다는 사실을 확인할 수 있게 되었다.

대부분의 사람은 DNA가 우리의 생명 활동을 결정하는 프로그램, 즉 유전자 암호라는 사실을 알고 있다. 여기서 한 걸음 더 깊이 들어가자. 우리의 몸은 그 암호를 주형틀로 사용해 새 세포들을 구성하는 단백질을 만들고 세포가 제대로 기능하게 한다. 모든 세포에는 우리의 유전자 암호 전체가 담겨 있을 뿐 아니라, 암호를 해독하고 그 염기서열 중 어느 부분을 번역해 단백질로 만들지 결정하는 장치도 들어 있다.

환경과 경험은 몸이 만들어내는 모든 새로운 세포에 유전자 암호 중 어느 부분을 해독해 전사할지 결정하는 중요한 역할을 한다. 경험 또는 환경이 어떻게 그런 일을 하는 걸까? 우리 몸은 사실 DNA의 모든 '단어'를 '읽는' 것이 아니라는 게 밝혀졌다. 과학자들은 유전체(우리 몸의 전체 유전자 암호)와 후성유전체 모두 세포 속에 새겨진다는 사실을 알아냈다. 후성유전체란 DNA 위에 붙은 또 한 층의 화학적 표지로, 어떤 유전자를 읽고 전사해 단백질로 만들지 결정한다. 후성유전적epigenetic이라는 단어는 실제로 '유전체 위에 있음'을 의미한다. 이런 후성유전적 표지는 DNA와 함께 부모에게서 자식에게로 전달된다.

이렇게 생각하면 되겠다. 유전체는 악보에 그려진 음표이고, 후성유전적 표지는 그 음을 연주할 때 얼마나 크거나 작게, 또는 빠르거나 느리게 연주할지 지시하는 기호라고 말이다. 곡의 어떤 부분 전체를 건너뛰라고 지시하는 기호도 있을 수 있다. 이런 후성유전적 기호는 경험에 좌우되며, 환경의 영향을 받아 새롭게 쓰일 수 있다.

스트레스 반응의 활성화는 환경이 후성유전적 기호를 바꾸는 중요한 방법 중 하나다. 신체는 경험에서 오는 스트레스에 적응하는 과정에서 특정한 유전자를 켜거나 끄는데, 특히 **미래에 있을** 스트레스 상황에 반응할 방식을 조절하는 유전자들이 그 대상이 된다. 이렇게 후성유전체가 유전체와 함께 작용해 환경에 반응하는 과정을 **후성유전적 조절**이라고 하는데, 이 과정은 유독성 스트레스가 우리의 건강을 **평생**에 걸쳐 그토록 해하는 이유를 이해하는 데 결정적이다. 네 살짜리 아이의 뼈가 부러지면 그 외상은 후성유전체에 암호화되지 않고, 따라서 아이에게 장기적인 영향을 미치지 않는다. 그러나 네 살짜리 아이가 만성 스트레스와 역경을 경험하면, 뇌와 면역계와 호르몬계의 스트레스 반응 방식을 조절하는 유전자들의 스위치가 켜지고 다른 유전자들의 스위치는 꺼진다. 그리고 이 과정에 아무 개입이 없다면 유전자들은 그 상태 그대로 유지되면서 아이의 신체가 작동하는 방식을 바꾸고, 심각한 경우에는 질병이나 이른 죽음을 초래하기도 한다.

후성유전적 조절을 담당하는 몇 가지 과정이 있는데, 그 중에서도 스트레스의 유전학과 관련해 우리가 가장 잘 알고 있는 두 가지는 **DNA메틸화**DNA methylation와 **히스톤 변형**histone modification이다. DNA메틸화는 메틸기methly group라 불리는 생화학 표지가 DNA 염기서열의 시작 부분에 달라붙는 현상이다. 이렇게 달라붙은 메틸기는 해당 유전자의 스위치가 켜지는 것을 막는데, 이는 마치 호텔 문고리에 '방해 금지' 푯말을 거는 일과 비슷하다. DNA 객실 관리 팀에게 안으로 들어와 유전자 염기서열을 번역해 단백질로 만드는 일 같은 건 할 생각도 말라고 말함으로써 유전자 암호의 특정 부분을 정지시키는 것이다.

히스톤은 DNA를 꼭 붙잡아 두는 감시자 같은 것이라 할 수 있다. 유전물질들을 계속 가둬놓아 DNA 전사 기구가 해당 DNA에 접근하는 것을 막는 단백질이 바로 히스톤이다. 그런데 특정한 생화학 지표가 히스톤에 달라붙으면 변형이 일어난다. 그래서 형태가 바뀌고 더욱 느슨한 상태가 되어 DNA가 읽히고 전사되도록 허용하는 것이다.

여기서 다시 어미 쥐와 새끼 쥐의 이야기를 이어가보자. '새끼 쥐 핥기' 연구는 후성유전적 조절을 보여주는 훌륭한 예다. 미니와 연구 팀은 어미 쥐가 새끼 쥐를 핥아주면 새끼 쥐의 몸에서 높은 수치의 세로토닌이 방출된다는 사실을 알아냈다. 세로토닌이 신체의 천연 항우울제라는 이야기는 들어보았을 것이다. 세로토닌은 새끼 쥐의 기분을 좋게 하며, 마치 새끼 쥐를 위한 프로작 같은 효과를 낸다. 단순히 **기분만 좋게 하는** 것이 아니라, DNA에서 스트레스 반응을 조절하는 영역의 전사에 변화를 일으키는 화학 과정까지 활성화한다. 미니와 동료들은 결국 그 모든 핥아주기와 털 다듬기가 궁극적으로 새끼 쥐의 DNA에 있는 후성유전적 표지를 바꿈으로

써 평생 이어지는 스트레스 반응도 바꿔놓았음을 증명했다.[5]

이런 식의 후성유전적 변화는 자연을 위한 속성 커뮤니케이션 같은 것이다. 어미 쥐가 새끼 쥐들을 핥아주지 않을 때는, 본질적으로 새끼 쥐들에게 환경 속에 무언가 조심해야 할 것이 있으니 바짝 경계하고 있어야 한다고 알려주는 것과 같다. 수 세대에 이르는 오랜 시간 동안 유전적 적응을 통해 자손의 DNA가 바뀌기를 기다리기보다, 후성유전체의 변화를 통해 새끼 쥐들에게 환경 정보를 신속하게 전달하는 것이다. 이 과정을 더 세밀히 관찰하기 위해 미니 연구 팀은 아주 기발한 일을 했다. 라이프타임 채널에서 방송하는 영화에서 힌트를 얻어, 갓 태어난 새끼 쥐 일부를 바꿔치기한 것이다. 그들은 많이 핥아주는 어미 쥐들의 새끼와 적게 핥아주는 어미들의 새끼를 서로 바꾸어놓았다. 연구 결과 새끼 쥐들의 DNA메틸화는 원래의 엄마가 **아니라** 새로운 엄마의 패턴을 따른다는 것이 밝혀졌다. 행동도 마찬가지였다. 많이 핥아주는 어미 쥐의 새끼를 적게 핥아주는 어미 쥐가 기르면 그 새끼 쥐는 스트레스호르몬 수치가 높은 불안한 어른 쥐로 성장하며, 이후 자신 역시 적게 핥아주는 어미 쥐가 되었다. 미니 연구 팀은 아주 이른 시기에(이 경우에는 새끼 쥐 생애의 첫 열흘) 있었던 핥아주기와 다듬기의 차이가 생애에 크나큰 차이를 만들어낸다는 것도 발견했다.

이를 기초로 한 걸음 더 나아가 미니와 동료들은 쥐가 어른이 된 **뒤에도** DNA메틸화의 패턴을 뒤집는 것이 가능한지 실험했다. 그들은 DNA에서 메틸 표지를 떼어내는 용액인 트리코스타틴 A를 사용해 메틸화 패턴을 **화학적으로** 수정하기로 했다. 이 방법으로 많이 핥아주는 어미 쥐와 적게 핥아주는 어미 쥐가 낳은, 이미 다 자란 자손들의 뇌에 트리코스타틴 A 용액을 주입하자 쥐들의 스트레스 반응에 생긴 변화가 완전히 사라졌다.

이 훌륭한 연구는 두 가지 면에서 나를 깊은 생각에 빠뜨렸다. 우선 미니의 연구는 내가 찾아 헤매던 그 장기적 변화의 메커니즘이 단순히 유전적인 것만이 아님을 보여주었다. 베이뷰 환자들이 겪은 부정적 경험들이 그들의 DNA에까지 영향을 미쳐 **후성유전적** 변화를 일으켰을 수도 있는 것이다.

또한 미니의 연구는 어미 쥐가 새끼 쥐를 충분히 핥아주지 않으면 새끼 쥐에게 부정적 영향을 미칠 수 있다는 사실에 더해, 더 많이 핥아주는 것이 어떻게 **도움이 되는지**도 보여주었다. 환경은 우리가 고칠 수 있는 요소이므로 이는 '적게 핥아주는' 엄마에게 태어난 사람 아기에게도 많은 희망이 남아 있다는 뜻이었다. 그 아이는 하자가 있는 존재도, 결함이 생긴 존재도 아니다. 생물학은 아이가 이른 시기에 안전하고 안정적이고 따뜻한 보살핌을 받는다면 성인기의 건강한 스트레스 반응 체계가 발달될 수 있다고 말한다. 앞서도 말했듯 힘들지만 견딜 수 있는 스트레스 반응이 유독성 스트레스 수준으로 넘어가지 않도록 지켜주기 위한 핵심은 스트레스 요인의 충격을 적절히 완화해줄 수 있는, 즉 완충제 역할을 해줄 성인의 존재다. 새끼 쥐에게 그 존재는 핥아주고 털을 다듬어주는 어미 쥐였다. 사람의 경우에는 꼭 안아주고 귀 기울여 말을 들어주는 아빠일 수 있다. 이렇게 충격을 흡수해주는 존재는 스트레스호르몬을 약화시키기 위해서 뿐 아니라, 스트레스 반응 조절 장애와 주요한 건강 문제들로 이어질 수 있는 후성유전적 변화를 예방하기 위해서도 대단히 중요하다.

그러나 여전히 몇 가지 의문이 남았다. 우리는 어미 쥐가 잘 핥아주지 않은 새끼 쥐들이 평생에 걸쳐 스트레스 반응 조절에 어려움을 겪을 가능성이 있다는 것을 알게 되었다. 또한 스트레스 반응이 과도하게 활성화되면 신경 기능과 내분비 기능, 면역 기능에도 연쇄적인 변화를 일으킬 수 있다는 사실도 안다. 그러나 DNA 차원에서 만성 스트레스는 어떤 방식으로 암과 같은 특정 질병에 걸릴 가능성에 영향을 미치는 것일까? 후성유전체에 일어난 변화가 한 세대에서 다음 세대로 전해지는 방식을 살펴보자 특정 질병에 더 많이 취약한 것 역시 몸속에 새겨지는지 여부가 궁금해졌다. 스트레스가 DNA의 어떤 부분에 변화를 일으켜 질병을 유발하는 유전자를 계속 켜진 상태로 만드는 것일까? 아니면 다른 어떤 일이 벌어지고 있는 것일까? 그러다가 우연히 텔로미어telomere의 흥미진진한 세계를 만나면서 비로소 나는 DNA를 재프로그램하는 방법이 한 가지가 아니라는 사실을 깨닫게 되었다.

세포의 노화를 늦추는 비밀

내가 억척스러운 과학자보다 더 좋아하는 유일한 존재가 바로 억척스러운 여성 과학자다. 그러니 나와 아주 가까운 곳에 멋진 여성 과학자 두 명이 살고 있다는 사실을 알았을 때 내가 얼마나 흥분했을지 충분히 상상할 수 있으리라. 캘리포니아대학교 샌프란시스코 캠퍼스UCSF의 생물학자 엘리자베스 블랙번Elizabeth Black burn 박사와 건강심리학자 엘리사 에펠Elissa Epel 박사의 연구를 나에게 처음 소개해준 사람은 여러 사랑스러운 장점이 많지만 유독 이른 노화 문제에 **다소** 집착에 가까운 관심이 있던 한 친구였다.

노화에 관한 한 나는 떠도는 말들은 무시한 채 청결한 생활과 나이트크림을 고수하는 편이지만, 친구가 노화 방지와 관련한 최신 뉴스를 이야기하며 **염색체와 세포의 때 이른 죽음**이라는 단어들을 흘렸을 때 두 귀가 쫑긋해졌다. 알고 보니 그것은 노화를 이해하려는 탐구 과정에서 이루어진 **제대로 된** 과학적 발견이었다. 블랙번 박사는 염색체 말단에 위치한 염기서열인 텔로미어가 때 이른 노화와 죽음으로 이어질 수 있는 손상으로부터 DNA를 어떻게 보호하는지 발견해 노벨상을 수상한 세 과학자 중 한 사람이다. 블랙번 박사는 에펠 박사와 협력해 텔로미어가 정확히 어떻게 짧아지거나 손상되는지, 그리고 더 중요하게는 어떻게 그 단축과 손상을 멈출 수 있는지 탐구했다.

블랙번과 에펠은 음식과 운동이, 심지어 정신 집중이 텔로미어의 건강에 미치는 영향을 검토했다. 그러나 그들이 발견한 것 가운데 내가 가장 흥미를 느낀 부분은 **스트레스**가 텔로미어의 길이와 건강에 큰 영향을 미치며, 이것이 다시 질병 위험성에 큰 영향을 미친다는 사실이었다.

잠깐 한발 뒤로 물러나서 살펴보자. 그러니까 텔로미어가 정확히 뭐라고? 염기서열? 텔로미어를 DNA 가닥 끝에 있는 범퍼라고 생각하면 이해하기가 쉬울 것이다. 텔로미어는 유전 정보를 담지 않은 **비암호** 염기서열이다. 그래서 오랫동안 텔로미어에 대해 깊이 생각하는 사람은 아무도 없었다. 단백질을 만들지도 않을뿐더러, 얼핏 몸속에서 그리 대단한 일을 하는 것 같지도 않아 보였기 때문이다. 그러나 연구자들은 마침내 텔로미어가 사실 매우 중요한 역할을 수행한다는 사실을 알아냈다. 텔로미어가 DNA 가닥을 보호함으로써 세포가 DNA를 복제할 때마다 반드시 원본과 똑같은 복제본이 만들어지게 하고 있었던 것이다.

텔로미어는 환경에 매우 민감하다. 이는 좋은 자동차 범퍼가 그렇듯 언제나 가장 먼저 공격을 받아낸다는 의미다. 스트레스처럼 생화학적으로 해로운 것들은 DNA보다 그 끝에 붙어 있는 텔로미어를 더 많이 손상시킨다. 텔로미어는 자신이 다치면 세포의 나머지 부분들에게 신호를 보내 범퍼가 너무 많이 얻어맞았으니 이제 세포도 반응해야 한다고 알린다. 세포가 반응하는 방식은 주로 두 가지다. 우선 텔로미어가 너무 짧아진 경우(이웃에 평행 주차를 잘 못하는 사람이 너무 많은 경우)에는 세포가 노화한다. 이는 세포가 더 이상 제 할 일을 못한다는 뜻이다. 피부 탄력을 유지하고 주름살을 방지하는 피부 속 단백질인 콜라겐을 예로 들어보자. 콜라겐을 만드는 섬유아세포fibroblast들 중 너무 많은 수가 일찌감치 은퇴해버리면 실제보다 10년은 더 나이 들어 보일 것이다.

텔로미어를 손상시켜 때 이른 세포의 노화를 초래하는 요인들은 아주 많지만, 가장 큰 몫을 차지하는 것이 바로 만성 스트레스다. 세포가 늙거나 죽는다고 세상이 끝나는 것은 아니지만 한 부위에서 너무 많은 세포가 죽으면 건강이 나빠질 수 있다. 예를 들어 췌장에서 너무 많은 세포가 죽으면 충분한 인슐린을 만들어내지 못하고 이는 당뇨병으로 이어질 수 있다. 노화 외에 세포가 텔로미어의 손상과 단축에 반응하는 또 다른 방식은 암으로 발전할 수 있는 전암前癌 세포가 되거나 암세포로 변하는 것이다. 세포가 DNA를 정확하게 복제하는 능력을 잃고, "영원히 계속해서 세포를 만들라!"고 명령하는 돌연변이의 암호를 만들기 시작한다는 뜻이다. 이를 통해 세포들은 걷잡을 수 없이 계속 복제되어 자라며 종양으로 발전한다. 즉, 텔로미어가 너무 많이 손상되고 과도하게 짧아지면 때 이른 세포의 노화와 질병 또는 암으로까지 이어질 수 있다는 말이다. 이는 인간의 연애 게임에 또 하나의 흥미로운 변수를 더한다. 머지않은 미래에 여자들은 텔로미어가 긴 파트너를 찾게 될지도 모를 일이다.

텔로미어와 스트레스에 관한 연구는 아직 초기 단계지만 아동기의 부정적 경험이 성인기에 텔로미어가 더 짧아질 것임을 예측하는 요인이라는 건 분명하다. 이는 초기의 스트레스가 세포의 노화와 질병 진행 과정에 지속적으로 각인된다는 사실을 말해준다.[6] 엘리사 에펠은 엘리 퍼터먼Eli Puterman 등의 연구자들과 함께 '미국 건강 및 은퇴 연구U.S. Health and Retirement Study'의 일환으로 수집한 남녀 4598명의 데이터를 살펴보았다.[7] 그들은 건강 설문에 응답한 내용을 검토해 아동기의 누적된 부정적 경험과 성인기의 누적된 부정적 경험을 각각 평가했다. 아동기의 스트레스 요인을 알아보는 기준들로는 연구 참가자의 가족이 경제적 곤란으로 친척의 도움을 받은 일, 경제적 곤란 때문에 이사한 일, 아버지가 실직한 일, 부모의 약물 또는 알코올 남용이 가정 문제를 일으킨 일, 응답자가 18세 이전에 신체적 학대를 경험했거나, 낙제해 한 학년을 다시 다녔거나, 법적인 문제를 일으킨 일이 있는지의 여부가 포함되었다. 성인기의 스트레스 요인에 관해서는 배우자

나 자녀가 사망한 일이 있는지, 메디케이드* 자격 요건에 해당하는지, 자연재해를 입은 적이 있는지, 전투에서 부상당한 경험이 있는지, 마약이나 알코올에 중독된 파트너가 있는지, 육체적 공격을 당한 일이 있는지, 중병에 걸린 배우자나 자녀가 있는지 등을 물었다.

에펠과 퍼터먼은 이 응답을 기초로 각 응답자의 텔로미어 길이를 살펴보았다. 두 사람은 평생 누적된 부정적 경험의 양으로 텔로미어가 짧아지는 것을 유의미하게 예측할 수 있고, 길이가 짧아지는 것 자체는 대부분 아동기에 경험한 부정적 경험 때문이라는 사실을 확인했다. 성인기의 부정적 경험은 그 자체만으로는 텔로미어가 짧아지는 것과 유의미한 연관 관계가 없었다. 하지만 연구 참가자가 어린 시절에 겪은 부정적 경험의 수가 하나씩 증가함에 따라 짧은 텔로미어를 갖고 있을 가능성은 11퍼센트씩 증가했다. 또한 에펠과 퍼터먼의 데이터는 알코올이나 마약을 사용하는 부모의 존재 또는 학대 같은 가정에서 일어나는 부정적 경험들이 경제적 어려움보다 텔로미어 단축의 더 강력한 예측 요인이라는 점도 밝혔다.

정신의학자 이퍼 오도노반Aoife O'Donovan과 토머스 네일런 Thomas Neylan이 실시한 추가 연구에서는 외상 후 스트레스 장애가 있는 사람들의 텔로미어를 건강한 사람들의 텔로미어와

---

* 65세 미만의 저소득층 및 장애인을 위한 미국의 공공의료보험 제도.

비교했다. 그들이 발견한 사실은 외상 후 스트레스 장애가 있는 사람들의 텔로미어가 대조군에 비해 대체로 더 짧다는 것이었다.[8] 그리고 정말로 흥미로운 점은 외상 후 스트레스 장애가 있어도 아동기 초기에 부정적 경험을 하지 **않은** 사람들은 대체로 텔로미어가 짧지 **않은** 경향을 보였다는 사실이다.

좋은 소식도 있다. 이미 텔로미어가 짧아졌더라도 텔로미어를 건강하게 유지하면 더 짧아지지 않게 보호할 수 있다. 그렇다면 어떻게 하면 텔로미어를 건강하게 유지할 수 있을까? 먼저 텔로미어의 길이를 늘이는 효소인 텔로머레이스 telomerase의 수치를 높이는 방법이 있다. 이 역시 새로운 과학이기는 하지만 남들에 비해 짧은 텔로미어를 가지고 출발했다 하더라도 명상이나 운동 같은 방법으로 텔로머레이스를 증가시키면 쇠퇴를 늦출 수 있음을 시사한다.

그렇다면 유전자는 중요하지 않다는 의미일까? 많이 핥아주고 털을 다듬어주는 엄마만 있으면 다 되는 것일까? 성급한 결론은 내리지 말자. 이 방정식의 후성유전 항이 새롭고 흥미로우며 그동안 몰랐던 많은 사실을 알려주기는 하지만, 우리 모두가 익히 아는 요소, 즉 난자와 정자에서 온 DNA의 효과도 무시할 수는 없다. 알다시피 본성과 양육 **둘 다** 중요하다. 우리는 아이들에게 유전체와 후성유전체 **모두**를 물려주며, 건강을 결정하는 데는 양쪽 다 중요한 역할을 한다.

예컨대 누군가는 말도 안 되게 긴 텔로미어를 갖고 태어난 운 좋은 사람일 수 있다. 모계의 모든 여성이 백 살이 넘도록 살았지만 외모는 일흔다섯 살 이상으로 보이지 않았던 경우라면 말이다. 그런데 그가 아동기 초기에 부정적 경험을 했고 현재 높은 ACE 지수를 갖고 있다면? 아마 그의 텔로미어는 정상보다 빠른 속도로 부서지고 있을 테지만, 유전적으로 긴 텔로미어를 물려받은 덕에 완충 효과를 누린다. 이런 경우 아주 극적인 결과는 나타나지 않을 수도 있다. 조상들처럼 백 살 넘도록 살지는 않더라도 그의 ACE 지수가 예측하는 것만큼 때 이른 죽음을 맞이하지 않을 수도 있는 얘기다. 그러나 긴 텔로미어라는 유전적 이점이 없는 경우 이야기는 상당히 달라진다. 아동기에 부정적 경험을 했다면 텔로미어가 짧아져, 그런 경험이 없는 사람에 비해 건강이 더 나빠지는 결과가 나올 것이다. 하지만 같은 부모에게서 나온 형제자매의 눈동자 색깔이 서로 다를 수 있듯이 텔로미어의 길이도 다를 수 있으며, 이 때문에 서로 비슷한 정도의 부정적 경험을 했더라도 건강상 다른 결과가 나올 수도 있다.

보이지 않는 유행병, 무관심한 사람들

후성유전적 조절과 텔로미어를 공부한 후로, 오랫동안 품어온 나의 추측은 더욱 확실해졌다. 바로 일찍 발견하는 것이 결정적으로 중요하다는 사실이다. 우리가 ACE 검사를 실시해 유독성 스트레스에 노출된 사람들을 식별해낸다면 관련된 질병을 일찍 감지할 수 있을 뿐 아니라 더 효과적으로 치료할 가능성이 더 커지리라는 나의 믿음은 이제 그 어느 때보다 더 확고해졌다. 그뿐 아니라 우리는 기저에 깔린 문제, 즉 손상된 스트레스 반응 체계를 치료함으로써 어쩌면 미래의 질병까지도 예방할 수 있을 것이다. 도시 전체, 나라 전체, 전 세계에 있는 소아과에서 적절한 프로토콜을 시행한다면, 이로써 더 늦지 않게 개입해 후성유전적 손상을 되돌릴 수 있다면, 대략 인구의 67퍼센트를 차지하는 아동기에 부정적 경험을 한 사람들**과 그 자녀들**의 건강 상태를 장기적으로 변화시킬 수 있다. 게다가 이 일은 그들의 증손자들에게까지 긍정적인 영향을 미치는 일이 될 것이다.

이런 결과들을 이끌어낼 수 있는 잠재력, 그리고 그것을 뒷받침하는 과학이 내 열정에 불씨를 붙였다. 칵테일파티들을 찾아다니며 나보다 더 힘 있고 무언가를 헌신적으로 해낼 수 있는 사람을 찾기 위해 의학계의 연줄 좋은 모든 사람을 만나 귀가 따갑도록 이야기를 늘어놓는 일은 이미 충분히 해봤다. 나의 진료소에서는 이미 모든 환자에게 정규 ACE 검사를 시행하고 있었지만, 아직 세상에는 이 정보에서 큰 도움을 얻을 수 있을 다른 의사들이 너무나 많았다. 나는 팰로앨토가 지금처럼 부자 동네가 되기 전, 중산층 동네에 더 가까웠던

1980년대에 그곳에서 자랐고, 어떤 부류의 동네든 부정적 경험을 한 아이들은 늘 있을 수밖에 없다는 사실을 안다. 팰로앨토 고등학교에 다니던 시절 학우 몇 명이 자살을 시도한 일이 있었다. 이후 나는 그 학생들이 부모의 약물남용과 정신질환으로 남몰래 고통받아왔다는 이야기를 들었다. 베이뷰보다 훨씬 유복한 지역이라 해도, 근본적으로 의료 체계는 유독성 스트레스의 존재를 전혀 알아보지 못했던 것이다.

베이뷰에서 역경의 영향이 나타나는 것은 당연하게 여겨지지만, 사실 유독성 스트레스는 모든 지역사회에 영향을 미치는 눈에 보이지 않는 유행병이다. 최초의 ACE 연구가 발표된 이래로 39개 주와 컬럼비아 특별구(워싱턴 D. C.)는 주민의 ACE 데이터를 수집했다. 그 데이터를 취합한 결과를 보면 인구의 55~62퍼센트가 아동기의 부정적 경험을 최소한 한 가지 했고, 13~17퍼센트는 네 가지 이상이었다.[9] 어린아이들의 ACE 비율이 가장 높은 주는 앨라배마주, 인디애나주, 켄터키주, 미시건주, 미시시피주, 몬태나주, 오클라호마주, 웨스트버지니아주였다.[10] 전국의 가정, 아니 분명 전 세계의 가정에서, 아동기의 부정적 경험과 그것이 초래하는 유독성 스트레스의 영향은 아무런 조치 없이 방치된 채 자신이 무엇을 물려주는지 전혀 의식하지 못하는 부모들에게서 자녀들에게로 대물림되고 있다.

내게 기회가 왔다는 생각이 든 것은 샌프란시스코 퍼시

픽 의료 센터의 최고경영자이자 나의 든든한 지지자였던 마틴 브로트먼 박사와 감동적인 대화를 나눈 뒤였다. 샌프란시스코에 소재한 모든 병원의 최고경영자들은 '북부 및 중부 캘리포니아 병원협의회'에 소속되어 있다. 이 단체가 하는 여러 일 가운데 중요한 한 가지는 샌프란시스코의 의료 격차를 해소하는 것이었다. 병원협의회 내에서 건강 격차 해소 대책본부를 이끌며 일익을 담당하고 있던 브로트먼 박사는 아동기의 부정적 경험과 우리 진료소에서 하고 있는 일에 관한 나의 이야기에 큰 흥미를 보였다. 그는 즉각 내게 병원협의회에서 아동기의 부정적 경험에 관한 발표를 하라고 제안했다. 그날 나는 멀미가 날 것 같은 기분이 들 만큼 엄청난 흥분에 사로잡혀 브로트먼 박사의 사무실을 나섰다. '바로 이거야!' 병원의 의사 결정자들과 의료 제도를 만드는 사람들을 직접 만나 아동기의 부정적 경험에 관해 알릴 기회였다. 이 기회를 망칠수는 없었다.

나는 몇 주에 걸쳐 발표를 준비했다.

발표 당일, 준비는 다 되어 있었다. 그러나 말도 안 되게 일찍 도착해 로비에 앉아 기다리는 동안, 평생 내가 이렇게 초조해하는 건 처음이라는 사실을 깨달았다. 의사 면허 심사를 받을 때도 이 정도는 아니었다. 내게는 병원 최고경영자들의 회의 일정 가운데 아주 잠깐의 시간이 주어졌을 뿐이었다. 마침내 안내를 받아 회의장으로 들어갔다. 그들 모두가 거기 있었다. 대부분 백인 노인인 그들은 총 열두 명으로, U자 모양의 테이블에 편안한 자세로 둘러앉아 있었다. 노트북컴퓨터 옆에 샐러드 접시와 음료수가 놓여 있고 종이뭉치들이 쌓여 있거나 이리저리 흩어져 있었다. 어떤 사람들은 유쾌하게 미소를 지었고 어떤 사람들은 고개를 까닥였다. 아주 잠깐이었지만 길게 이어진 사업 회의의 끝자락에 시간을 얻은 불운을 저주했다. 그들의 주의를 강렬하게 집중시키지는 못하더라도, 최소한 잠들게 하지 않기를 바랄 뿐이었다. 브로트먼 박사가 일어서서 점잖게 나를 소개했다. 나는 모든 회원과 악수를 나누고, 이어 회의실 앞으로 걸어가 USB 드라이브를 컴퓨터에 꽂았다. 내 평생 가장 길었던 30초가 지난 뒤 드라이브가 연결되자, 첫 발표 자료를 띄웠다.

고개를 드니 키가 작고 통통한 백인 여성이 회의실 뒤에서 조용히 접시를 치우면서 커피 잔을 다시 채우고 있었다. 순간 그녀와 할 일을 서로 바꿔도 괜찮을 것 같다는 생각이 들었다. 자기 회의가 불러온 떨림이 나를 뒤흔들었다. 나는 깊이 숨을 들이쉬었다. 이게 나에 관한 일이었다면 이 자리에 오지도 않았을 거야. 절대로. 그러나 이건 내 환자들을 위한 일이야. 그런 생각을 하며 나는 조용히 숨을 내쉬고 말을 시작했다. 족히 25분 동안 데이터와 과학적 근거와 생물학적 메커니즘을 제시하며 열변을 토했던 것 같다. 펠리티 박사가 그랬듯이 나 역시 사람들이 이 수치를 보면, 아동기의 부정적 경험이 만든 영향을 짊어지고 살아가는 사람들의 그 어마어마한 숫자를 알게 되면, 큰 충격에 휩싸일 거라고 확신했다. 나는 내 환자들에 대해서는 전혀 이야기하지 않았다. 내가 말한 건 그들의 스트레스 반응 체계였다. 지난 몇 달간 이 주제를 이야기하는 것이 그리 적절치 않은 상황에서도 수차례 여러 사람들에게 꿋꿋이 이 이야기를 해온 덕에 내 주장은 가장 설득력 있는 형태로 다듬어져 있었다.

마침내 발표가 끝났다.

나는 모든 말의 의미가 그들에게 충분히 스며들기를 바라며 잠시 뜸을 들였다. 그런 다음 대략 이런 취지의 질문을 던졌다. "좋아요, 여러분. 그러니까 이제 여러분은 이 문제에 대해 무슨 일을 하실 건가요?"

표정을 보니 그들의 반응이 내 기대와는 다르리라는 사실을 직감할 수 있었다. 배 속이 단단히 조여드는 기분이었다. 당혹감이 세포 하나하나로 퍼져나가며 서서히 내 얼굴을 뜨겁게 달궜다. 정신보다 몸이 먼저 알아차렸던 걸까. 어쨌든 적어도 한 가지는 분명히 느낄 수 있었다. 방금 끝낸 이야기가 충격적이고도 중요하다는 사실에는 모두 동의하는 것 같았다. 하지만 그들은 내가 문제를 해결하는 방식을 너무 순진하게 생각했다는 것을 확실히 알아보았다. 대충 다음과 같이 요약되는 말들이 뒤를 이었다. "좋아요, 네이딘. 그 문제에 대해 **당신은** 무엇을 할 건데요?"

그제야 돌이켜보니, 내가 그들에게 한 말은 모두 문제 제기뿐이었다. 그들이 해결책을 물었을 때 내겐 좋은 답이 준비되어 있지 않았다. 그들은 내게 검사 프로토콜에 관해 물었고, 실행해본 가장 좋은 치료법이 무엇이었는지, 그것을 실행하려면 어떻게 해야 하는지 알고 싶어 했다. 나는 어떤 프로토콜도 없는 당장의 상황을 설명하기 위해 최선을 다했다. 그게 바로 내가 **그들을** 찾아온 이유라고 말이다. 가장 보편적이며 유용한 검사 수단을 도입할 방법을 생각하고 다른 의사들도 사용할 수 있는 프로토콜을 만드는 일은 그들이 해야 하는 것 아닌가? 그게 그들이 하는 일이 아니었나?

그들이 질문하는 취지로 판단하건대, 분명 그건 아닌 모양이었다.

병원협의회가 내가 제시한 대의를 지지하는 것은 사실이었으나, 자신들의 시간을 들여 그 대의를 추진하지는 않으리라는 것 또한 아주 명백했다. 우선순위의 관점에서 그것이 자기네 병원 건물의 내진 설계 시스템 개선이나 병원 평가에 영향을 미치는 보건의료 기구 평가 합동위원회의 다음번 감사보다 더 앞자리에 당겨다 놓을 문제가 아니라는 건 분명했다. 그들이 다른 모든 일을 접어두고 이 문제에 달려들 거라고 생각했던 나는 대체 얼마나 순진했던 것인가?

나는 더듬거리며 작별 인사를 했다. 그러는 내내 나 자신이 만화에 나오는, 방 한가운데서 천천히 그리고 서글프게 바람이 다 빠져버리는 풍선 같다는 느낌이 들었다. 사실 그 회의가 어떻게 끝났는지, 내가 무슨 말을 했는지, 또는 친절한 목례와 악수를 건네며 내게 나가는 길을 안내해준 사람이 누구였는지도 기억나지 않는다. 그날 회의의 마지막 1~2분은 여전히 안개처럼 흐릿하게만 남아 있다.

마침내 엘리베이터 앞에 도착한 나는 내려가는 버튼을 계속 눌러댔다.

정말 열심히 준비했고, 그들에게 확신을 심어주기도 했지만, 이 일로 어떤 결과도 이끌어내지 못했다. 너무 오랫동안, 그리고 너무 강렬하게 아동기의 부정적 경험과 유독성 스트레스의 세계 속에서만 살아온 탓에 난 그것을 우주에서 가장 중요한 일로 느끼고 있었다. 그것을 다른 의사들에게 설명했고 그들 역시 내용을 이해하고 심지어 동의했다. 그런데도 그들이 당장에 앉은 자리를 박차고 일어나지 않았다는 것이 솔직히 내게는 너무나 이상했다. 그들에게 화가 난 것도 아니고 마음이 상한 것도 아니었다. 그저 혼란스러울 뿐이었다. 내가 현실이라고 알고 있던 것에 대한 확신이 흔들렸고, 그것이 나를 이전에는 한 번도 던져본 적 없는 질문들 앞으로 끌어다 놓았다. 역경과 관련해 내가 맞추어왔던 이 퍼즐이 내가 생각했던 것처럼 5등급 화재경보가 아니라면? 그보다 더 나쁘게, 우리가 그 일에 대해 할 수 있는 일이 아무것도 없다면?

3부 _____ **처방**

7   **ACE에서 벗어나라**

그날 병원협의회 회의장을 떠나며 자학적인 질문들에 지나치게 골몰해 있느라 처음에는 누군가 나를 부른 것도 알아차리지 못했다.

엘리베이터 문이 하품하듯 활짝 열렸다.

"잠깐만요, 선생님." 그녀가 나를 불렀다.

돌아서니 프레젠테이션을 시작할 때 회의실에서 참석자들에게 커피를 따라주던 그 여성이었다.

"네?"

그녀는 주저하듯 내 쪽으로 한 걸음 더 다가왔다. 가까이서 보니 대충 염색한 머리에 오른쪽 치아 하나가 빠진 상태였지만, 호텔 유니폼의 단추를 다 채워 단정하게 입고 있었다. 나는 잠시 멈췄다가 엘리베이터 문을 닫고 그녀에게 주의를 기울였다.

"그거, 저예요." 그녀가 말했다.

"무슨 말씀이시죠?"

"아까 선생님이 말씀하신 그거, 바로 제 얘기라고요. 그 아동기의 부정적 경험이라는 거 말이에요. 어렸을 때 사람들에게 일어난 나쁜 일요. 선생님이 말씀하신 그 모든 일이 저에게 다 일어났어요. 하나도 빠짐없이요. 저는 10점 만점인 것 같아요."

그녀는 말을 멈추고 숨을 깊이 들이쉬더니, 왼쪽 손목에 있는 진회색의 작은 문신으로 시선을 옮겼다.

"그동안 취하지 않고 말짱한 정신을 유지하기 위해 줄곧 노력해왔고, 여러 가지 건강 문제도 겪었어요. 방금 말씀하신 이야기를 듣고 나니 내게 일어났던 일이 뭔지 마침내 이해하게 된 느낌이에요."

그녀의 눈과 내 눈이 마주쳤다. "어쨌든, 전 그냥…… 선생님께 감사하다는 말을 하고 싶었어요. 지금 하시는 그 일 계속해주세요."

"이름이 뭐예요?" 내가 물었다.

"마저리요." 그녀가 미소를 지으며 대답했다.

나도 미소를 지어 보였다.

"고마워요, 마저리."

병원협의회에서 마저리를 만난 그날 이후로, 나는 강연이나 발표를 마치고 나면 테이블 위를 치우거나 음향 장비를 정리하는 사람들에게 다가가 반드시 그들의 의견을 물었다. 전문가들이 내 발표에 얼마나 호응했는지와는 별개로, 이 사람들과 이야기를 나눌 때마다 사람들의 일상에서 아동기의 부정적 경험 이야기가 어떻게 펼쳐지고 있는지를 더욱 깊이 이해하게 되었다. 지리적·인종적·사회경제적 배경이 어떠하든 간에 사람들은 모두 어린 시절에 한 부정적 경험의 영향을 받는다는 것을 재차 깨달았다. 나는 삶을 개선하는 임상의학과 공중보건의 힘을 믿도록 교육받아왔다. 하지만 그들과 대화를 나눠 보면 많은 사람이 아동기에 부정적 경험을 했고 그것이 자신의 삶에 미치는 영향에 평생 시달리고 있었지만, 자신을 힘들게 하는 그 문제의 정체조차 모르고 있었다. 그들의 스트레스 반응 체계에 문제가 있을지도 모른다고 말해준 의사는 아무도 없었다. 그러니 문제의 해결법을 제안해준 이가 없었다는 사실은 말할 필요도 없다.

엘리베이터 앞에서 마저리와 대화를 나눈 그 몇 분은 내게 하나의 시금석이 되었을 뿐 아니라, 넋 놓고 있던 내 엉덩이를 걷어차 정신을 차리게 한 발길질이기도 했다. 아동기의 부정적 경험과 그것이 건강에 미치는 여러 영향을 해결하기 위한 임상 프로토콜이 아직 우리에게 없다면, 이제는 그걸 **만들어야** 할 때였다. 그리고 그 일이 궁극적으로 얼마나 어마어마한 과업이 될지 제대로 파악하기에 나는 너무 순진했다. 다행히도 말이다.

작은 규모이긴 해도 우리 진료소에서는 이미 진전을 보이고 있었으므로, 나는 우리가 바른 궤도에 올라섰음을 알고 있었다. 우리는 매년 정기검진을 받는 모든 아이에게 ACE 검사를 실시하면서 치료 계획에 유독성 스트레스의 렌즈를 적극 적용했다. 그러면서 부정적 경험이 몰고 온 여파와 씨름하는 아이들, 부모들과 지역사회의 밑바탕에 깔린 생물학에 초점을 둔, 증거에 기반한 치료 모델을 찾기 시작했다.

내가 아는 한 2008년 당시 우리 진료소 외에 ACE 검사를 정규적으로 실시하는 소아과는 없었다. 유독성 스트레스에 시달리는 환자들은 행동 문제나 ADHD 증상으로 소아과 의사의 주목을 끌 가능성이 가장 큰데, 알고 보면 환자들에게는 다행한 일이다. 그러면 그들은 정신 건강 전문가들에게 보내질 가능성이 커지는데, 의료 분야 가운데 생애 초기의 부정적 경험과 나쁜 건강 사이의 관계를 인지하고 있는 얼마 안 되는 분야 중 하나가 바로 정신 건강 분야이기 때문이다. 너무나 안타깝게도 천식과 당뇨병 같은 질병들이 유독성 스트레스의 발현 양상일 수도 있다는 사실을 명확히 이해하는 의사들은 별로 없었다. 디에고의 경우에서 보았듯이, 행동적 증상이든 아니든 유독성 스트레스 증상이 있는 환자들에게 심리치료는 사실상 가장 잘 입증된 개입법 중 하나다.

1차 진료를 담당하는 의사가 환자들을 정신 건강 서비스로 쉽게 연결해준다면, 그 환자들은 자기에게 필요한 치료를 받을 가능성이 더 크다. 이런 목적을 위해 아동기의 부정적 경험과 유독성 스트레스에 시달리는 환자들을 만나는 의사들(이는 통계적으로 보면 미국의 모든 의사에 해당한다)에게 도움이 될 좋은 접근법 한 가지는 바로 '통합 행동 건강 서비스integrated behavioral health services'다. 이것은 소아과 진료소(또는 1차 의료 진료소)에서 정신 건강 서비스를 제공하는 제도를 말한다. 나중에 나는 통합 행동 건강 서비스가 새로 등장한 최선의 의료 실무로, 현재 미국 보건복지부를 비롯해 전국에 있는 거의 모든 의료 감독 기관의 큰 지지를 얻고 있다는 사실을 알게 되었다. 베이뷰 지역에서도 내가 ACE 연구를 접하기 전부터 이미 정신 건강 서비스들을 요청해왔고, 클라크 박사를 우리 진료소에 합류시킬 수 있었던 것도 그 때문이었다. 진료소에 정신 건강 임상의를 두기로 한 결정은 그야말로 성공적인 결과를 가져왔을 뿐 아니라, 클라크 박사를 필요로 하는 환자가 너무 많아져서 곧 더 많은 정신 건강 인력을 충원해야 했다.

나처럼 주민들의 소득수준이 낮고 의료 기관이 적은 지역에서 일하는 소아과의사 대부분이 의지할 수 있는 자원은 보통 지역사회의 기관이거나 운이 좋다면 사회복지사 정도로, 그외에는 행운을 빌며 기도하는 방법밖에 없다. 그러나 내가 니아를 치료하기 시작하던 시기, 우리는 이미 몇 달 전부터 캘리포니아대학교 샌프란시스코 캠퍼스의 알리시아 리버먼Alicia Lieberman 박사와 협력하고 있었다. 리버먼 박사는 자녀-부모 심리치료를 전문으로 하는 저명한 아동심리학자다. 자녀-부모 심리치료는 주로 생후부터 5세까지의 아이들을 대상으로 하는데, 이 치료법의 기반을 이루는 생각은 부정적 경험을 하고 있는 어린아이들을 도우려면 부모와 아이를 한 팀으로 치료해야 한다는 것이다. 자녀-부모 심리치료의 획기적인 측면은 아주 어린아이라 해도 그 아이와 진지한 대화를 나누어 트라우마가 아이 자신과 가족에게 미치는 영향을 알아내는 것이 치료에 결정적인 역할을 한다는 인식이다. 리버먼 박사 또한 이 점이 자녀-부모 심리치료가 큰 효과를 내는 이유라고 생각했다.

리버먼 박사는 한밤중에 무언가 움직이는 이상한 느낌에 잠에서 깼던 일을 생애 최초의 기억으로 간직하고 있다. 파라과이 출신의 그녀는 파라과이가 정치적 혁명과 불안을 겪던 시기에 성장했고 소아과의사인 아버지는 자신이 목격한 불의를 공개 비판하다가 정부의 표적이 되었다. 그는 주기적으로 투옥되어 심문을 당했지만, 지역사회에서 존경받는 인물이었기 때문에 매번 풀려났다. 사회 불안이 심화하면서 리버먼의 가족은 늘 신경이 곤두선 상태로 살았다. 점점 더 많은 지역사회의 지도자가 투옥되거나 그냥 '사라졌다'.

그날 밤 잠에서 깨어보니, 아버지와 어머니가 그녀의 침대를 들어 나르는 중이었다. 벽을 뚫고 들어올지도 모를 유탄에서 딸을 보호하려고 집안 가장 깊숙한 곳으로 잠든 딸을 옮기고 있었던 것이다. 결국 그녀의 가족은 대서양 횡단 여객선을 타고 이스라엘로 이주했다. 그렇게 먼 곳으로 이동하던 중, 같은 배를 타고 가던 한 여행자가 어린 리버먼에게 그런 스트레스 속에서 사는 것이 어땠는지 물었다. 자신들이 뒤에 남겨두고 떠나온 사건들이 거론되는 순간 리버먼은 온몸이 긴장되며 불안해졌고, 그와 동시에 **스트레스는 몸 안에 살고 있는 것**임을 깨달았다.

리버먼 박사는 트라우마와 스트레스에 대한 개인적인 익숙함과 깊은 호기심에서 연구를 시작했다. 가족의 정치적 상황과 관련한 불안과 두려움에 더해, 리버먼이 네 살 되던 해에 그녀의 형제자매 중 한 명이 비극적인 죽음을 맞이해 부모가 깊은 슬픔에 빠졌다. 남은 아이들에게는 무슨 일이 있었는지 말해주지 않았기에 결국 어린 리버먼은 그 혼란과 슬픔을 재료 삼아 자신의 상상력을 통해 이야기를 지어낼 수밖에 없었다. 아동심리학을 더 깊이 공부하면서 그녀는 과거에 관해 아이들과 허심탄회하고 솔직한 이야기를 나누는 것은 흔한 관행이 아님을 알았다. 어린아이들은 죽음이나 폭력 같은 것을 이해하지 못하며 아이들에게 그에 관해 이야기하면 또다시 트라우마를 안길 뿐이라는 것이 당시의 통념이었기 때문이다. 하지만 리버먼 박사의 생각은 달랐다. 나쁜 일이 일어났을 때 산타클로스 이야기를 해주는 것이 실은 아이들에게는 아무 도움도 안 되는 게 아닐까?

리버먼 박사는 어린아이들과 아기들은 자신이 직면한 혼란스러운 경험을 이해하거나 기억하지 못하기 때문에 트라우마 치료가 필요하지 않다는 오래된 미신이 틀렸음을 증명했다. 그녀의 연구는 생애 초기의 부정적 경험이 헤이스 박사의 올챙이들에게 그랬던 것처럼 유아와 어린아이들에게 종종 어마어마한 영향을 미친다는 사실을 밝혀낸 조사를 바탕으로 한다. 임상의로 수년간 일한 뒤 리버먼 박사는 아이들이 자기가 잘 이해할 수 없는 사건에 대해 이야기를 지어내고자 하는 욕구를 느끼는 것은 매우 정상적인 일임을 이해하게 되었다. 아이들은 자신에게 일어난 일에 어떻게든 의미를 부여하며, 명확한 설명이 없을 때는 스스로 설명을 만들어낸다. 아동기의 발달단계에 걸맞은 자기중심주의와 트라우마가 만날 때 어린아이들은 종종 **자기 때문에 그 일이 일어났다**는 생각에 빠진다.

리버먼 박사는 부모와 아이들 모두가 트라우마에 관해 공개적이고 솔직하게 말할 수 있는 방법을 찾으려 애썼다. 또한 부모가 겪었던 험난한 아동기와 여전히 그들에게 남아 있는 상처들이 스트레스가 심한 상황이나 트라우마 상황에서 자녀들에게 응대하는 태도에 영향을 미쳐 완충적인 보호자라는 부모의 역할을 제대로 하지 못할 수도 있다는 점을 정확히 인지했다. 리버먼 박사는 자신의 선배인 셀마 프레이버그Selma Fraiberg 에게서, 가족 모두가 '말할 수 없는 것을 말하는' 방법을 배울 수 있으며 부모는 위기의 순간에도 자녀를 지지하고 스트레스를 완화해줄 도구들을 찾아낼 수 있다고 배웠다. 마침내 리버먼 박사는 자녀-부모 심리치료의 프로토콜을 문서로 만들고, 다섯 차례의 개별적인 무작위 실험을 통해 그 효과를 증명했다.[1] 이제 과학에 의해 뒷받침된 자녀-부모 심리치료는 미국에서 어린아이들의 트라우마를 치료하는 가장 주된 방법으로 이용되며 가족 전체의 치유를 돕는 데 아주 중요한 역할을 하고 있다.

자녀-부모 심리치료는 부모와 아이 모두가 겪어야 하는 모든 압력과 상황, 예를 들어 다른 가족 구성원이나 지역사회, 직장 또는 실직 등과 같은 부모와 자녀 간의 유대관계에 영향을 미치는 모든 것을 고려한다. 이를 통해 환자들은 과거의 트라우마와 현재의 스트레스 요인 사이에 어떤 관계가 있는지 파악하고, 무엇이 트라우마와 스트레스를 유발하는지 더 잘 이해할 수 있으며, 따라서 그로 인한 증상들을 관리할 수 있다.

전통적인 방식의 심리치료는, 우울증을 앓는 엄마가 자신을 치유할 심리치료사를 찾아가 일대일로 치료를 진행하는 것이 일반적이다. 자녀-부모 심리치료의 기본 바탕은 부모와 자녀 사이의 관계의 질과 건강한 **애착**이 신체 건강과 안녕에 필수적으로 작용한다는 사실이다. 이 점을 샬린과 니아만큼 더 명확하게 드러내는 사례도 드물 것이다. 다행히 샬린과 니아가 처음 진료소에 왔을 때는 리버먼 박사의 지도를 받으며 박사 후 연구원으로 연구하고 있던 토드 렌슐러Todd Renschler 박사가 막 우리 팀에 합류한 참이었다. 내가 아동보호 서비스에 신고서를 제출한 뒤 몇 달 동안 샬린은 내게 몹시 화가 나 있었고, 이는 충분히 이해할 수 있는 일이었다. 그러나 샬린에게 그 일은 피할 수 없는 상황이었다. 니아의 양육권을 유지하기 위해서라도 샬린은 반드시 산후 우울증에 대한 도움을 받아야 했고, 이는 샬린이 집중적인 심리치료를 받는다는 것을 의미했다.

우울증에 빠진 엄마와 잠들지 못하는 아이

렌슐러 박사와의 첫 번째 자녀-부모 심리치료 시간에 나타났을 때 샬린은 아이팟 이어폰으로 귀를 틀어막고 있었다. 볼륨을 어찌나 키워놓았는지 옆에서 손으로 박자를 맞출 수 있을 정도였다. 소파에 앉은 샬린은 옆에 니아를 내려놓고 렌슐러 박사를 멍한 눈으로 쳐다봤다. 말할 필요도 없이 초반 치료 시간은 상당히 힘겨웠다. 샬린은 나에게 배신당했으며 자기 의지에 반하는 뭔가를 강제로 하게 되었다고 느꼈다. 경험 많고 인내심 많은 렌슐러 박사는 먼저 샬린과 우호적인 관계를 형성하는 데 시간을 쏟았다. 우선, 앞으로 심리치료 시간들을 어떻게 진행해나갈지에 대해 샬린에게 어느 정도 선택권을 주었다. 렌슐러 박사는 샬린 스스로 아무것도 할 수 없다고 느끼는 상황에서 샬린이 조금이나마 자신의 의지를 느끼고 발휘할 수 있도록 했다. 그런 뒤에는 니아의 건강과 샬린의 우울증 문제 대신, 샬린이 자신의 가장 큰 문제라고 말했던 일이자 유아를 둔 부모라면 누구나 공감할 만한 문제인 심각한 수면 부족 얘기를 꺼냈다. 니아는 한밤중에 자주 잠에서 깼고 그 때문에 샬린은 지치고 우울했다.

샬린과 니아가 수면 문제에 시달리는 것은 전혀 놀라운 일이 아니었다. 연구자들은 엄마가 우울증을 앓는 경우 유아들이 수면 조절을 더 어려워한다는 사실을 알아냈다. 이런 아기들은 일반적인 아기들에 비해 평균 97분을 덜 잤고 밤에 깨는 횟수도 더 많았다.[2] 아동기의 부정적 경험은 악몽, 불면증, 기면 발작, 몽유병, 정신의학적 수면 장애(누구, 자면서 먹는 사람 있나요?) 등 존재하는 거의 모든 수면 장애의 위험을 상당히 증가시킨다.[3] 밤잠의 역할은 뇌 기능과 호르몬, 면역계, 심지어 DNA 전사에까지 영향을 미칠 만큼 강력하다.[4]

수면은 시상하부-뇌하수체-부신 축과 교감신경-부신수질 축을 적절히 조절하는 데도 도움을 준다. 잠을 자는 동안에는 코르티솔과 아드레날린, 노르아드레날린의 수치가 떨어지며, 따라서 수면 부족은 스트레스호르몬 수치와 스트레스 반응성의 증가로 이어진다.[5] 5장과 6장에서 보았듯이 이 스트레스호르몬들이 신나게 자기들만의 파티를 벌이며 뇌와 호르몬, 면역계, 후성유전이 스트레스에 반응하도록 유발한다. 여기에는 인지 기능과 기억, 기분 조절 기능이 손상되는 후속 효과들이 따라붙는다.[6] 수면 부족은 심신을 혼미하게 하고 짜증만 유발하는 것이 아니라 우리를 병들게도 한다. 염증 증가와 면역계의 능률 감소와도 연관되기 때문이다.[7] 우리가 잠을 자는 동안 면역계는 휴식 시간을 활용해 방어 체계를 조정하며 시스템 업그레이드를 실시한다. 아플 때 잠을 자는 것이 중요하다는 건 누구나 알지만, 사실 건강할 때도 잠은 중요하다. 잠이 부족하면 우리 몸은 질병에 더욱 취약한 상태가 되는데, 이는 면역계가 늘 노출되어 있는 바이러스와 박테리아들을 적절하게 무찌르지 못하기 때문이다.

수면의 질이 떨어지는 것은 성장호르몬 등 여러 호르몬의 감소뿐 아니라 DNA 전사에 일어나는 변화와도 연결된다. 이는 성장과 발달에 문제를 초래할 가능성이 있기 때문에 아이들에게 특히 더 심각한 일이다.[8]

렌슐러 박사는 니아가 깨지 않고 자는 시간을 더 연장하기 위해 샬린과 함께 규칙적 일상 계획을 세웠다. 그는 우선 샬린에게 니아를 매일 밤 같은 시간에, 시원하고 어둡고 조용한 환경에서 침대에 누이는 것이 중요하다는 점을 이해시켰다. 자기 전에는 스트레스나 자극을 주는 활동을 피하고, 아기가 진정하도록 목욕을 시킨 뒤 잠들기 전까지 이야기책을 읽어주는 것이 좋다는 사실도 알려주었다. 마침내 엄마와 아기 모두 너무나 필요로 하던 잠을 충분히 잤다. 자신이 누군가로부터 이해받고 있다는 느낌을 받고 마침내 수면 문제를 해결하게 되자, 샬린은 렌슐러 박사의 능력을 신뢰했다. 더 중요한 점은, 그가 **자신을** 도와주는 사람이라는 걸 알게 되었다는 사실이다.

이내 샬린은 자신이 얼마나 도움을 못 받고 지내왔는지에 관해 속내를 터놓았다. 니아의 아빠인 전 남자친구는 임신 기간 동안 샬린을 가혹하게 대하더니 이제는 아예 사라지고 없었다. 현재 샬린은 어린 시절 어머니가 자살한 뒤로 샬린과 어린 남동생을 길러준 이모와 함께 살고 있었다. 하지만 이모에게 임신한 사실을 알린 뒤로 줄곧 도움보다 비난을 더 많이 받아왔다. 이모와 함께 살고는 있지만 완전히 고립된 기분이었고, 니아가 조산아로 태어난 후로 상황은 더욱 나빠졌다.

이모와의 관계에 대해 렌슐러 박사와 더 자세히 이야기를 나눌수록, 샬린은 니아와는 다른 식으로 관계를 맺고 싶다는 속내를 더 적극적으로 표현했다. 그 목표를 이루기 위해서는 우선 샬린이 니아와 상호작용하는 방식을 살펴봐야 했다. 자녀-부모 심리치료 시간 중 니아가 울거나 미소를 지을 때마다 렌슐러 박사는 샬린에게 그에 대해 어떤 느낌이 드는지, 아이의 울음이나 미소가 무엇을 의미할지 생각하게 했다. 한

번은 샬린이 니아를 안고 앉아 있는데 아기가 손을 뻗어 샬린의 이어폰을 잡아당겼다. 처음에 샬린은 딸의 '나쁜 행동'에 짜증을 냈지만, 니아가 그 행동으로 무엇을 전달하려는 것인지 궁금하다는 렌슐러 박사의 말에 어쩌면 아기가 자신에게 주의를 기울여주기를 바라는 것인지도 모른다고 답했다. 샬린의 이모는 샬린에게 비판적이며 냉담했을 뿐 아니라 샬린이 간절히 원하는 도움을 주지 않았는데, 렌슐러 박사는 샬린과 니아 사이에서도 그와 비슷한 관계가 펼쳐지고 있다는 느낌을 받았다. 그는 샬린이 그 점을 깨닫도록 유도하고, 어떻게 하면 다른 식으로 반응할지 생각하게 도왔다.

곧 그들의 관계에 변화가 나타났다. 샬린은 심리치료 시간 중에 한쪽 이어폰을 빼놓기 시작했고, 결국에는 양쪽 다 빼놓았다. 니아에게도 더 세심하게 주의를 기울이자 니아는 덜 울고 더 많이 웃고 기분 좋은 옹알이 소리도 더 많이 내면서 반응했다. 부모라면 누구나 알겠지만 그건 한밤의 수유와 피곤한 아침을 이기는 가장 달콤한 보상이다. 게다가 샬린은 아기의 체중이 늘지 않는 문제를 해결하는 일에도 더 적극적으로 참여했다. 렌슐러 박사와의 상담 치료 시간 중에 샬린은 그에게 젖병의 온도를 알맞게 맞추는 방법을 알려달라고 부탁하고 이유식과 아이에게 음식을 먹이는 일에 관해 여러 가지를 질문했다. 진료소의 임상 팀도 실용적인 조언과 영양 정보, 외부 지원을 얻는 법 등을 알려주며 샬린을 도왔다. 또 우리는 니아의 발달 문제에 관해서도 정기적으로 대화를 나눴다. 이렇게 자신에게 도움이 되는 대화를 주고받는 동안 아동 보호 서비스 신고에 대한 샬린의 분노는 누그러졌고, 나에 대한 화도 줄어들었다.

샬린은 상담 치료나 니아와의 관계 개선은 잘해나가고 있었지만, 이모와의 문제는 계속됐다. 어느 날 샬린이 니아를 위한 이유식을 만든(그녀로서는 장족의 발전이었다!) 뒤 깜빡 잊고 그릇을 치우지 않았는데, 이에 화가 난 이모는 샬린에게 다시는 자신의 주방을 쓰지 말라고 말했다. 샬린은 답답함과 좌절감을 느꼈다. 자기 딴에는 잘해보려 애쓰고 있는데 이모는 사소한 부주의를 꼬투리 잡아 자신을 벌하는 것이었다. 그러나 이 사건을 계기로 샬린은 이모와의 관계와 어머니와의 이별, 니아를 낳은 이후에 느꼈던 막막함과 우울함의 감정까지 렌슐러 박사에게 더 깊이 이야기했다. 이모는 샬린이 임신했을 때부터 늘 그녀에게 화가 나 있었고, 이모가 전혀 도움을 주지 않자 샬린은 완전히 혼자라고 느꼈다. 그러다 갑자기 태아가 성장을 멈춰 응급 제왕절개 수술로 출산을 했는데, 샬린에게 그 이유를 말해주는 사람은 아무도 없었다. 어쨌든 그녀는 흡연도 마약도 하지 않았던 데다, 자기가 아는 한 모든 걸 올바로 해나가고 있었는데 말이다. 당시에는 우리도 샬린에게 해줄 대답이 없었다. 아동기의 부정적 경험과 산모의 심한 스트레스가 조산과 신생아의 낮은 체중, 유산 위험과 얼마

나 깊은 관련이 있는지는 나도 나중에서야 알게 되었다.[9]

니아가 신생아 중환자실에 있을 때 샬린은 신체적으로 딸과 완전히 분리되어 있었다. 니아는 샬린이 그때까지 보았던 아기와 너무나 달랐다. 정말 작았고, 그 작고 연약한 몸에 여러 개의 튜브와 모니터들을 달고 있었다. 딸이 죽을까 봐 두려워진 샬린은 니아에 대해 감정의 벽을 치기 시작했다. 사람들이 자기를 떠나는 것은 샬린에게 익숙한 일이었다. 아버지는 아예 존재조차 몰랐고, 어머니는 샬린이 겨우 다섯 살때 그녀와 남동생을 떠났다. 어떤 면에서 샬린은 피할 수 없는 일, 그러니까 딸을 잃게 되는 상황을 준비하고 있었던 셈이다.

렌슐러 박사와 대화를 나누며, 샬린은 이렇게 힘겨운 경험을 누군가와 자세히 이야기하는 것이 실제로 가능한 일임을 깨달았다. 이모와도 그런 대화를 할 수 있기를 바랐다. 그러나 젊은 시절 아이를 잃은 경험이 있는 이모 역시 자신의 벽을 세우며 세대에서 세대로 이어지는 소원함과 단절, 스트레스의 순환 고리를 만들고 있었다. 렌슐러 박사와 샬린이 시간을 두고 상담 치료를 이어가는 동안 샬린은 어머니와의 연결감을 대신해줄 존재를 찾기 시작했다. 전 남자친구인 토니는 그들의 삶에서 빠져나갔지만 그의 누나가 샬린을 반겼다. 토니의 누나는 니아와의 관계를 유지하고 싶어 했다. 샬린은 니아를 데리고 니아 고모 집을 찾아가기 시작했고 거기서 점점 더 많은 시간을 보냈다. 렌슐러 박사는 샬린에게 지금 토니의 누나처럼 누군가 보살펴주는 사람과 관계를 맺는 것은 니아와 샬린 모두의 건강에 매우 중요한 요소라고 설명했다.

그러던 어느 날, 알 수 없는 이유로 샬린이 치료 시간에 나타나지 않았다. 렌슐러 박사는 2주 동안 샬린을 만나지 못했다. 전화를 걸고 음성메시지를 몇 번이나 남겨도 전혀 응답이 없었다. 마침내 샬린이 다시 나타났을 때 샬린의 눈가에는 멍든 흔적이 희미하게 남아 있었고, 귀에는 이어폰이 다시 단단히 박혀 있었다. 우는 니아를 소파 옆자리에 눕히고 샬린은 또 다시 멍하니 벽을 응시했다. 몇 달간의 진전이 완전히 없었던 일 같았다.

렌슐러 박사는 무슨 일이 있었는지 아주 조금씩 파악해나갔다. 샬린이 니아를 데리고 고모 집에 갔을 때 갑자기 토니가 나타나 짜증을 내고 고함을 질러대며 니아를 안고 있는 샬린을 공격했다. 겁에 질린 샬린은 니아를 토니 누나에게 맡겨둔 채 경찰에 전화를 걸러 달려갔다. 그 이후 샬린과 니아는 다시 과거로 돌아간 것 같았다. 니아는 밤새 잠들지 않은 채 비명을 지르듯 울어댔고 아무리 해도 달랠 수가 없었다. 이렇게 두 사람은 순식간에 다시 불면의 땅으로 돌아갔다. 뒤이은 몇 차례의 상담 치료를 거치는 동안, 토니와 있었던 일이 샬린을 다시 우울증에 빠뜨리고 니아에게 깊은 스트레스를 안겼다는 사실이 명백해졌다. 어느 날 아무리 달래도 니아가 울음을 그치지 않자 샬린은 렌슐러 박사에게 이렇게 말했다. "저 애는 나한테 깊이 화가 난 거예요." 니아가 소리를 지르며 울어댈 때 샬린이 느끼는 감정에 대해 그들은 더 이야기를 나눴고, 샬린은 니아가 토니처럼 성미 고약한 아이가 될까봐 걱정된다고 털어놓았다. 또 니아가 울 때마다 사람들이 아직 열 달밖에 안 된 딸을 보며 자기 아빠처럼 미쳤다고 생각하지 않을까 싶어 니아에게도 화가 난다고 했다.

샬린은 다시 자녀-부모 심리치료 시간에 꾸준히 나왔고, 전에 렌슐러 박사와 함께 이뤄냈던 성공을 다시 경험하기 위해 열심히 노력했다. 유난히 힘들었던 어느 치료 시간 도중에 샬린은 문득 조용히 자기 배에 손을 얹었다. 렌슐러 박사가 뭘 하는 거냐고 묻자 그녀는 자기가 정말 마음이 많이 상했을 때 하는 행동이라고, 이성을 잃을 것 같은 기분일 때 이렇게 하면 진정하는 데 도움이 된다고 설명했다. 렌슐러 박사는 샬린에게 자신의 그런 감정 상태를 인식할 수 있다는 것은 아주 좋은 신호라고 말했다. 스트레스 반응이 활성화될 때면 신체의 생물학적 시스템이 과도하게 흥분하기 때문에 보통은 자기 자신의 상태를 모르는 경우가 많다. 이는 마음을 가라앉힐 여유가 없기 때문이다. 그래서 다른 사람들을 혹독하게 비난하거나 충동적으로 행동하거나 자가투약을 하는 등, 무엇이든 몸이 시키는 대로 그냥 반응하는 것이다. 샬린은 그의 설명을 직관적으로 이해했다.

생물학에 관한 이 대화를 계기로 렌슬러 박사는 내면의 생각과 감정을 지속적으로 알아차리는 수행인 마음챙김에 관해 샬린에게 이야기할 수 있었다. 샬린이 스트레스나 압박감을 느낄 때 스스로를 진정시킬 만한 몇 가지 방법이 있었다. 두 사람은 호흡과 알아차림을 활용해 주의를 집중하고 스트레스에 대한 몸의 반응을 가라앉히는 그 방법들을 훈련했다. 샬린은 집에서 이모와 다퉜을 때 마음챙김 전략들을 사용해 보고 큰 도움이 된다는 것을 깨달았다. 토니로 인한 트라우마가 샬린을 예전 상태로 돌려놓은 건 분명했지만, 그를 폭행죄로 고소하고 자신이 느낀 수치심과 분노를 다스리는 훈련을 이어가자 상황이 호전되었다. 렌슬러 박사와 임상 팀 직원들은 샬린과 니아의 치료를 계속하는 한편, 니아의 영양 문제와 수면 문제 해결을 돕고, 트라우마를 다시 떠올리는 일이 일어날 때마다 사용할 수 있는 여러 방법들을 활용했다.

좋은 소식은 샬린이 건강해질수록 니아도 건강해진다는 것이었다. 시간이 지나면서 니아는 점점 체중이 늘었고 자기 연령에 맞는 발달 이정표들을 따라잡기 시작했다. 자녀-부모 심리치료도 잘 마무리되었다. 샬린은 직장을 구하려 노력했다. 그녀는 렌슬러 박사에게 스트레스가 심했던 면접 때 자신이 마음챙김 수행을 활용해 어떻게 진정했는지 들려주기도 했다. 마침내 샬린은 직장을 구하고 새로 얻은 아파트로 이

사도 했으며, 건강한 연애를 시작했다. 그즈음에는 내가 아동 보호 서비스에 자신을 신고했던 일도 용서했다. 나는 그동안 이들 모녀가 렌슐러 박사를 만나러 올 때마다 그들의 상태도 꼭 점검했다. 마침내 우리는 관계를 회복하고 니아의 정기검진을 실시할 수 있었다. 샬린이 찾아와 직장을 구한 이야기를 했을 때 크나큰 승리감을 느꼈다. 우리는 니아의 성장 장애 증상만이 아니라 그 뿌리인 샬린의 우울증과 트라우마, 해로운 가족 관계로 인한 스트레스까지도 치료할 수 있었다. 도중에 차질이 생기기도 했지만 자녀-부모 심리치료는 니아의 건강에 영향을 미치던 가족 관계를 변화시키고 문제가 생길 때 딸을 위한 완충제 역할을 할 수 있는 샬린의 능력도 강화하며 진정한 성공을 거두었다.

튼실해진 16개월의 니아가 깔깔거리며 진료소 안을 아장아장 누비고 샬린이 그 뒤를 쫓아가던 모습이 지금도 눈에 선하다. 의사로 살다 보면 자신이 어떤 이의 삶을 구했음을 깨닫는 순간이 있다. 그것은 어마어마한 만족감(여기에 탈진의 느낌도 더해지지만)으로, 대개는 병원의 혼란 속에서 죽어 가는 한 생명을 살렸을 때 가장 흔히 느끼는 감정이다. 복도를 아장아장 걸어오는 니아의 모습을 보았을 때 나는 바로 그런 감정에 사로잡혔다. **우리가 도움이 되는 일을 해냈어.**

건강한 식습관과 운동이 만든 변화

동료들과 내가 아동기의 부정적 경험이라는 렌즈를 통해 환자들을 바라보려고 의식적인 노력을 기울이는 동안, 작은 승리들이 꾸준하게 이어졌다. 어려운 과제들과 우리의 발목을 잡는 장해물들도 있었지만, 우리는 아동기에 부정적 경험을 한 환자들이 혼란에 빠진 스트레스 반응 체계를 진정시키고 증상을 더 효과적으로 관리하도록 도울 방법을 성공적으로 찾아내고 있었다. 유독성 스트레스의 바탕에 깔린 생물학과 더불어, 스트레스 반응 체계가 조절 장애 상태에 이른 경로의 균형을 되찾아줄 요인들, 즉 수면, 통합 정신 건강 서비스, 건강한 인간관계에 초점을 맞추는 것이 환자들의 상태를 크게 개선시킨다는 사실도 알게 되었다. 이어 우리는 유독성 스트레스를 다스리는 도구 상자에 들어갈 더 많은 도구를 찾아 나섰다.

우리가 표적으로 삼은 주요 건강 문제들 중 하나는 소아비만이었다. 우편번호 94214 지역은 샌프란시스코 전체에서 비만율이 가장 높았고, 이는 가슴 아플 정도로 한결같은 현상이었다. 베이뷰는 식품 사막이다. 다른 어느 동네보다 패스트푸드점이 훨씬 많지만 신선한 과일과 채소를 구할 수 있는 곳은 거의 없다는 뜻이다. 나는 장을 볼 시간이 없어 도시락을 싸 오지 못했던 일주일 동안 이런 상황을 직접 경험했다. 내가 선택할 수 있는 것은 기름기로 가득한 패스트푸드들뿐이었다. 타코 트럭, 타코벨, 맥도날드, KFC⋯⋯. 그나마 가장 덜 해로운 것이 서브웨이였다. 서브웨이 마케팅 팀이 뭐라고 하든, 연달아 서브웨이를 먹을 수 있는 기간에도 한계가 있다.

지역의 한 재단이 제공한 보조금 덕분에 우리는 스탠퍼드대학교에서 성공적으로 실시한 한 프로그램을 모델 삼아 훌륭한 비만 치료 프로그램을 시작할 수 있었다. 화요일 저녁마다 캘리포니아 퍼시픽 의료 센터의 영양사 두 명과 베이뷰 YMCA의 트레이너 두 사람이 우리 진료실로 와서 과체중인 환자와 그 부모 들을 지도했다. 아이들은 트레이너들과 함께 한때 창고로 사용하던 진료소 뒤쪽에서 재미있는 신체 활동을 했다. 정말 별것 없는 환경이기는 했지만 농구 경기든, 줌바 춤이든, 훌라후프 돌리기든, 스무 명의 아이들이 땀 흘리며 운동하기에는 충분히 넓은 공간이었다. 동시에 부모는 영양가 있는 식사를 준비하는 방법에 관한 실질적인 교육을 받았고, 모두가 맛있고 건강한 식사로 저녁 활동을 마무리했다. 거기다 지역의 한 회사가 자전거 몇 대를 기증해 치료 목표를 달성한 아이들에게 상으로 자전거도 한 대씩 선물하기로 했다. 아이들을 유혹할 만한 반짝이는 자전거라면 환자들이 치료 과정을 무난히 이어가게 하는 충분한 자극이 될 것이라고 여길 수 있지만, 사실 대부분의 아이가 그 과정을 정말로 힘들어했다.

베이뷰의 부모들은 예전에 우리 부모님이 그랬던 것처

럼 아이들을 동네 공원에서 마음껏 뛰어놀게 할 수 없었다. 그들은 안전을 이유로 아이들을 실내에만 있게 했는데, 이는 가족 내 관계가 심한 스트레스를 초래하는 가정의 경우 그 문제가 더욱 악화될 수 있다는 뜻이었다. 동료들과 나는 언제나 그랬듯 이 경우에도 부정적 경험을 한 아이들에게는 추가적인 도움이 필요하다는 점을 깨달았고, 비만 프로그램에 참여하는 환자 중 ACE 지수가 높은 아이들(사실은 대부분이 이에 해당했다)은 모두 반드시 클라크 박사에게 정신 건강 치료를 받게 했다. 클라크 박사의 치료 시간은 아이들 각자가 겪은 삶의 경험들이 체중에 어떤 영향을 미치고 있는지에 초점을 맞추었다. 그 결과가 얼마나 좋았는지, 나도 하마터면 줌바 춤을 출 뻔했다. 소아 비만은 해결하기 어렵기로 악명이 높고 특히 베이뷰 같은 동네에서는 더더욱 심각하다. 그러나 프로그램이 끝날 때쯤, 우리 진료소에는 자전거가 한 대도 남아 있지 않았다.

이 성공으로 우리는 체중 감량 프로그램에서는 아동기의 부정적 경험 문제를 해결하는 것이 필수 요건이라는 사실을 깨달았다. 그런데 한 가지 흥미로운 반전은 비만이 아니라 단순히 아동기의 부정적 경험 문제를 해결하는 것이 목표일 때도 운동과 영양이 매우 큰 효과를 낸다는 점이었다. 처음에 우리가 피구와 요리 수업을 실시한 것은 환자들의 유독성 스트레스를 치료하려는 의도가 아니었다. 그러나 건강한 식사와 운동을 유인하는 방법을 치료에 더했을 때 아이들이 얼마나 더 호전되는지를 보고는 정말 놀라고 기뻤다. 나는 매주 엄마들 또는 할머니들과 마주 앉아 상태를 점검했는데, 그들은 음식을 바꿔주고 운동 강도를 높이자 아이들이 잠도 더 잘 자고 더 건강해진 느낌이며, 많은 경우 행동 문제도 사라졌고 때로는 성적도 향상되었다고 말해주었다.

우리가 임상에서 발견한 이 사실을 뒷받침하는 과학 연구들도 아주 많다. 연구 데이터는 규칙적인 운동이 기본적으로 뇌와 신경세포에 영양제 같은 역할을 하는 뇌유래신경영양인자brain-derived neurotrophic factor, BDNF라는 단백질의 양을 늘리는 데 일조한다는 것을 보여준다.[10] BDNF는 해마와 전전두피질처럼 학습과 기억에 중요한 뇌 부위들에서 활발하게 활동한다. 운동이 심혈관 건강을 개선한다는 사실은 이미 오래전부터 알려져 있었지만, 최근에는 몸을 움직이는 것이 근육뿐 아니라 뇌도 키워준다는 사실을 밝혀낸 새로운 방향의 흥미로운 연구 결과들이 계속 나오고 있다.

유독성 스트레스를 퇴치하는 일에서는 뇌가 잘 기능하게 하는 것 못지않게 면역계의 조절 장애를 해결하는 것도 중요하다. 규칙적인 운동은 스트레스 반응 조절에도 도움을 주고 염증 물질인 사이토카인도 줄여준다는 것이 밝혀졌다.[11] 앞에서도 말했지만 사이토카인은 면역계를 흥분시켜 싸움을 부추기는 화학물질이다. 유독성 스트레스에 시달리는 사람에게는 하루에 한 시간, 땀을 흘리는 정도의 적당한 신체 활동이 큰 도움이 되는데, 이를 통해 몸이 어떤 경우에 싸워야 하는지, 어떤 경우에 그냥 넘어가도 되는지를 더 잘 결정하도록 도와주기 때문이다. (**적당한** 운동이 스트레스 반응 조절에 도움이 되기는 하지만 그렇다고 울트라마라톤에 참가할 것까지는 없다. 지나치게 열광적으로 덤벼 몸을 심하게 소모시키면 오히려 코르티솔 수치가 높아질 수 있다.)

우리는 운동뿐 아니라 좋은 식습관 역시 아이들에게 큰 변화를 만들어내는 것을 목격했다. 연료 탱크에 들어가는 연료에 구체적인 몇 가지 변화(예컨대 기름기 많은 패스트푸드 대신 기름기 적은 단백질과 복합 탄수화물을 섭취한다든가)만 가미해도 스스로 조절할 수 있는 신체 능력이 향상된다. 우리는 운동과 건강한 식생활이 체중 감량에만 도움이 되는 것이 아니라 면역계를 촉진하고 뇌 기능을 향상시키는 데도 영향을 미친다고 설명했다.

앞서 조절력이 좋은 면역계가 감염에 대항해 싸우는 방법 중 하나가 염증이라고 이야기했는데, 몸속의 다른 모든 것이 그렇듯이 여기서도 가장 중요한 것은 균형이다. 염증이 너무 많이 생기면 소화 문제부터 심혈관계 합병증까지 온갖 종류의 문제를 초래할 수 있다. 오메가3 지방산과 항산화물질, 그리고 과일, 채소, 통곡물 등 섬유소가 풍부한 음식을 먹으면 염증에 맞서 싸우고 면역계의 균형을 되찾는 데 도움이 된다.[12] 이와 대조적으로 정제 설탕, 녹말, 포화지방이 많은 식단은 염증과 면역계의 불균형을 더욱 악화시킬 수 있다.[13] 우리 환자들은 더 건강한 식습관을 선택하고 적당한 운동을 반복적 일상에 포함시킴으로써, 자신의 생물학적 시스템을 더 균형 있게 유지하게 해줄 두 가지 큰 도구를 얻었다.

마음챙김이 불러온 놀라운 변화

그 무렵 동료들과 나는 스트레스 반응 조절 장애를 구체적인 표적으로 삼아 치료할 몇 가지 강력한 전략들을 세웠다. 수면과 정신 건강, 건강한 인간관계, 운동, 영양이 바로 그것이다. 이 전략들이 엘리자베스 블랙번과 엘리사 에펠의 연구에서 텔로머레이스(짧아진 텔로미어의 재건을 돕는 효소) 수치를 높인다고 밝혀진 바로 그 요소들과 동일하다는 사실은 그리 놀라울 것도 없다.[14] 물론 나는 더 많이 알고 싶은 열의에 불타올랐고, 그래서 또다시 코르티솔 수치를 낮추고, 시상하부-뇌하수체-부신 축을 조절하며, 면역계의 균형을 잡고, 인지 기능을 향상시킬 수 있는 치료법들을 찾기 위해 문헌들을 닳도록 뒤적였다. 그 연구들이 계속해서 꼭 집어 가리키는 한 가지 치료법이 있었으니, 바로 명상이었다. 명상이란 화사한 원색의 덧옷을 입고 산꼭대기에서 하는 거라는, 아니면 적어도 수정 구슬과 녹색 주스가 필요한 거라고 생각하는 이들이 아직 많긴 하지만, 다행히도 이제 마음을 수련하는 명상이 전보다는 주류 문화 속으로 깊이 들어왔다. 명상 수행을 기반으로 한 기법들은 수천 년 전 종교 집단에서 시작되었지만, 지금 그 기법을 사용하는 이들은 종교 집단과는 영 어울리지 않는 계승자, 바로 의학계다. 심장병 전문의부터 암 연구자들까지, 의사들은 이미 임상 치료에 마음 수련을 포함시키기 시작했다.

심장병 전문의 존 자마라John Zamarra 박사와 동료들은 뉴욕에서 관상동맥 질환이 있는 성인 환자들을 대상으로 명상이 그들의 심혈관 상태에 영향을 미치는지, 미친다면 어떤 영향인지를 알아보기 위해 면밀히 관찰했다.[15] 실험 참가자들을 무작위로 반반씩 나눠 절반에게는 8개월 동안 명상 프로그램에 참가하게 하고 다른 절반은 대기자 명단에 올렸다. 그리고 실험을 시작할 때와 끝낼 때 모든 참가자에게 러닝머신 테스트를 실시했다. 실험이 끝난 시점의 생체 측정 결과, 놀랍게도 명상 그룹에 속한 환자들은 흉통을 느끼기 시작하는 시점까지 12퍼센트 더 높은 강도로, 15퍼센트 더 오래 달렸다. 더욱 흥미로웠던 점은 러닝머신 테스트를 하는 동안 명상 그룹은 심장이 받는 스트레스를 암시하는 심전도 변화가 시작되는 시간이 18퍼센트 지연된 반면, 대조군은 모든 임상 변수에서 아무 변화도 보이지 않았다는 사실이다.

명상과 심혈관 건강에 관한 또 다른 연구에서는 동맥벽

의 두께 변화도 발견했다.[16] 명상이 좁아진 동맥을 정상으로 되돌리는 것과 관련이 있다고 밝혀졌는데, 이는 허혈성 심장 질환을 앓는 환자들에게는 생명을 구하는 일이나 다름없다. 유방암과 전립선암 환자들을 대상으로 한 또 다른 연구에서는 명상이 스트레스 증상의 감소, 삶의 질 향상, 시상하부-뇌하수체-부신 축의 기능 향상과 관련된다는 사실을 발견했다.[17] 그 밖의 다른 연구들에서도 명상이 코르티솔 수치를 낮출 뿐 아니라 건강한 수면을 유도하고, 면역 기능을 개선하며, 염증을 감소시킨다는 사실이 드러났다. 모두 우리의 생물학적 시스템이 균형을 유지하고 유독성 스트레스의 효과를 경감시키게 하는 데 결정적으로 중요한 일들이다.

이런 내용은 읽으면 읽을수록, 내게는 너무나 당연한 일로 여겨졌다. 스트레스가 기본적인 화학 수준에서 신체가 작동하는 방식에 부정적인 영향을 미칠 수 있다면, 마음을 진정시키는 훈련이 동일한 화학 반응들을 긍정적으로 변화시킬 수 있다는 것은 충분히 납득할 만한 일이다. 스트레스가 투쟁-도피 체계(교감신경계라고도 한다)를 활성화하는 반면, 명상은 휴식-소화 체계(부교감신경계라고도 한다)를 활성화한다. 부교감신경계는 심박동수와 혈압을 낮추는 일 등을 담당하며, 스트레스 반응이 불러오는 효과들을 직접 막아낸다. 스트레스 반응이 신경계, 호르몬계, 면역계와 밀접한 관계인 것을 감안한다면, 더 침착하고 건강한 마음을 갖는 것은 유독성 스트레스의 영향을 뒤집기 시작할 최적의 출발점인 것 같았다.

오래지 않아 나는 학술 저널에 실린 그 과학을 가져와 진료소 실무에 적용하기로 마음먹었다. 우리는 곧 명상에 관한 데이터를 읽는 것과 환자들에게 명상을 적용할 적당한 방법을 구상하는 것은 완전히 다른 일임을 깨달았다. 명상은 헤이트 애시베리 지역에 사는 히피들이나 하는 일이라고 생각하지나 않을까? '달빛'이라는 이름의 여자가 나타나 아이들에게 "너희에게 필요한 건 너희의 중심을 찾는 것뿐"이라는 식으로 얘기하는 상황이라도 생기면 어쩌지? 명상과 마음챙김을 소개하기 위해서는 환자들과 부모들이 미신이라고 여길 만한 요소를 제거하고 그들이 시도하고 싶어 할 방식을 제시해야 했다.

최첨단 과학과 문화적 감성이 공존하는 베이 에어리어 Bay Area*에 살고 있던 나는 절충적인 방안이 분명히 있을 것이며, 그걸 언제 찾느냐는 시간 문제일 뿐이라고 생각했다. 그리고 그 방안을 찾아냈는데, 다름 아닌 '심신 자각 Mind Body Awareness, MBA'이라는 인상적인 단체에서였다. MBA는 소년원에 있는 아이들에게 마음챙김(명상과 요가 모두)을 가르쳐 확실한 효과를 보고 있었다. 나는 소년원에 있는 아이들 다수가

---

* 샌프란시스코만灣을 중심으로 한 샌프란시스코 대도시권. 실리콘밸리가 위치한 곳이기도 하다.

부정적 경험을 했다는 데이터를 보았기에(나중에 발표된 한 연구에 의하면 플로리다주 청소년 사법제도에 속한 청소년 6만 명 중 97퍼센트가 최소한 한 가지 아동기의 부정적 경험을 갖고 있고, 52퍼센트는 네 가지 이상을 갖고 있었다),[18] 그 결과가 우리 아이들에게 적용하기에 적합하다고 판단했다. 그리고 MBA의 이사인 가브리엘 크램Gabriel Kram을 만나 그의 과거사를 듣고 나자 우리가 계획한 협력 관계를 더욱 확신했다.

가브리엘은 미주리주 세인트루이스의 상위 중산층 가정에서 자라 엘리트 사립 고등학교를 졸업한 뒤 신경생물학을 공부하기 위해 예일대학교에 갔다. 하지만 몇 년 뒤 매일 명상 수련을 시작하며 자신이 실제의 자아와 너무나 단절되어 있음을 발견하고는 학교를 그만두었다. 그는 격렬한 분노의 시기를 거치다가 아주 수상쩍은 무리와 얽혔다. 그때껏 그에게 무엇이 이로운지를 진심으로 생각해주는 사람들하고만 어울렸던 그는 당연히 그들도 신뢰했다. 어느 밤 무리의 우두머리가 강력한 환각제인 LSD를 주고는 그를 데리고 나가 누군가를 죽이라고 지시했다. 가브리엘에게 칼을 건네주며 표적이 된 사람을 지목하더니, 아무것도 모르고 있는 희생자를 향해 그를 떠민 것이다. 가브리엘은 몇 발자국을 걷다가 걸음을 멈췄다. 그 순간 아버지의 모습이 뚜렷이 떠올랐다. 그리고 지금 그 일을 한다면 다시는 떳떳한 마음으로 아버지를 볼 수 없다고 생각했다. 아버지의 모습이 글자 그대로 그를 멈춰 세운 것이다. 그 순간은 가브리엘 인생의 전환점이 되었다. 깊은 상처의 순간인 동시에 심오한 치유의 문을 열어준 순간이기도 했다. 이후 다시 학교에 돌아갔을 때, 마음챙김 수련은 그를 언제나 자신의 가치관과 도덕성에서 벗어나지 않도록 붙잡아주는 일종의 중심축이 되었다.

가브리엘이 청소년 수감자들을 돕는 일을 하게 된 것은 아버지가 아니었다면, 안정과 사랑을 주는 아버지와의 관계가 없었다면, 자신이 생각할 수도 없는 짓을 저질렀을지도 모른다는 깨달음 때문이었다. 그런 사랑과 관계는 모든 아이에게 주어진 것이 아니었다. 자신에게서 그런 가능성을 인지한 후로 그는 삶에서 결정적 순간에 자신을 붙잡아줄 사람을 가져보지 못한 아이들을 돕고 싶다는 강렬한 바람을 품었다. 안전하고 안정적인 관계에 마음챙김이라는 핵심 도구를 더한 것이 그에게는 헤아릴 수 없이 큰 도움이 되었고, 그는 그 효과를 많은 사람과 나누고 싶었다.

누군가 정말 운이 좋아 가브리엘을 만났다면, 제일 먼저 그의 강렬함을 느꼈을 것이다. 그는 위협적인 것과는 거리가 먼 사람이었고 자석처럼 상대를 끄는 매력이 있었다. 함께 앉아 프로그램을 계획하는 동안 나는 우리 아이들이 그를 사랑하게 될 것임을 확신했다.

프로그램을 시작하며 ACE 지수가 4점 이상인 여자아이 열다섯 명을 모집했다. 매주 두 시간씩 마음챙김과 요가를 하는 10주짜리 프로그램이었는데, 나는 이들에게 몸 안에서 스트레스 반응이 어떻게 일어나며, 그 반응이 과열될 때 어떻게 하면 그것을 알아차리고 다시 통제할 수 있는지 가르쳐주는 역할로 참여했다. 그 시간은 내가 일주일 중 가장 좋아하는 두 시간이 되었다. 이 아이들 대다수는 어떤 식으로든 성폭력을 경험했고, 다수는 부모가 정신질환을 앓거나 수감되어 있었으며, 둘 다인 경우도 있었다. MBA에서 온 트레이너들이 우리 아이들과 관계를 맺는 방식은 보기만 해도 경이로웠다. 프로그램이 끝날 즈음 아이들 모두가 스트레스가 줄어들었다고 말했는데, 더욱 뿌듯한 것은 스트레스가 심한 상황에 대처할 새로운 도구를 가진 느낌이라는 소감이었다. 그중 두 명은 학교에서 더 이상 싸우지 않았고, 모두가 잠을 더 잘 자게 되었을 뿐 아니라 집중력도, 다른 사람들과의 관계도 더 좋아졌다고 했다.

명상 프로그램과 영양 및 운동 프로그램을 동시에 운영하면서 우리는 발전의 증거를 매일같이 목격했다. 표에 나온 숫자들뿐 아니라 아이들이 말 그대로 춤을 추며 대기실로 들어오고, 낙제점에서 우등생 수준으로 오른 성적표를 흔드는 모습을 보았다. 의사로서 나는 시간이 지남에 따라 그들이 임상적 목표(천식 관리 개선, 체중 감량 등)를 달성하는 모습도 보았지만, 나에게 더욱 특별한 경험들은 걸어 다니는 니아와 미소 짓는 샬린, ACE 지수가 아주 높은 아이가 4.5킬로그램이나 체중을 줄이고 자전거를 받아 가는 모습을 두 눈으로 목격하는 것이었다.

우리는 유독성 스트레스의 영향을 해결하기 위한 임상적 개입의 도구 상자를 느리지만 확실하게 채워나갔다. 수면, 정신 건강, 건강한 관계, 운동, 영양, 그리고 마음챙김까지. 환자들을 지켜보면서 우리는 이 여섯 가지 요소가 치유에 결정적인 역할을 한다고 더욱 확신했다. 많은 연구 문헌이 이 요소들이 왜 효과적인지 근거를 제공한다는 사실도 중요하다. 근본적으로 위의 여섯 가지 요소는 모두 기저의 생물학적 메커니즘, 즉 스트레스 반응 체계의 조절 장애 상태와 그로 인해 신경계와 내분비계와 면역계에 생긴 문제들을 표적으로 삼는다.

나는 저 개입법들이 우리 환자들의 삶을 다양한 방식으로 개선하는 것을 목격했고 이는 틀림없는 사실이다. 하지만 과학자로서 이러한 개선이 객관적으로 검증되지 않았다는 점도 알고 있었다. 우리에게는 인력도 자금도 부족했기 때문에, 향상된 성적표와 자전거 수여식을 과학계의 면밀한 검증 과정을 통과해낼 만큼 탄탄한 연구 결과로 옮기는 체계적인 데이터 추적을 실시할 수 없었다. 어느 순간, 이런 생각이 들었다. **이 모든 걸 다 기록해둬야 해.** 그러나 우리 팀은 이미 단 한 가지 일도 추가할 수 없을 만큼 너무 많은 일을 하고 있었다. 행동을 하거나 글을 쓸 수는 있어도, 행동도 하고 동시에 글도 쓸 만큼의 시간과 자금은 우리에게 없었다. 그리고 그때는 행동이 더 중요하다고 판단했다.

8   만장일치 찬성표

베이뷰 진료소 초창기였던 2007년 어느 날, 차를 몰고 동네를 지나는데 앞에 가던 차가 갑자기 멈춰 섰다. 처음에는 그저 좀 짜증이 났다. 내 머리는 이미 30분 후의 미래로 가서 베이뷰 YMCA 지역 모임에 참석하고 있었다. 15초쯤 지난 뒤, 핸들을 돌려 그 자리를 빠져나가야겠다고 판단했다. 그런데 바로 그 순간, 반대 방향에서 오던 또 다른 차가 내 차 옆을 막아섰다.

내 도마뱀 뇌에서 작은 경보음이 울리기 시작했다. **무슨 일이 벌어지고 있는 거야? 왠지 수상한데.** 백미러로 뒤쪽을 살피고 후진할 작정이었지만 기어에 손을 올리기도 전에 또 다른 차가 모퉁이를 돌아오더니 뒤를 막아버렸다.

옴짝달싹 못 하게 갇힌 것이다.

몸이 긴장으로 굳기 시작했다. 한 손은 핸들에 그대로 둔 채 천천히 다른 손을 뻗어 자동 잠금 단추를 눌렀다. 처음 선 차에서 남자가 내리더니 물건 하나를 들고 거들먹거리는 걸 음걸이로 내 옆을 지나갔다. 그가 내 뒤쪽 차에 있는 남자에 게 그 물건을 건네려고 몸을 앞으로 뻗자 셔츠가 올라가며 허 리춤에 꽂혀 있던 총 끝이 드러났다. **맙소사!** 생각이 재빨리 내달렸다. **마약 거래잖아! 거래가 틀어져서 총질이라도 해대면 어쩌지? 저 사람들이 나를 보고 내가 목격자라고 생각하면 큰일 이야!** 심장이 미친 듯이 뛰었고 내 뇌는 한 문장만 끝없이 반 복하는 고장 난 라디오 같았다. **대체 여기서 어떻게 빠져나가 지?** 나는 자리에서 구부정하게 몸을 낮추어 내가 보이지 않 는 존재가 되기를, 가능하다면 총알도 뚫을 수 없는 존재가 되기를 바랐다.

그러나 남자는 내 쪽으로 시선도 돌리지 않고 자기 차로 걸어가더니 자리를 떴다.

몇 분 뒤, 털끝 하나 다치지 않은 상태로 차 안에 앉아 있 는데, 내 뇌의 라디오가 갑자기 다른 채널로 넘어가 또 다시 똑같은 문장만 계속 내보냈다. **맙소사, 방금 무슨 일이 일어난 거야?**

마침내 흥분이 가라앉자 곧바로 떠오른 건 내 환자들이 었다. 2007년의 그날, 나는 아직도 베이뷰에 적응하는 중이었 지만, 우리 소아과를 찾는 환자들에게 이런 일은 학교에 가거나 가게에 뭔가를 사러 갈 때도 얼마든지 일어날 수 있는 일상이었다.

나는 총기 폭력의 위협이 베이뷰에서는 늘 마주하는 현실이라는 것을, 우유 한 통을 사러 모퉁이 가게까지 걸어갈 때도 항상 염두해야 하는 일이라는 것을 그렇게 배웠다. 몇 년 뒤, 우리가 베이뷰 진료소에서 마음챙김 프로젝트를 시작하던 무렵에 열린 어느 기금 모금 행사에서 당시 샌프란시스코 지방검사장이었던 카말라 해리스Kamala Harris를 만났다. 대화는 자연스럽게 우리 둘 모두가 사랑하는 베이뷰의 파괴적인 문제로 흘러갔다.

그에 앞서 나는 텔레비전과 다른 행사에서 해리스에 대한 이야기를 들은 적이 있었다. 왜 사람들이 항상 그녀를 진짜배기라고, **할 일을 제대로 해내는** 사람이라고 말하는지 분명히 알 수 있었다. 해리스는 젊고 카리스마 넘치며, 사람들에게 활력을 불어넣는 법을 알고 있었다. 처음엔 그녀에게 말을 걸기가 좀 망설여졌다. 하지만 알고 보니 그녀는 더 바랄 수 없을 만큼 편안한 사람이기도 해서 나의 초조함은 금세 사라졌고, 우리는 정말 만족스러운 대화를 나누었다. 해리스는 베이뷰에서 우리 진료소가 하는 일을 궁금해하며 유독성 스트레스에 대해 더 많이 알고 싶어 했다. 국민을 위해 어떻게 상황을 개선할지에 관해 번지르르한 말만 늘어놓는 게 아니라 실제로 행동에 옮기는 행정가를 만나니 정말 신선했다.

나는 해리스가 정말로 내 말에 **귀 기울이고** 있음을 알 수 있었다. 해리스는 지역사회의 여러 문제를 해결하기 위한 다양한 접근법들을 듣는 데 정말로 마음이 열려 있었다.

펠리티와 안다의 ACE 연구에 관해 이야기하면서 그녀 역시 나만큼 숫자를 사랑한다는 사실을 알았다. 해리스는 샌프란시스코 경찰서와 함께했던 내부 연구를 이야기해주었다. 샌프란시스코 지역에서 일어난 살인 사건의 희생자들에 관해 더욱 자세히 알아보려는 연구였다. 그 분석에서 나온 여러 깨달음 중 하나는 높은 비율을 차지하는 젊은 피살자들과 관련된 것으로 25세 이하 피살자의 94퍼센트가 학교 중퇴자였다. 지방검사장인 해리스는 피해자들의 공적인 목소리가 되어주고 범죄자들을 추적해야 했다. 그러나 그녀는 사람들이 애초에 범죄 피해자가 되는 것을 시 차원에서 **예방할** 방법을 찾고 싶었다. 그런 방법이 있다면 어떤 것일까? 해리스는 학교를 중도에 그만두는 흐름을 막을 기발한 방법이 있다면 아이들의 목숨을 구할 수 있지 않을까 생각했다. 어쨌든 아이들이 학교에 있으면 거리에 나와 돌아다니지 않을 것이고, 그동안은 차를 몰고 지나가며 퍼부어대는 총질의 희생자가 되지 않을 테니 말이다.

해리스는 단순히 폭력의 연쇄작용이 시작된 뒤 그 결과들에 반응하는 것보다는 문제의 뿌리에 접근하는 일, 즉 예방에 관심을 두었다. 지방검사장의 입에서 '예방'이라는 단어가 나오는 일은 정말 흔치 않았기에, 그녀가 아이들을 학교에 붙잡아 두기 위한 프로그램에 관해 이야기했을 때 나는 **진심으로** 깊은 인상을 받았다. 나는 그녀가 옳다고, 우리가 더 진전을 이뤄낼 수 있을 거라 믿는다고 말했다. 해리스와 이야기를 나누기 얼마 전, 나는 미주리주 캔자스시티의 한 소아 응급 의사에 관한 이야기를 들었다. 그 이야기는 우리가 염려하는 문제의 뿌리가 무엇인지 정확히 짚어주었다.

해리스처럼 데니즈 다우드Denise Dowd 박사도 줄곧 아이들이 총에 맞는 일을 방지할 방법을 찾았다. 다우드 박사의 탐구가 시작된 것은 1992년, 응급실의 한 동료가 그녀에게 〈캔자스시티 스타Kansas City Star〉라는 지역신문에 실린 한 기사를 보여주었을 때부터였다. 한 기자가 지난 해에 캔자스시티에서 총상으로 사망한 모든 젊은이의 프로필을 정리한 내용이었다. 기사에는 피해자들의 사진과 이름이 있었는데, 두 의사는 그들의 프로필을 넘겨보면서 피해자 대다수가 자신들의 환자였음을 알게 되었다. 많은 가족이 응급실을 1차 진료 기관처럼 이용했고 아이들이 의사의 진료를 받아야 할 때면 언제나 응급실로 찾아왔다. 시간이 지나면서 다우드 박사와 동료들은 단골 환자들과 잘 아는 사이가 되었다. 그러니 그들로서는 이제 이런 결과를 막으려면 뭘 해야 할지 고민하지 않을 수 없었다. 앞으로 응급실로 오는 아이들 중에서 누가 고위험 아동인지 알아차리고 더 늦기 전에 그 아이를 도울 방법을 찾을 수는 없을까?

다우드 박사는 그해 캔자스시티에서 일어난 모든 소아 총기 부상 사례에 대한 차트를 검토하기로 하고, 공통의 줄기일 수도 있는 요인들, 어쩌면 예방할 수도 있을 요인들을 찾기 시작했다. 그녀는 건강 기록과 입원 기록, 응급 진료 기록, 그리고 전년도 총기 폭력으로 사망한 모든 아이에 대한 검시관 보고서까지 입수했다. 그녀가 알게 된 사실은, 그들의 병력에서 어떤 패턴이 비극적일 정도의 일관성을 갖고 반복된다는 것이었다. 전형적인 예를 들자면 이런 식이다. 한 환자가 생후 9개월 무렵 의심스러운 멍이 든 상태로 처음 병원을 방문하고, 그 사건은 아동보호 서비스로 넘어간다. 하지만 수사는 명확한 결론을 내지 못한다. 그다음으로 이 환자의 차트에 기록된 내용은, 아이가 필수 예방접종 몇 가지를 맞지 않았다는 소아과의사의 기록이다. 아이가 네 살이 되면 유치원 교사는 아이가 가만히 앉아 있지 못하고 걸핏하면 폭발해 생떼를 쓰며, 화가 나면 다른 아이들을 때린다고 불만을 토로한다. 아이는 ADHD 진단을 받고 약물 처방을 받는다. 열 살 때는 학교에서 싸움을 하고 문제를 일으킨다. 이번에는 반항성 행동장애oppositional defiant disorder* 진단을 받고 더 많은 약물을 처

---

* 타인에게 거부감, 적대감을 나타내거나 반항 행동을 보이는 상태가 최소 6개월 이상 지속되는 소아정신과적 장애.

방받는다. 열네 살이 되어서는 제5중수골, 그러니까 새끼손가락과 손등의 연결 관절을 형성하는 뼈가 부러진 상태로 응급실에 온다. 이 뼈는 보통 뭔가를 주먹으로 때릴 때 부러지기 때문에 의사들은 이를 '복서 골절boxer's fracture'이라고 부른다. 이 환자의 병력에서 마지막 기록은 열여섯 살 때 다수의 총상을 입은 채 응급실로 실려 왔다는 내용이다. 그리고 이번에는 병원을 걸어서 나가지 못한다.

아이들의 생명을 구하는 새로운 길

2009년의 나에게 다우드 박사의 전형적 환자는 치료받지 않은 유독성 스트레스 환자임이 명백했다. 그러나 다우드 박사가 그 차트들을 검토하던 1992년 당시, 펠리티와 안다의 연구는 아직 미래의 일이었다. 다우드 박사는 환자들의 병력에서 드러나는 유사한 패턴에 충격을 받았지만 아직은 그것을 설명할 생물학적 연관이 밝혀지기 전이었다.

해리스와 나는 ACE 연구를 비롯해 유독성 스트레스 관련 연구들에 대해 더 이야기를 나눈 뒤, 우리가 각자 바라보는 위치만 다를 뿐 동일한 문제를 들여다보고 있다는 데 의견을 같이했다. 나는 아이들의 의학적 문제를 해결하는 것이 목표였고, 해리스는 다우드 박사처럼 아이들을 안전하게 지키려 애쓰고 있었다. 그러나 우리가 머리를 맞대고 함께 노력해

두 문제 **모두**의 잠재적 근원인 아동기의 부정적 경험을 해결할 수 있다면 어떨까? 다우드 박사의 연구는 총기 폭력 희생자인 아이들의 인구 집단 중 ACE 지수가 높은 사례들이 너무나 많다는 것을 보여주었다. ACE 지수가 높다는 것은 충동 조절력 부족과 집중력 손상을 의미하고, 이는 아이들이 학교 과정을 무사히 마치는 데 거대한 장해로 작용한다. 복측피개 영역(야호, 라스베이거스로 가자!)이 조절 장애 상태가 된 아이는 타코벨이든 대마초든 자기를 유혹하는 게 있다면 언제든 역사 수업 따위는 아무렇지 않게 빼먹는다. 아이들을 학교에 안전하게 남아 있게 하는 **동시에** 애초에 아이들을 위협하는 기저의 생물학적 문제를 해결하려면 어떻게 해야 할까?

해리스와 나는 아동기의 부정적 경험과 의료 및 형사 사법제도를 둘러싼 심각한 사회적 함의에 관한 대화를 계속 이어나갔다. 어느 날 나는 그녀를 만나러 브라이언트가 850에 있는 악명 높은 홀 오브 저스티스 Hall of Justice*로 갔다. (샌프란시스코에서 차를 견인당한 적이 있는 사람이라면 이 주소를 아주 잘 알 것이다.) 목재로 벽을 두른 해리스의 사무실에 앉아, 나는 우리가 처음 만난 이후로 차츰 정리한 아이디어 몇 가지를 해리스에게 들려주었다. 나는 다우드 박사와 나 같은 의사들을 더

---

* 샌프란시스코 카운티 교도소와 샌프란시스코 보안관국 본부, 샌프란시스코 경찰의 모터사이클 교통국, 샌프란시스코 카운티 상급법원 형사부의 제3, 제4교도소가 있는 건물.

많이 모아서 조기 개입이 필요한 아이들을 찾아낸다면 그 아이들의 스트레스 반응 조절 장애를 치료하는 일을 시작할 수 있고, 그러면 해리스가 추진하고 있는 것과 같은 생명을 구하는 프로그램들이 성공할 가능성도 더 커질 것이라고 확신했다. 부정적인 건강 결과들뿐 아니라 부정적인 사회적 결과들도 예방할 수 있는 것이다. 나는 해리스가 지방검사장이라는 지위를 활용해 아동기의 부정적 경험이라는 렌즈를 사용하면 어떤 차이를 만들어낼 수 있을지 연구하고 데이터를 수집하는 일에 샌프란시스코시의 투자를 받을 수 있지 않을까 생각했다.

해리스는 내 말이 끝날 때까지 집중해서 들었다. 그런 다음 잠시 말없이 내 눈을 똑바로 바라보았다.

"네이딘, 바로 **당신**이 이 모든 일을 성사시켜야 해요. 센터를 설립해요."

나는 피식 웃고 말았다. "아이고, 지금 하고 있는 일만으로도 너무 바빠서 다른 일은 더 못 해요."

"당신과 빅터가 함께 노력하면 해낼 수 있어요. 생각해봐요." 해리스의 목소리는 친절하지만 단호해서 제안이라기보다는 이미 끝난 결정처럼 들렸다. 빅터 캐리언 박사를 내게 소개하고 우리 진료소 환자들의 차트를 함께 검토하는 협력 관계를 맺어준 사람도 바로 해리스였다.

이후 해리스는 캘리포니아주 검찰청장이 되었고 이어서

상원의원이 되었으니, 이것만 봐도 그녀가 얼마나 강한 설득력을 발휘하는지 충분히 감을 잡을 수 있을 것이다. 그녀가 나를 이미 하고 있던 일에 더해 광범위하게 인식을 바꾸는 일에 헌신하며 그에 필요한 철저한 연구까지 해낼 사람으로 봐준 것은 영광이었다. 하지만 그날 나는 그녀가 내 능력을 지나치게 과대평가한다고 생각하며 돌아왔다. 사람을 잘못 골랐어. 베이뷰 진료소를 열 때도, 베이 에어리어의 최상급 병원 중 하나인 캘리포니아 퍼시픽 의료 센터의 전폭적인 후원을 받았지만 정말 힘들었다. 긴 노동시간, 항상 부족한 돈, 자금 모금, 프로토콜 만들기, 직원들의 이직과 채용까지. 이제야 막 진료소 일이 어느 정도 유연하게 돌아가기 시작했다고 느끼던 참이었다. 단체를 설립하는 것은 정말 어려운 일이며, 나로서는 가까운 시일 안에 또 다시 그런 일에 뛰어들 생각은 전혀 없었다.

아이들을 위한 웰니스 센터의 시작

완전히 새로운 센터를 만드는 건 내 능력 밖이라고 생각했지만, 해리스와 나눈 이야기는 분명 내 시야를 넓혀주었다. 아동기의 부정적 경험이 건강뿐 아니라 사회적 결과에까지 영향을 미친다면, 더 이상 의학계의 관점에서만 일할 수는 없는 노릇이었다. 교육계와 형사 사법 체계에 속한 사람들을 만나 이야기를 나누면서 유독성 스트레스가 그들이 문제로 여기는 일들과 어떤 관계가 있는지 더 알아봐야 했다.

더 많은 사람을 만나 아동기의 부정적 경험에 관한 이야기를 나눌수록, 이 문제에 대한 해결책은 베이뷰 진료소보다 더 큰 것이어야 함을 더욱 뼈저리게 느꼈다. 나는 펠리티 박사의 데이터를 통해, 중산층이며 대부분 백인인 카이저 의료 센터의 환자들 중 67퍼센트가 아동기의 부정적 경험을 최소한 한 가지는 갖고 있으며 여덟 명 중 한 명은 아동기의 부정적 경험을 네 가지 이상 갖고 있음을 알고 있었다. 유병율과 질병 발생 위험률에 관해 논하는 연구 논문을 읽을 수는 있다. 그러나 이 세상의 마저리들을 만나 그들의 이야기를 듣는 것은 완전히 다른 일이다.

통계가 숫자 대신 사람들의 얼굴을 보여준다면 그런 통계는 훨씬 더 무겁게 느껴질 것이다. 나를 가장 힘들게 하는 것은 자신의 문제가 무엇인지도 모른 채, 더 나쁘게는 효과적인 치료법이 있다는 것도 모른 채 아동기의 부정적 경험과 유독성 스트레스의 영향들로 괴로워하며 하루하루를 살아가는 남자들과 여자들, 아이들에 대한 생각이었다. 의사들이 그들에게 문제와 치료법을 말해주지 않는 이유는 의사들도 모르기 때문이다. 보통의 의사들이 진료실에서 일상적으로 행하는 의료 실무를 살펴보면, 아니 사회의 다른 어느 곳을 살펴보아도, 마치 ACE 연구는 존재하지 않는 것 같았다. ACE 연구에 대해 더 많이 알수록, 대부분의 사람이 그 정보를 모르고 있다는 사실이 점점 더 참을 수 없었다.

그래서 나는 더욱더 목소리를 높이는(그게 가능하다면) 사람이 되었다. 이제는 의학 콘퍼런스나 공중보건 콘퍼런스에 참가할 때마다 아동기의 부정적 경험과 유독성 스트레스에 관한 인식을 높이는 안건에 힘을 싣기 위해 적극적으로 나섰다. 언제나 그랬듯이 내가 베이뷰 진료소에서 하는 일은 나의 든든한 뿌리가 되어주는 동시에 그 이야기를 널리 알려야 한다는 열정에 더욱 불을 붙였다.

내 뿌리인 베이뷰로 돌아올 때마다 느끼는 유일한 불만이 있다면, 우리 진료소가 가진 영향력이 너무나 미미하다는 현실이었다. 긴급한 문제들을 해결하기 위해 해야 할 일들이 산더미 같았지만 우리 진료소의 규모로는 도저히 감당할 수 없었다. 진료소에는 진찰실 세 개와 정신 건강 진료실 하나, 그리고 사무실이 하나 있었다. 나는 이 사무실을 다른 의사 두 명과 내 연구 조수인 줄리아와 함께 쓰고 있었는데, 이는 우리 모두가 한꺼번에 그 사무실에 있을 수 없다는 의미였다. 렌슐러 박사와 클라크 박사는 정신 건강 진료실을 나눠 쓰고 있었으므로 우리는 그들의 진료 시간을 엇갈리게 배치해야 했다. 우리와 협력 관계를 맺은 진료소에서 한 달에 두 번씩 무료 치과 진료를 하러 오는 치과 의사들은 차트 보관실이자 운동 프로그램 공간인 창고에 '이동식 치과 의자'(꼭 야외용 접이의자처럼 생겼다)를 설치하고 치과 검사와 스케일링, 불소 도

포를 실시했다.

병원협의회와 지방검사장 해리스가 던진 **"그 문제에 대해 당신은 무엇을 할 건가요?"**라는 질문에 답할 수 있으려면, 우리가 하는 일의 효과를 측정해줄 연구자들이 필요했다. 그 효과를 증명하는 것이 유독성 스트레스와 관련해 우리가 의학적으로 할 수 있는 일이 존재한다고 병원협의회와 시의회와 **온 세상**을 설득할 수 있는 유일한 방법이었다. 캐리언 박사와 그의 팀은 학계의 엄밀한 검증을 통과할 수 있는 연구를 설계하는 데 도움을 줄 수 있었다. 하지만 그러려면 그들이 진료소 안에 들어와야 하는데, 말 그대로 우리에게는 그럴 공간이 없었다. 우리는 조그만 자동차에 터질듯이 들어찬 광대 무리 같았다. 언젠가 침대 겸 책상을 놓으면 어떨까 하는 생각이 머리를 스치기도 했다. 우리의 목소리가 광범위한 영향을 미치려면, 우리가 만든 치료법이 우리 진료소뿐 아니라 전체 소아과에서 효과가 있다는 것을 확실히 보여주기 위해 모든 것을 엄밀히 시험해야 했다.

다행히도 내게 도움이 필요할 때면 종종 나보다도 먼저 그 사실을 알아차리는 사람이 있었다. 대니얼 루리Daniel Lurie는 베이 에어리어의 가난 퇴치를 목표로 보조금을 마련하는 단체인 '티핑 포인트 커뮤니티Tipping Point Community'의 창립자이자 대표다. 티핑 포인트는 우리 진료소의 가장 큰 후원 단체 중 하나로 베이뷰 진료소를 시작할 때, 그리고 리버먼 박사와 협력 프로그램을 실시할 때도 자금을 지원해주었다. 루리는 티핑 포인트가 지원하는 단체의 지도자들을 만나 그들의 어려운 점과 잘 풀리지 않는 일들에 관해 이야기를 듣고 어떻게 하면 도울 수 있을지 생각하는 데 많은 시간을 쏟는다.

나는 언젠가 루리와 베이뷰에 있는 카운티 의료 클리닉의 의료 팀장인 마크 갈리Mark Ghaly 박사와 이야기를 나누었다. 루리는 우리에게 이 지역의 가장 큰 문제가 뭐라고 생각하느냐고 물었다. 내 입에서 곧바로 '아동기의 부정적 경험'이라는 용어가 튀어나왔고, 갈리 박사도 자신의 진료소에서 역경과 건강 사이의 비슷한 패턴들을 목격하고 있다며 내 말에 동의했다. 루리는 돈에 구애받지 않는다면 우리가 그 문제를 해결하기 위해 어떤 일을 할 수 있는지 물었다. 나는 곧바로 ACE 지수가 높은 아이들의 문제를 해결하기 위한 새로운 프로토콜과 치료법을 만들고 그러한 해결책의 장점을 전국적으로 알리는 일에 집중할 완전히 새로운 센터에 관해, 마치 비현실적인 꿈을 이야기하듯이 주절주절 늘어놓았다. 갈리 박사도 내 말에 큰 열정을 보이며 그런 센터를 우리 지역사회의 초석으로 만들 여러 방법들을 제안했다. 대화가 끝날 무렵에는 루리의 머릿속에서 바퀴가 돌아가고 있는 것 같았는데, 이는 항상 아주 좋은 징조다.

몇 주 뒤 루리는 내게 전화를 걸어 센터 설립에 필요한 자금을 마련하는 데 티핑 포인트가 도울 방법을 찾아냈다고 말했다. 우리 프로젝트를 내년 자선 모금 행사의 중심으로 삼기로 했다는 얘기였다. 우리가 성취하려는 것에 대한 명확한 비전과 세심하게 작성한 예산이 담긴 계획안을 마련해야 하겠지만, 필요한 돈을 마련하는 것은 티핑 포인트가 도울 수 있다고 했다. 이제 우리의 모든 꿈을 종이에 작성할 때가 된 것이다. 루리의 이야기를 듣는 동안, 나는 정말 나답지 않게 말이 없었다. 이건 우리에게 주어진 커다란 기회였고, 난 이제 문제를 알리는 것만이 아닌 해결책을 제시하는 일까지 완벽하게 준비할 작정이었다.

　　루리와 통화를 마치자마자 나는 빅터 캐리언에게 전화했다. 우리는 유독성 스트레스에 개입할 방법을 찾는 모의실험에 어떤 종류의 자원들이 필요할지 하나하나 점검했다. 우리가 꿈꾸던 것은 환자들을 위해 아동기의 부정적 경험과 유독성 스트레스의 영향을 예방하고, 검사하고, 치유하는 일종의 혁신 연구소였다. 궁극적인 목표는 우리 센터에서 나온 임상 과학을 활용해 의료 실무를 바꾸는 것이었다. 이를 실현하기 위해서는 임상 작업과 연구, 지지라는 세 기둥으로 시너지를 만들어야 했다. 임상 부문은 현장에서 환자들을 보살피고 유독성 스트레스를 치료하는 새로운 접근법을 개발하는 일에 전념할 것이다. 연구 부문을 탄탄하게 만들려면, 우리 진료소에서 클라크 박사와 줄리아 헬먼을 비롯한 나의 동료들이 해왔던 일, 즉 연구 문헌들을 샅샅이 뒤지고 가장 좋은 의료 실무 관행을 찾아내 임상에 활용할 정보를 제공할 전담 팀이 필요하다. 또한 연구 팀은 우리가 사용하고 있던 개입법들과 도구들의 유효성을 입증할 방법을 찾아내는 한편, 의학의 높은 기준에 맞게 실무 관행들을 다듬고 개선하는 방법도 찾을 것이다. 마지막 조각은 지지다. 우리는 사람들의 인식을 높이고 우리 진료소에서 효과를 확인한 해결책들을 널리 알려, 결국에는 미국과 전 세계의 모든 소아과의사가 이를 지지하고 채택하기를 바랐다.

우리는 자선 분야가 어떻게 돌아가는지 살핀 뒤, 아이들의 삶에 필요하지만 부족한 것들을 제공할 센터 건립에 매진하고 있던 열렬한 아동 옹호 활동가 케이티 올브라이트Katie Albright와 힘을 합하기로 했다. 두 조직을 한 건물에 두고 연합전선을 구축해 함께 모금한다면 각자 따로 진행하는 것보다 잠재적 기부자들에게 더욱 큰 설득력을 발휘할 것이라 기대했다.

우리가 '아이들을 위한 웰니스* 센터Center for Youth Wellness, CYW'라고 부르게 될 그 조직의 계획에 살을 붙여나가던 이후

---

* 웰니스란 단순히 병이 없는 상태의 건강만이 아니라, 감정, 정신, 지성, 신체, 환경, 재정, 직업, 사회의 모든 영역에서 최적화된 삶을 지향하며 삶의 질 전반을 높이려는 노력을 일컫는 개념이다.

몇 날 몇 주는, 패기만만한 전화 통화와 광고우편 봉투 뒷면에 휘갈겨 쓴 알아보기 어려운 메모, 기분 좋은 아드레날린의 쇄도로 가득 채워졌다.

루리는 자신이 이야기했던 그대로 우리의 꿈에 자금을 대기 위해 티핑 포인트의 힘을 모두 실어 단체 역사상 가장 큰 규모의 자선 행사를 열었다. 주최자들은 프로덕션 회사를 고용해 우리 센터의 비전을 홍보하는 멋진 동영상을 만들었고, 도대체 어떻게 한 것인지 심지어 유명 가수 존 레전드John Legend를 행사의 스타로 모셔 오기까지 했다. 대성공을 거둔 그날 저녁에 대한 내 기억은 흥분감과 초현실적인 색채의 조각들만 남아 있다. 나는 위탁 중고 판매점에서 산 검은색 빈티지 오스카 드 라 렌타Oscar de la Renta 드레스를 입고 근골격계에는 아주 해롭지만 무슨 일이든 가능할 것 같은 기분을 안겨주는, 굽이 10센티미터나 되는 행운의 구두를 신었다(만찬 때 존 레전드 옆에 앉게 되었을 때 이 행운의 구두는 절대 버리지 말아야겠다고 머릿속에 메모해두었다).

행사가 절반쯤 진행되었을 즈음, 루리가 무대 위로 올라가 센터에 대한 우리의 계획을 소개했다. 행동을 촉구하는 연설을 홍보 비디오로 마무리한 뒤 그가 기금 모금을 위한 자선 경매의 시작을 알렸다. 베이 에어리어의 자선가들과 기술산업의 타이탄들이 어두운 방안에서 야광 막대를 흔들며 응찰했다. 다음으로 기억나는 것은 티핑 포인트가 430만 달러를 모금했다는 것, 그런 다음 존 레전드가 무대에 올라가 내가 제일 좋아하는 노래를 열창했다는 것이다. 의사인 나는 행복해서 죽는 일 같은 건 일어나지 않는다는 사실을 알고 있지만, 그날 밤 행운의 하이힐을 신고 댄스 플로어로 나가던 순간만큼은 정말 그런 일이 가능할 수도 있겠다는 아찔한 느낌이 들었다.

프로젝트를 시작할 자금도 확보했으니, 이제는 그 꿈을 현실로 만들 단계들을 생각해야 했다. 캐리언 박사가 나와 함께 공동 설립자가 되어주었는데, 우리의 조합은 한마디로 천생연분이었다. 우리는 계속해서 치료와 연구에 대한 접근법들을 깊이 생각했다. 카말라 해리스와 대니얼 루리는 전문가들을 보내 세부적인 사항을 처리하도록 도와주었다.

행사 며칠 후 자리를 잡고 앉아 우리가 할 일들을 하나나 살펴보니, 430만 달러라는 모금액은 베이뷰 진료소 확장과 아이들을 위한 웰니스 센터 설립, 케이티 올브라이트의 아동권리옹호센터 설립으로 금세 바닥나리라는 계산이 나왔다. 댄스 플로어에서 축하할 때는 어마어마한 금액처럼 보였지만, 미쳐버린 샌프란시스코 부동산 시장을 생각하면 건물 한 채를 사기에도 충분치 않았다. 진료소에 대한 엄격한 연방 규정들을 지키면서 2,500제곱미터짜리 건물을 임차하고 디자인하고 보수하는 데 사실상 대부분의 돈이 들어갈 판이었다.

우리 수중의 돈이 그렇게 엄청난 게 아니라는 깨달음에 기운이 빠지기는 했지만 그래도 시작하기에는 충분했다. 그 것은 시드펀딩seed funding*이었고 아이들을 위한 웰니스 센터를 세상에 내놓기에는 무리가 없는 액수였다. 부분적으로 캘리 포니아 퍼시픽 의료 센터의 지원을 받고 있는 베이뷰 진료소 는 늘 해오던 일을, 그러니까 지역 아이들의 정기검진과 ACE 선별검사를 계속 이어갈 계획이었다. 예를 들어 한 환자의 ACE 선별검사에서 양성 판정이 나오면 아이들을 위한 웰니 스 센터의 임상 팀이 유독성 스트레스 치료에 초점을 맞춘 종 합 서비스를 제공하는데, 여기에는 정신 건강, 마음챙김, 가 정방문, 영양 상담 등 우리의 연구를 통해 변화를 이끌어 낼 수 있다고 밝혀진 모든 요소가 포함된다. 연구 팀은 데이터를 추적하고 지지팀은 거기서 밝혀진 사실들을 널리 알릴 것이 다. 그곳은 처음부터 끝까지 아이들을 위한 의료의 본거지가 될 것이며, 우리는 또한 그곳이 미래의 조직들을 위한 모범이 되기를 바랐다.

1년 동안 아이들을 위한 웰니스 센터를 구상하고 자금 을 모은 뒤 마침내 사업 계획과 설립에 착수할 시간이 왔다. 2011년 8월, 내 역할은 베이뷰 아동건강센터 의료 팀장에서 아이들을 위한 웰니스 센터장으로 바뀌었다. **센터장**이라니,

---

* 비즈니스의 초기 단계에 투자하는 자금.

그땐 그게 너무 거창하고 야심 찬 직함 같기만 했다. 내게는 무언가의 책임자라고 할 만한 것이 별로 없었다. 말 그대로 난 그저 내 주방에서 일하고 있었을 뿐이니까. 그때 운 좋게 도 레이철 코칼리스Rachel Cocalis의 도움을 받았다. 얼마 전 대학을 졸업했고 후에 변호사가 된 그녀는 우리가 공식 단체가 되어 보수를 지급할 수 있을 때까지 무료로 내 조수 노릇을 하겠다며 자발적으로 나섰다. 나는 베이뷰 진료소에서도 환자들을 보았지만 한 주에 하루로 진료 시간을 줄이고 의료 팀장 자리는 동료인 모니카 싱어Monica Singer 박사에게 넘겼다. 이젠 아이들을 위한 웰니스 센터를 계획하고 실현하는 일에 집중해야 했다. 그리고 그 과정에서 가장 중요한 일은 카페나 우리집 식탁에서 면접을 보며 함께 일할 사람들을 채용하는 것이었다.

베이뷰의 거대한 장벽, 시스터 J

아이들을 위한 웰니스 센터 설립은 내가 해본 일 중에서 가장 무서운 일이었지만, 빈약한 예산으로 해낸 일치고는 꽤 잘 진행된 편이었다. 그 후에 일어날 일에 아무런 대비가 되어 있지 않았던 것도 바로 그 때문이었다.

아직 문을 열기도 전이었지만(베이뷰 진료소에서 바로 몇 블록 떨어진 곳에 있는 한 건물에서 여전히 임차를 위한 협상을 벌이는 중이었다), 우리가 뜻한 유형의 진료소를 허가받으려면 시에 용도변경 신청을 해야 했다. 그것은 특별할 것 없는 과정이지만, 베이뷰에서는 누가 430만 달러를 갖고 있다는 사실이 알려지면 이상한 일이 벌어진다. 갑자기 소수의 완강한 사람들이 무리를 지어(정확히는 여섯 명이었다) 소란을 피우기 시작하더니 길에 바리케이드를 세웠다. 우리가 찾아낸 부지가 '유독성 가루'로 오염되었기 때문에 센터를 세워서는 안 된다는 것이 그들의 주장이었다. 오염의 증거는 없으나 우리 일에 훼방을 놓기에는 충분한 소문이었다. 우리는 돈을 지불해 두 차례에 걸쳐 환경 검사를 받았고 모두 깨끗하다는 결과가 나왔다. 심지어 샌프란시스코시 환경부에도 요청해 우리가 전문가들에게 의뢰해 나온 결과를 확증해줄 표본조사까지 받았다. 유독성 가루 같은 건 전혀 없었다. 그런데도 그 사람들은 단념하지 않았다. 개발부에서 우리 건물에 허가를 내주자 그들은 재심을 청구해 센터 설립 진행을 석 달 동안 지연시켰다. 내 머리칼을 다 뽑아버리고 싶은 심정이었다. 센터를 만들고 아이들을 돕기 위해 심한 스트레스를 이겨가며 일하고 있는데, 이런 어이없는 장해물에 걸려 시간과 돈을 낭비하고 있다니.

나는 나중에야 이것이 소득이 낮은 지역에서 흔히 벌어지는 관행임을 알게 되었다. 지역에 돈이 들어온다는 이야기가 돌면 거기서 한몫을 챙겨 생계를 유지하려는 작은 대표단이 생기기 마련이었다. 아이들이 더 질 좋은 서비스를 받는 것이 지역사회에도 이로운 일이라는 것은 그들의 관심 밖이었다. 어떻게든 자기 주머니에 넣을 돈만 챙기려고 한다. 이 사람들은 프로젝트 진행을 방해할 골칫거리를 만들어내는데, 대개는 인종을 비판의 대상으로 이용하고, 그런 다음에는 뻔뻔하게 두둑한 돈을 챙기며 프로젝트 진행을 돕는 일명 '커뮤니티 컨설턴트'를 자처한다.

가진 게 별로 없는 상황에서 '내 몫을 챙기려는' 충동을 이해 못 하는 건 아니지만, 우리도 돈이 남아도는 수십억 달러 규모의 회사는 아니다. 이 여섯 사람은 오해를 부르는 액수 하나에만 집중했다. 티핑 포인트가 430만 달러의 기금을 조성한 것은 맞지만 그것은 **프로젝트 전체**에 대한 것이었다. 우리 회의에 참석해 숫자들을 가지고 씨름해보지 않은 사람은 그 돈이 세 갈래로 분산된다는 사실을 쉽게 간과한다. 임차료와 부수적인 건축에 들어가는 돈을 지불하고 나면 남는 돈이 거의 없었는데, 직원들에게는 계속 보수를 지불해야 했다. 그 무리는 우리의 자금 규모를 완전히 잘못 생각하고 있는 게 분명했다.

어느 오후, 베이뷰 진료소 바로 옆에 임차한 아이들을 위한 웰니스 센터의 임시 사무실에 한 직원이 들어왔다. 그녀의 손에 들린 전단지에는 이런 글귀가 쓰여 있었다. "학살을 멈춰라! 버크 박사가 우리 아이들을 가지고 실험을 한다!"

나는 잠시 침묵을 지키며 내 앞에서 무슨 일이 벌어지고 있는지 파악하려 애썼다. 머릿속에는 엄선한 욕설 몇 개가 맴돌고 있었는데, 그걸 입 밖으로 내뱉지 않으려 용을 써야 했다. 아프리카계 미국인 공동체에서 벌어진 의학적 실험에 대한 비난들. 이는 의학계가 흑인들을 착취한 수치스럽고 부도덕한 역사에 근거를 둔 것이므로 대단히 심각하고 감정적인 무게가 실려 있다. 그 무리는 분명 그러한 역사를 상기시킴으로써 사람들의 정당한 두려움을 불러일으키고 의학계 종사자들에 대한 해묵은 불신을 유발할 수 있다는 사실을 알았으리라. 그런 불행한 상황에서 생긴 트라우마를 자신들의 목적을 위해 이용한다는 사실에 나는 분노가 치솟았다.

곧장 인터넷에 접속해 지역 게시판을 살펴보니 이 동네 사람들이 '그 자메이카인'을 믿어서는 안 되는 이유에 관한 게시물들이 올라와 있었다. 그렇게 화가 난 상태가 아니었다면 나는 아마도 그 기발한 아이디어에 웃음을 터뜨렸을 것이다. 그들은 인종 게임을 벌이는 대신 이민자 비난 노선을 채택해 나를 악의 가득한 외부인으로 그려놓았다. 내 환자들과 그 부모들이 그런 글을 읽으리라 생각하니 가슴이 답답하게 조여들고 얼굴이 뜨겁게 달아올랐다. 나는 곧 흥분을 가라앉히며, 베이뷰에서 나를 아는 사람이라면 그게 얼토당토않은 헛소리임을 알 거라며 자신을 다독였다.

그때까지는 그 무리가 세워놓은 장해물들을 하나하나

통과하면서 그들을 달래려고 노력했다. 하지만 이제는 다른 접근법을 취해야 할 때였다.

난 그들의 지도자와 일대일로 만나기로 했다. 그녀는 여든네 살의 나이에도 줄담배를 피우며 어마어마한 활동력을 보여주는 사람으로, 여기서는 간단히 '시스터 J'라고 부를 참이다. 몇 년째 환자 부모들이나 그 지역 사람들에게서 그녀의 이야기를 들었지만, 그때까지 그녀의 '비호'를 받는 입장이 되어본 적은 없었다. 삶의 상당 시간을 베이뷰에서 보낸 시스터 J는 꽤나 전설적인 인물이었다. 오랫동안 활동가로 살면서 베이뷰를 위해 좋은 일도 많이 했다. 환경문제에 맞서 싸우는가 하면 공평한 주거권과 일자리를 옹호했다. 그러나 유감스럽게도 그녀에게는 공동체의 이익과 개인의 이익을 구분하는 선이 다소 흐릿했다. 샌프란시스코시가 전국 최대의 태양에너지 시스템을 구축하는 일을 추진할 때 시스터 J는 프로젝트를 지연시키겠다고 협박하며 그 일을 베이뷰 주민들에게 맡겨야 한다고 주장했다. 실제로 그녀가 베이뷰 주민들을 위해 상당한 일자리를 확보하기는 했지만, 양보의 대가로 얻은 혜택 중에는 자신의 집에 태양에너지 시스템을 무료로 설치하는 것도 포함되었다. 지역에 돌아가는 혜택이 더 모호한 경우들도 있었다. 샌프란시스코시가 총기 폭력에 희생되는 아이들을 줄이려는 목적으로 총기 안전 정책들을 시행하려고 하자, 시스터 J는 입법을 저지하기 위해 전미총기협회가 지원하는 소송단에서 대표 원고를 맡았다. 그녀는 자신의 수정헌법 제2조의 권리가 침해되고 있다고 주장했다.

우리 팀에서도 그냥 게임에 져주고 그녀를 컨설턴트로 '고용'하는 게 어떻겠냐고 제안하는 사람들도 있었다. 내 대답은 간단했다. 내가 살아 있는 한 절대 안 돼. 우리의 빠듯한 자금을 착취의 악순환에 쏟아 부을 생각은 없었다. 그녀를 만나려는 목적은 우리가 하려는 일이 무엇인지, 그 일이 왜 중요한지를 설명하는 것이었다. 나는 그녀도 본질적으로는 공동체를 염려하는 사람임을 알았고, 따라서 우리의 자본이 사실 그리 엄청난 액수가 아니며 지역 아이들을 돕는 서비스를 마련하고자 노력하고 있을 뿐임을 이해한다면 그녀 쪽에서도 우리에 대한 태도를 누그러뜨리리라 기대했다.

얼마 후, 나는 학살을 멈추라는 전단지 문구를 머릿속에서 몰아내려 애쓰며 초조한 마음으로 시스터 J의 집 초인종을 눌렀다. 내게서 침착함과 연대감의 분위기가 물씬 풍겨 나오기를 바랐지만 결코 쉬운 일은 아니었다. 시스터 J가 문을 열었을 때, 나는 시선을 내려야 했다. 큰 존재감이 있는지는 모르지만 그녀의 키는 150센티미터 정도밖에 안 되었다. 부드러운 얼굴에는 깊게 팬 주름, 코끝에는 안경이 걸쳐져 있었다. 여러 세대의 가족들을 한데 모아 놓고 '우리의 역사'를 분명히 알아야 한다고 강하게 이야기하는 남부의 여가장에 꼭 어울리는 모습이었다. 그녀는 정중하게 나를 안으로 들였고,

우리는 완벽하게 구획을 나눠 둔 거실로 가 두꺼운 비닐 커버가 덮여 있는 긴 소파에 앉았다.

내가 미처 무슨 말을 꺼내기도 전에 시스터 J가 먼저 '커뮤니티 아이콘'이라고 자기의 직함을 새긴 명함을 건넸다. 나는 그녀의 얼굴을 들여다보며 능청스러운 장난기를, 사실 이런 직함은 자조적 농담에 불과하다는 증거를 찾아보려 했다. 그녀는 아랑곳하지 않은 채 우리 둘의 찻잔에 차를 따르고는 말을 시작했다.

권력의 작동 방식이 손에 잡힐 듯 뻔히 보였다. 차를 내놓으며 나를 대하는 방식은 누가 대장인지를 은근슬쩍 알리는 그녀의 방식이었다. 수십 년의 흡연으로 걸걸한 목소리였지만, 그래도 그녀는 두 시간 동안이나 쉬지 않고 이야기를 늘어놓았다.

그녀는 아무런 방해도 받지 않고 자기 인생 이야기를 풀어나갔다. 이 독백의 의도는 자신의 진실성을 알리려는 것이라고 나는 이해했다. 자신이 베이뷰 공동체를 위해 어떤 일들을 했고, 왜 자신이 존경(과 두려움)의 대상인지 말이다. 그러나 내 생각은 자꾸만 한 가지 깊은 역설에, 바로 그녀의 삶이 아동기의 부정적 경험으로 얼룩져 있다는 역설에 쏠렸다. 그녀의 이야기가 끝날 무렵 내 머릿속에서 계산된 그녀의 ACE 지수는 7점 또는 8점이었다.

마침내 내게도 방문의 이유를 말할 기회가 왔다. 나는 내 환자들에게서 보아온 모든 것, 그 일이 나에게 왜 그렇게 중요한지, 우리가 베이뷰뿐 아니라 아동기의 부정적 경험의 심각한 영향을 받고 있는 전국과 전 세계의 많은 지역에 얼마나 큰 도움을 줄 수 있을지 설명했다. 이야기를 꺼낸 지 얼마 지나지 않아 그녀가 끼어들었고 다시 자신의 이야기를 시작했다. 나는 할 수 없이 말을 멈췄다. 그곳에서 나는 말하는 사람이 아니라 들어야 할 사람이었다. 이 만남은 결코 쌍방의 대화가 진행될 수 있는 시간이 아니었다. 나는 깊이 숨을 들이쉬고 내가 취할 수 있는 선택들을 저울질했다. 우리 건물에 대해 그녀의 마음을 바꾸는 일은 가망이 없어 보였고, 마음 한구석에서는 찻잔을 비우고 얼른 그 자리를 뜨고 싶다는 욕구가 일었다. 그럼에도 나는 버티는 노력을 계속하기로 했다. 바로 이 여성이 우리 아이들과 아이들을 위한 웰니스 센터라는 꿈 사이를 막아서고 있는 사람 아닌가. 나는 그녀가 몇 분 동안 더 이야기를 이어가도록 내버려두었고, 그녀는 바로 얼마 전 있었던 일에 대해 이야기했다.

"내가 그 사람들한테 그 건물을 폭파해버릴 거라고 했지. 하지만 아가, 내 너한테는 그러지 않으마." 그렇게 키득거리며 그녀는 말을 맺었다.

난데없이 내 눈에 눈물이 차오르더니 뺨을 타고 흘러내렸다.

나를 화나게 한 건 은근한 협박도 일방적인 대화가 준 실망도 아니었다. 지난 수개월간 이 무리와 타협하려 한 나의 노력들이 모두 물거품이었다는 사실에 화가 났다. 지역사회의 문제를 해결하는 일에서는 대화와 연결, 감정이입이 힘을 발휘한다고 믿었지만, 결국 그 무엇도 전혀 먹혀들지 않는 상황에 부딪혔다. 설령 내가 넬슨 만델라였다고 해도 시스터 J는 꿈쩍도 하지 않았을 것이다. 그녀는 오직 자신의 의제에만 관심이 있었다.

그녀가 다시 입을 열었고, 내가 처음으로 그녀의 말을 막았다.

"나는 우리가 아이들을 위해 더 좋은 일을 할 수 있다고 생각해요." 그리고는 자리에서 일어났다.

그녀가 눈을 가늘게 모아 뜨는 것이 보였지만, 그녀가 뭐라고 하기 전에 내가 먼저 말을 이었다. "시스터 J, 우리 아이들은 더 나은 것을 누릴 자격이 있어요."

그 말과 함께 나는 그녀의 손을 잡아 흔든 뒤 자리를 떴다.

그날 이후 며칠 동안 잠을 잘 수 없었다. 침대 옆 탁자 위에 "학살을 멈춰라!" 전단지 한 장을 올려두었는데, 매일 밤 침대에 누울 때마다 심장이 내달렸다. 얼마나 많은 사람이 그 전단지를 봤을까? 이 지역에는 아직 내가 만나보지 못한 사람도 아주 많았다. 정말로 내가 아이들에게 실험을 하려는 거라고 믿는 사람이 있을까? 베이뷰처럼 작은 공동체에서는 소문이 흰개미 떼처럼 순식간에 엄청난 해를 입힐 수 있다. 그보다 더 심각한 문제는 계획위원회가 이러한 주장에 어떻게 반응할지였다. 나로서는 도저히 알 길이 없었다. 베이뷰에 외부 투자가 적은 것이 단지 외부인들의 무신경 때문만은 아니라는 사실을 나는 막 이해하기 시작했다. 정말로 베이뷰를 염려하는 사람들조차도 잘못된 생각에 빠진 소수의 문지기들이 세워둔 말도 안 되는 장해물들에 대처해야만 한다. 이곳에서 좋은 일을 하려고 시도하다가도 포기하고 나가버리는 것이 얼마나 자연스러운 일인지 이제는 충분히 알 것 같았다.

다행히 계획위원회 공청회가 열리기 며칠 전, 나는 작가이자 저널리스트인 폴 터프Paul Tough에게서 전화를 받았다. 아이들을 위한 웰니스 센터 설립을 준비하느라 정신없이 바빠지기 직전, 〈뉴요커The New Yorker〉에 베이뷰 진료소가 아동기의 부정적 경험과 유독성 스트레스에 대처하는 방식에 관한 글을 실어준 사람이었다. 의학 저널밖에 모르고 살았던 터라, 나는 그 기사가 실린 호가 나오기 전까지는 그게 얼마나 대단한 일인지 전혀 몰랐다. 그의 기사가 모든 걸 바꿔놓았다고 말해도 결코 상황을 과장하는 말은 아니다. 그 글은 아동기의 부정적 경험과 유독성 스트레스라는 주제에 스포트라이트를 비춤으로써 의료계 사람들과 새로운 후원자들에게 크나큰 관심을 불러일으켰고, 우리의 작업을 주류로 옮겨놓았다. 폴이 출근하는 나와 함께 걷고 진료소에서 일하는 나를 따라다니며 보낸 몇 주, 몇 달 동안 그와 나는 친한 친구가 되었고, 이후로도 그는 상황이 어떻게 돌아가는지 궁금해 연락을 해오곤 했다. 그리고 이번에 나는 시스터 J에 대한 이야기를 그에게 털어놓았다. 칭얼대며 이야기를 늘어놓다가 한숨을 돌리는데, 전화기 저쪽에서 다 안다는 듯한 웃음소리가 들려왔다.

"도대체 여기서 웃을 일이 뭐죠?"

폴은 할렘 어린이 구역Harlem Children's Zone의 창립자이자 내 영웅 중 한 사람인 제프 캐나다Geoff Canada도 할렘의 저소득층 주택단지 한가운데에 새 학교와 커뮤니티 센터를 지으려 했을 때 나와 똑같은 반발에 부딪쳤다고 말했다. 폴은 전설적인 교육자 캐나다와 그의 단체가 할렘 어린이들의 교육 성과를 높이기 위해 한 일을 책으로 쓰기도 했다. 폴이 들려준 이야기에 따르면, 당시 캐나다를 반대하던 사람들도 할렘 어린이 구역이 자신들을 위한 곳이며 그 건물과 단체가 가치 있는 자산이라는 것을 깨닫는 순간 눈 녹듯 적의를 감췄다는 것이다.

"일종의 통과의례에요." 그는 나를 안심시켰다. "당신은 결국 해낼 거예요. 그 일은 명예 훈장쯤으로 생각해요."

회의장을 가득 채운 초록색 물결

폴과 대화를 나누고 나서야, 나는 한 걸음 뒤로 물러나 좀 더 폭넓은 시야를 확보할 수 있었다. 베이뷰 같은 지역사회에서 발생하는 고질적인 트라우마는 부모에게서 자녀에게로 전해져 후성유전체에 새겨지는 것으로 끝나지 않는다는 생각이 들었다. 트라우마는 한 사람에게서 다른 사람에게로 전해지면서 사회의 DNA에도 새겨진다. 우리가 아이들을 위한 웰니스 센터를 통해 깨부수기를 바라는 것이 정확히 그런 종류의 악순환이다. 이 깨달음을 통해 나는 이 장해물을 실패의 전조가 아니라 트라우마로 고통받는 한 공동체의 증상으로 바라보았다. 폴은 또 내가 이미 알고 있는 사실, 그러니까 내 환자들과 그 부모들은 우리의 계획을 압도적으로 지지하고 있다는 사실을 잊지 말라고 상기시켜주었다. 만족을 느낀 부모들은 계속해서 친척과 친구들을 우리에게 보냈고, 언제쯤 되어야 의사와 치료사를 더 채용할 거냐고 묻기도 했다. 그들은 우리가 베이뷰에서 좋은 일을 하고 있음을 몸소 목격한 사람들이었다. 단호하고 공격적인 소수의 사람들은 계획위원회 공청회에서 반대의 목소리를 높이겠지만, 우리가 더 크고 더 좋은 시설의 문을 여는 모습을 보고 싶어 하는 사람들이 훨씬 많다는 사실도 나는 알고 있었다. 나는 반대에 격정하는 대신 그 힘을 활용하는 데 집중하기로 했다.

그 후 며칠 동안 나와 우리 팀은 환자 부모들을 비롯해 지역주민들과 이야기를 나눴다. 우리는 그들에게 이 프로젝트가 위태로운 상태에 놓였음을 알리며, 시청에서 열리는 공청회에 참석해달라고 말했다. 공청회가 열리는 날 사람들은 조를 짜서 함께 자동차를 타고 왔고, 우리는 이동 수단이 없는 지지자들을 데려오기 위해 승합차를 준비했다. 참석을 위해 하루 일을 쉬어야 하는 사람도 많았다. 그들이 내어준 시간과 노력에 대해 우리가 할 수 있는 최선은 서브웨이 샌드위치로 점심을 대접하는 것뿐이었다. 사람들이 도착하면 우리는 프로젝트에 대한 지지를 뜻하는 초록색 스티커를 나눠주었다. 공청회가 시작되었을 때 회의실은 꽉 찼고, 미처 입장하지 못한 사람들이 복도까지 늘어섰다. 계획위원회 위원들이 안건을 철저히 검토한 뒤 마침내 사람들에게 의견을 물었다. 몇몇 사람이 일어나 프로젝트에 반대하는 발언을 했다.

이제 우리 차례였다.

한 가족 한 가족 차례로 일어나 증언했다. 온갖 모양과 크기, 무지개의 모든 빛깔을 지닌 다양한 사람들이었다. 아이들을 데려온 사람들도 있었다. 모두 우리가 자신들의 가족을 위해 어떤 일을 했는지, 그 일이 자신들에게 어떤 의미였는지, 추가적인 서비스들이 얼마나 절실한지를 이야기했다. 한 사람씩 입을 열 때마다 내 몸의 긴장이 풀리고 가슴이 활짝 열렸다. 어느 순간 나는 우리 팀 사람들이 있는 쪽을 건너다보며 그저 고개만 저을 뿐이었다. 진료실이라는 사적인 공간에서 감사의 말을 듣는 것과 공개적인 곳에서 그렇게 절절한 감정이 실린 증언을 듣는 것은 전혀 다른 일이었다. 그 순간 우리의 일에 대한 나의 신념은 더더욱 깊어졌다. 여기 바로 내 앞에, 우리의 청사진이 있었다. 아동기의 부정적 경험이 남긴 유산으로 힘겹게 고군분투하는 사람들의 공동체가 소외와 폭력이라는 역사적 순환으로 더욱 강고해진 장해물들에 맞서서 아이들의 더 나은 삶을 위해 한데 모인 것이다. 이 가족들은 우리가 자기 아이들을 위해 매우 효과적이고 중요한 일을 하고 있다고 증언했다.

악순환은 끊을 수 있다. 아이들은 이제 길거리로 뛰쳐나가는 대신 학교에 남아 있었다. 부모들은 아이들과 단절하는 대신 대화 나누는 법을 배웠다. 내 앞에 있는 이 사람들은 아이들을 위한 웰니스 센터에서 자신들의 가족과 공동체가 집단적 치유 과정을 계속 이어나가길 원했다. 나는 아이들을 위한 웰니스 센터가 이미 성공을 위한 가장 중요한 요소를 갖추고 있음을 깨달았다. 그것은 바로 우리의 서비스 대상이기도 한 공동체의 신뢰와 지지였다.

모든 사람이 이야기를 마친 뒤 계획위원회는 아이들을 위한 웰니스 센터에 반대하는 사람은 일어서라고 말했다.

네 사람만이 외롭게 자리에서 일어났다.

이제 지지하는 사람들이 일어설 차례였다.

초록색 스티커를 붙인 사람들이 일제히, 커다란 파도처럼 일어났다. 환자들, 부모들, 직원들, 친구들과 가족들까지, 200명이 넘는 지지자로 이루어진 대가족이었다. 나는 북받치는 마음으로 우리 공동체 사람들이 서로를 보살피는 방식에 다시 한 번 놀라운 감동을 느꼈다. 그것이야말로 내부에서 바라보는 베이뷰의 모습이자 분위기이며, 정말이지 끝내주게 기분 좋은 순간이었다.

계획위원회가 만장일치로 우리에게 찬성표를 던졌을 때, 요란한 환호의 물결이 회의실을 휩쓸었다.

9   치유하기에 늦은 때란 결코 없다

대부분의 사람은 로버트 거스리Robert Guthrie라는 이름을 들어도 별다른 감흥이 없겠지만, 나에게 그 이름은 아주 특별하다. 내 마음속에서 거스리 박사는 JFK 주니어와 배우 이드리스 엘바Idris Elba와 나란히 높은 곳에 모셔져 있다. 또한 '살아 있는 사람이든 고인이든, 저녁을 가장 함께 먹고 싶은 사람의 이름'을 대는 게임에서도 그는 확실히 최종 후보 명단에 있다. 1961년에도 〈피플People〉이 있었는지 잘 모르겠지만, 어쨌든 신생아 선별검사를 개발한 일로 거스리 박사는 '살아 있는 가장 멋진 남자'를 발표하는 특별호 표지에 실렸어야 했다.

내가 그의 이름을 처음 들은 것은 의대생 시절 신생아 선별검사에 관해 배울 때였다. 신생아 선별검사는 의사들이 갑상샘기능저하증이나 겸상적혈구성 빈혈 등 생명을 위협하는 여러 질병을 식별하는 중요한 방법이다. 아기가 있는 사람이라면 아기가 태어난 지 24시간쯤 지났을 때 병원에서 아기의 발뒤꿈치를 찔러 피 한 방울을 채취한 일을 기억할 것이다. 바로 신생아 선별검사를 위해서다. 이 검사를 통해 의사들은 갑상샘기능저하증 같은 장애들을 증상이 나타나기 훨씬 전에 식별하고, 그 원인이 되는 문제들을 사전에 해결한다. 환자들의 건강을 훨씬 더 좋은 결과로 이끄는 이 검사는 현재 전 세계 거의 모든 나라의 표준 진료에 포함된다. 그러나 언제나 그랬던 것은 아니다.

예방의 힘

거스리 박사는 원래 암 연구자였지만, 아내 마거릿이 둘째 아이 존을 낳은 1947년에 삶이 완전히 달라졌다. 존이 태어난 지 얼마 지나지 않아, 당시 '정신지체'라고 불리던 심각한 지적장애가 있음을 알게 됐다. 거스리는 존을 여러 전문가에게 수없이 데려갔지만 아무도 존에게 장애가 생긴 원인을 알지 못했다. 이후 거스리는 정신장애를 예방하는 일에 헌신했고, 1957년에는 뉴욕주 지체 아동 협회New York State Association for Retarded Children 버팔로 지부장이 되었다.

이듬해에 아내 마거릿의 동생 메리 루 돌Mary Lou Doll이 딸을 출산하고 사랑하는 언니를 따라 아기의 이름을 마거릿이라고 지었다. 처음에 아기 마거릿은 미소와 옹알이를 모두 보여주는, 육아서에 나올 법한 행복하고 평범한 갓난아기였다. 그러나 시간이 지나면서 마거릿의 행동이 변하기 시작했다. 점점 조용해지고 반응이 없어지더니 7개월째부터는 발달 이정표에서 뒤처졌고, 고개를 툭 떨어뜨리는 이상한 버릇이 생겼다. 걱정이 된 메리 루 돌이 마거릿을 소아과의사에게 데려갔다. 의사는 마거릿의 '고개 떨어뜨리기'를 발작으로 진단하고 마거릿이 "좀 지체될 것"이라고 단언했다. 당시에도 페닐케톤뇨증phenylketonuria이라는 희귀한 유전 질환에 대한 검사법은 있지만 의사는 그 검사를 실시하지 않았다. 대신 뇌파검사를 추천하면서, "구체적인 결과가 나오기에는 아이가 아주 어리니" 서두를 필요는 없다고 덧붙였다.[1]

메리 루는 마거릿이 한 살이 되어서야 형부에게 딸 문제를 상의했다. 거스리는 마거릿을 미네소타대학교로 데려가 보라고 했고, 마침내 그곳에서 페닐케톤뇨증 검사와 진단을 받을 수 있었다. 페닐케톤뇨증은 특정 효소의 결핍으로 몸이 페닐알라닌을 대사하지 못해서 생기는 병이다. 페닐알라닌은 모유와 분유를 포함해 대부분의 단백질에 들어 있는 아미노산으로, 이것이 대사되지 않으면 시간이 지나며 부산물이 몸속에 쌓여 발달 중인 뇌와 신경계에 서서히 해를 입힌다. 아기 마거릿의 발작은 이 페닐알라닌의 유독한 부산물이 축적된 결과였다. 페닐케톤뇨증을 치료하는 방법이 있는데 여기에 반전이 있다. 그것은 한 번에 100만 달러씩 하는 비싼 약이나 몸에 이식하는 신기한 의학 장비 같은 것이 아니다. 페닐케톤뇨증이 신경 독성을 일으키지 못하게 하려면 페닐알라닌이 든 음식을 먹지 않으면 된다. 그게 다다. 다이어트 탄산음료 캔에 인쇄된 작은 글씨들을 읽어본 사람이라면 "이 제품은 페닐알라닌을 함유하고 있습니다"라는 말이 왜 있는지 궁금했을지도 모르겠다. 그 사실을 알리는 이유는 페닐케톤뇨증이 있는 사람들이 그들의 건강에 너무나 중요한 페닐알라닌 없는 식생활을 유지하도록 돕기 위해서다.

마거릿 돌은 생후 13개월부터 페닐알라닌 없는 식생활을 시작했고, 시간이 지나면서 몇 가지 발달 이정표들을 따라잡았다. 18개월이 되자 혼자 앉았고, 2살 반 때는 걷기 시작했지만, 지능지수가 25에 머물 만큼 심각한 지적장애에서는 벗어나지 못했다.[2]

아들과 조카의 가슴 아픈 상황을 겪으며 거스리는 사명을 갖게 되었다. 그는 페닐케톤뇨증을 충분히 일찍 발견하면 페닐알라닌 제한식으로 심각한 신경 손상을 예방할 수 있다고 생각했다. 당시에는 소변에서 유독성 페닐알라닌 부산물을 검사하는 '기저귀 테스트'로 페닐케톤뇨증을 진단했다. 이 방법은 정확하지만 민감도가 많이 떨어져 심각한 뇌 손상이 일어나기 전에는 유독성 부산물을 감지해내지 못했다.[3]

거스리는 혈중 페닐알라닌을 측정하는 더 나은 방법을 찾아내기로 작정하고 암을 연구할 때 쓰던 방법을 빌려와 피 몇 방울이면 가능한 검사법을 고안했다. 여과지에 혈액을 떨 어뜨린 다음 페닐알라닌이 있을 때만 자라는 박테리아 배양 용기에 그 여과지를 놓아두는 것이다. 박테리아가 자란다면, 페닐알라닌이 있으면 안 될 곳에 있다는 뜻이었다.

1960년에 거스리 검사를 최초로 시험한 곳 중에 뉴어크 주립 지체아 학교가 있었다. 검사는 이미 페닐케톤뇨증으로 진단받았던 모든 아이의 병례를 확인했을 뿐 아니라 놓치고 진단하지 못했던 네 아이의 병례까지 밝혀냈다. 얼마 후 거스 리는 버팔로 아동병원 근처에 연구소를 설립하고 2년에 걸쳐 29개 주의 신생아 40만 명 이상에게 페닐케톤뇨증 검사를 실 시했다.[4] 이 새로운 검사법으로 신생아 서른아홉 명이 페닐케 톤뇨증으로 밝혀졌고, 뇌 손상을 예방할 만큼 충분히 이른 시 기에 치료를 시작했다. 게다가 이 검사가 페닐케톤뇨증을 잡 아내지 못한 사례는 단 한 건도 없었다.

거스리는 검사법을 개발한 후 수 년 간, 모든 신생아에게 퇴원 전 페닐케톤뇨증 선별검사를 실시해야 한다고 목소리를 높였다. 그리고 뜻을 같이하는 단체들과 힘을 모아 이 검사를 법으로 의무화해야 한다고 주장했다. 그의 노력은 성공을 거 두었고, 결국 신생아 선별검사는 그보다 더욱 확대되어 장기적인 신경 손상을 초래할 수 있는 스물아홉 가지 이상의 질환을 식별해내고 있다. 거스리 검사는 70여 개국에서 사용되면서 수많은 아이가 타고난 잠재력에 도달하도록 돕는 일을 담당했다. 이런 일을 하고도 '세상에서 가장 멋진 남자'로 꼽히지 못한다면 대체 어떤 일을 해야 그럴 수 있는지 나는 솔직히 모르겠다.

거스리의 진정한 유산은 보편적 선별검사 선례를 만든 것이다. '보편적 선별검사'는 내가 우리 환자들의 차트에서 ACE 지수를 볼 때마다 떠올리는 것이기도 하다. 페닐케톤뇨증이 있는 아기들이 유전질환의 외적인 징후를 갖고 태어나는 것이 아니듯, 우리 진료소에 오는 아이들도 '나는 유독성 스트레스에 시달리고 있어요'라고 쓰인 명찰을 달고 오지 않는다. 바로 그렇기 때문에 그냥 선별검사가 아닌 **보편적** 선별검사여야 한다. 나는 거스리가 세상에 알린 교훈을 늘 상기한다. 예방할 수 있는 간단한 방법이 있는데도 아이들이 신경 손상 증상이 생긴 뒤 찾아올 때까지 기다려서는 안 된다.

도무지 체중이 늘지 않는 아이

아이들을 위한 웰니스 센터를 열고 3년이 지났을 즈음, 새 환자 한 명이 거스리의 교훈을 다시 한 번 절절히 새기게 했다. 30개월이 된 라일라는 금발에 명랑하고 조숙한 아이였다. 2015년 어느 가을, 나는 동료들과 회의실 테이블에서 차를 마시며 라일라의 차트를 검토하고 있었다. 아이들을 위한 웰니스 센터에서는 한 주에 한 번씩 다학제 순회를 실시한다. 이는 베이뷰 진료소에서 채택한 진료 방식으로, 유독성 스트레스의 위험이 높다고 판별된 환자들의 치료 계획을 논의하는 것도 이때 이루어진다.

베이뷰 진료소 초창기에 나는 일의 양(도 말도 안 되게 엄청났지만)뿐 아니라, 환자들과 가족들이 처해 있는 암울한 상황에도 종종 압도되었다. 내가 받은 훈련은 천식과 감염을 치료하는 일이었지만, 환자들에게는 흡입기와 항생제 처방을 훨씬 넘어서는 무언가가 필요했다. 때로는 주거가 필요했고, 때로는 학대하는 부모로부터의 보호가, 심지어 기본적인 세면도구가 필요한 경우도 있었다. 어느 날은 환자 아빠에게서 집에 도둑이 들었다는 말을 들었다. 도둑이 심지어 화장실에 걸려 있던 휴지까지 빼 갔다고 했다. (누군가 화장실 휴지까지 쓸어 갔다면 그 집은 완전히 털렸다는 뜻이다.) 아이 아빠는 다시는 도둑을 맞지 않겠다고 판자로 창문을 모두 막아버렸다. 그러고 얼마 지나지 않아 아이 셋이 모두 같은 날 심한 천식으로 진료소를 찾아왔고, 아이 아빠는 정말 진지하게 이렇게 물었다. "의사 선생, 창문을 판자로 다 막고 집에서 메스*를 피우

---

* 메스암페타민. 중추신경을 흥분시키는 마약으로 우리나라에서는 '필로폰'이라는 상품명으로 더 잘 알려져 있다.

면 아이들 폐에 해롭다고 생각하쇼?"

같은 주에 만성 두통을 호소하는 일곱 살 환자가 진료소에 왔다. 삼촌 집에서 지내다가 막 놓여난 이 아이는 단칸방인 그 집에서 삼촌이 자신의 딸이자 아이의 사촌언니인 열다섯 살 소녀를 성폭행하는 광경을 말 그대로 지켜봐야 했다.

당시 나는 노트에 기록했던 내용을 구술해 테이프에 녹음했는데, 지금 그 녹음을 다시 들어도 내 심장은 그때의 감정을 정확히 기억해내며 나의 어린 환자들에 대한 비통함으로 또다시 미어진다. 진료실을 나와 사무실 문을 닫고 책상에 고개를 박은 채 그냥 울어버린 날들도 있다. 그랬던 건 나만이 아니었다. 점심시간이나 일과 후에 나는 클라크 박사나 사회복지사 신시아 윌리엄스Cynthia Williams를 붙잡고 환자들의 이야기를 들려주었다. 터질 것 같은 울분을 토해내기 위해서이기도 했지만, 서로 이야기를 나누는 것이 도움이 되기 때문이기도 했다. 우리는 머리를 맞대고 이들을 도울 방법을 강구했다. 그들을 돕는 건 우리를 위한 일이기도 했다.

그러다 문득 나는 우리가 진료소에서 나누는 그런 대화가 스탠퍼드대학교의 종양 병동에서 배웠던 다학제 순회라는 업무 방식의 비공식 버전이라는 사실을 깨달았다. 짐작하겠지만 소아 종양 병동에는 상당히 많은 요소를 살펴야 하는 환자들이 있다. 매주 종양학과 의사와 사회복지사, 심리치료사, (아이들이 고통스러운 치료 과정을 헤쳐나가도록 돕는) 병원 아동생활 전문가, 신장 전문의를 비롯해 특정 환자에게 필요한 모든 전문가로 구성된 그룹이 매주 모임을 갖는다.

이는 분야를 나누어 각자 맡은 일을 처리하는 방식의 완벽한 예였다. 암에 걸린 아이를 보살핀다는 것은 너무나도 까다롭고 복잡한 일이며, 의사든 다른 누구든 단 한 사람이 그모든 필요를 적절히 채워줄 수 없는 것은 **당연한** 일이다. 베이뷰 진료소에 오는 환자들의 경우, 필요한 치료가 복잡하다는 측면에서 소아 종양 병동의 환자들과 그리 많이 다르지 않다는 생각이 들었다. 그래서 윌리엄스와 클라크 박사와 나는 휴게실에서 우는소리를 늘어놓거나 푸념하는 대신, 매주 만나 차트 더미를 쌓아놓고 치료법을 검토하기 시작했고, 스탠퍼드 스타일로 그 과정을 '다학제 순회'라고 불렀다.

다학제 순회를 시작하자마자 우리는 이 관행이 커다란 변화를 만들어내는 것을 느낄 수 있었다. 그 덕에 나는 에너지들을 여러 곳에 분산하거나 혼자 여러 역할을 수행할 필요 없이 내 소임을 더 잘해낼 수 있게 되었다. 진료를 하다가 환자들의 집안에서 벌어지는 어려운 상황들이 아이의 건강에까지 영향을 미치고 있음을 알게 되었을 때 그 문제를 누군가에게 믿고 맡길 수 있다는 사실에 마음이 놓였다. 내가 사회복지사가 되거나 심리치료사가 될 필요는 없었다. 윌리엄스와 클라크 박사에게 일을 넘기고 내가 진료실에서 하는 일과 그들의 일이 서로 잘 어우러지게 하면 됐다. 그 결과 나는 진료에 집중할 수 있어서 환자들에게 더 나은 의사가 되었고, 아이들의 다른 필요들은 그 문제의 전문가들이 맡아서 처리했다.

당시 우리는 알지 못했지만 그런 접근법은 나중에 '팀 기반 환자 관리'라고 알려진 최선의 업무 방식이었다. 환자들이 떠안은 삶 자체의 복잡한 문제들이 덜어진 것은 아니지만, 그래도 이 새 모델은 그들의 빠른 치유에 도움이 되었을 뿐 아니라 덤으로 직원의(특히 나의) 사기를 높이는 효과도 있었다. 이 방식이 효과적이었기 때문에 아이들을 위한 웰니스 센터를 열었을 때 우리는 팀 기반 접근 방식을 유지하는 것을 중요 우선 과제로 삼았다.

몇 년 뒤 아이들을 위한 웰니스 센터에서 사회복지사 두 명, 정신과 의사와 임상심리학자, 임상 간호사 각 한 명, 그리고 다양한 담당 분야를 총괄해 서로 연계된 환자 치료 계획의 그물망을 관리하는 웰니스 코디네이터 두 명이 한 자리에 둘러앉은 모습을 보면서, 내 안에서 자부심과 자신감이 차오르는 것을 느꼈다. 그때 나는 수개월간 보아온 아이들 중 가장 예상 밖의 인물로 드러난 한 환자에 관한 정보를 알리려는 참이었고, 우리가 힘을 모으면 충분히 그 아이를 도울 수 있음을 확신했다.

라일라가 처음 진료실에 온 것은 남동생 잭의 진료에 따라왔을 때였다. 잭은 중이염과 심한 감기로 응급실에 갔다가 후속 진료를 위해 내게 왔다. 생후 9개월인 잭은 벌써 세 번째 중이염에 걸렸고, 폐렴도 이미 두 번이나 앓았다. 아이의 부모는 이번 감기는 절대 폐렴으로 번지지 않기를 바랐다. 라일라는 내 아들 킹스턴과 동갑이었다(그렇다, 이 모든 일을 치르는 와중에도 나는 남편을 만났고 아기를 낳았다). 나는 라일라가 진료실 안을 날쌔게 돌아다니는 모습을 보면서, 또 매일 아침 내가 옷을 입혀줄 때마다 킹스턴이 그러듯 조숙한 질문들을 던지는 걸 보면서 웃음을 터뜨렸다.

라일라의 가족은 오하이오에서 베이 에어리어로 이사온 지 얼마 안 된 터라, 나는 잭의 귀를 검사하고(괜찮았다) 폐 소리를 들어본(깨끗했다) 다음 라일라와 잭 둘 다 신체검사를 받도록 일정을 잡았다. 정말이지 너무도 사랑스러운 가족이었다. 그동안 일을 하며 아름다운 가족을 많이 보았지만, 이들은 그중에서도 유난히 두드러졌다. 젊은 부부 몰리와 라이언은 아이들을 정말 애지중지하며 잘 보살폈고, 가족 모두가 아주 단단히 결속되어 있는 것 같았다. 검진을 하는 동안 잭이 기저귀에 변을 보자(내 직업상 종종 처하는 상황이다) 라이언이 곧바로 뛰어와 사과의 말을 잔뜩 쏟아내며 기저귀를 갈았다. 엄마, 아빠 모두 소매를 걷고 아이들을 챙기는 모습이 정말 사랑스러웠다.

2주 후, 두 아이의 신체검사가 포함된 일정표를 보자마자 그 아이들을 다시 만날 기대에 절로 미소가 떠올랐다. 진료실에 들어가 모든 일반 검사 결과와 병력 기록을 살펴보았다. 다행히 잭에게는 새로운 증상이 없었는데, 몰리의 유일한 걱정이 라일라의 성장이라는 언급이 눈에 띄었다. 라이언은 이번에 함께 오지 못했기 때문에 딸의 지난 이야기를 설명하는 것은 몰리의 몫이었다.

몰리의 말을 들어보니 태어났을 때 라일라의 신장과 체중은 25백분위수(100명 중 25번째)에 해당했고, 이후 6개월 정도에 걸쳐 3백분위수(100명 중 3번째)까지 떨어져 계속 거기 머물러 있다고 했다. 전에 진료한 소아과의사가 그들에게 식생활을 조언하고 아이들의 영양 보충제 '페디어슈어PediaSure'도 추천했는데, 아무 효과가 없다고 했다. 몰리는 라일라가 왜 그렇게 작은지 이해할 수 없었다. 그녀와 라이언 모두 신장이 평균에 속했고, 라일라도 별다른 만성적 건강 문제를 겪은 적이 없었다. 몰리와 함께 앉아서 병력 기록을 다 살펴본 다음 종이를 넘겨 ACE 지수를 본 나는 너무 놀라 다시 들여다보고 싶은 마음을 간신히 억눌렀다.

엄마가 지시 사항을 잘못 이해한 건가? 아이들 ACE 지수가 아니라 자기 ACE 지수를 쓴 거 아냐? 문서에 따르면 라일라의 ACE 지수는 7점이었고 9개월짜리 동생 잭의 ACE 지수는 5점이었다.

나는 몰리가 실수를 깨닫기를 바라며 늘 덧붙이는 설명

을 늘어놓았다. "새로운 연구 결과에 따르면 스트레스가 심하거나 트라우마 사건에 노출된 아이들은 천식이나 학습 장애 등 건강과 발달 측면에서 해를 입을 가능성이 크다고 해요. 그래서 우리 진료소에서는 현재 모든 환자에게 ACE 검사를 실시하고 있고요. 이제 내가 이 열 가지 항목을 다시 짚어볼 테니 당신은 아이들이 무엇을 경험했는지는 말할 필요 없이 몇 가지를 경험했는지만 말하면 돼요. 잠시 당신의 답변을 다시 검토해보고 싶어요." 몰리는 내가 말하는 내내 계속 고개를 끄덕였다.

"선생님이 말씀하시는 거, 전적으로 믿어요." 그녀가 말했다.

"전에도 아동기의 부정적 경험에 대해 들어본 적이 있다는 건가요?" 다소 의아해진 내가 물었다.

"아니요. 하지만 그 종이에 적힌 걸 읽었을 때 완전히 이해가 되더라고요."

몰리는 아이들의 ACE 지수가 정말로 7점과 5점이라고 확인해주었다.

그러니까 잘못 기입한 게 아니란 말이네.

사실을 확인하고 보니 큰 충격이 밀려왔다. 상당히 어린 아이들을 포함해 ACE 지수가 높은 환자들을 만나는 일이 일상이었지만, 그럼에도 언제나 힘겹다. 게다가 라일라의 행동은 내 아들과 상당히 비슷했고 그래서 전혀 예상하지 못했던 높은 ACE 지수는 더욱 충격이었다. 내 안의 의사는 라일라의 건강과 관련한 중요한 통찰을 얻은 것에 감사해했지만, 한 사람의 엄마로서는 가슴이 무너지는 듯했다. 두 팔로 라일라를 꼭 끌어안고 다 괜찮아질 거라고 말해주고 싶었다. 킹스턴에게 난 작은 상처에 입을 맞춰 아픔을 달래주었던 것처럼 라일라의 일곱 가지 부정적인 경험도 순식간에 사라지게 만들고 싶었다. 하지만 그럴 수 없었다. 그리고 그건 내 역할도 아니었다. 내가 할 수 있는 일은 라일라가 겪은 부정적 경험들이 남은 삶 동안 그 아이의 생물학적 체계 안에 새겨지지 않도록 확실히 방어하는 것이었다.

라일라의 ACE 지수를 보면 다른 아이들에 비해 성인이 되었을 때 여러 가지 건강 문제가 생길 위험이 훨씬 크다는 걸 알 수 있었다. 그리고 이 정보는 매일 이어지는 진료의 방향을 어떻게 잡아야 할지 고민거리를 던져주었다. 펠리티와 안다가 관찰한 것은 성인의 건강에 나타난 결과들이고, 앞으로 몇 십 년 동안은 라일라에게 그런 성인병들이 발생할 가능성은 별로 크지 않다. 다행히 아이들을 위한 웰니스 센터의 연구 팀이 그 답의 공백을 채워나가는 일에서 큰 진전을 이뤄가고 있었다.

우리 팀은 아동기의 부정적 경험이 **아이들**의 건강에 미치는 영향을 연구한 논문을 1만 6000편 이상 검토했다. 우리가 알아낸 사실은 아동기의 부정적 경험이 유아기처럼 아주 이른 시기에도 겉으로 드러나는 다양한 질환 및 상태와 연관된다는 것이다. 아기들에게 부정적 경험은 성장 지연, 인지 지연, 수면 교란으로 이어진다.[5] 취학 연령 어린이들의 경우 천식 발병률이 높고, (알부테롤 같은) 천식 구급약에 잘 반응하지 않으며, (바이러스 감염, 중이염, 폐렴 같은) 감염 질환 발병률도 훨씬 높을 뿐 아니라 학습 장애와 행동 문제가 더 많이 나타난다. 한편 청소년들에게서는 비만, 괴롭힘, 폭력, 흡연, 임신과 출산, 이른 성행위 같은 위험한 행동의 비율이 더 높게 나타난다.[6]

나는 라일라의 건강에 일어나고 있으리라 짐작되는 바를 몰리에게 차근차근 설명했다.

"내 생각에는 라일라가 경험했던 것들 때문에 라일라의 몸이 필요 이상으로 많은 스트레스호르몬을 만들고 있고, 그게 아이의 성장에 영향을 미치고 있는 것 같아요."

몰리는 이 말을 직관적으로 이해했다.

"네. 저번 소아과 선생님하고도 라일라의 체중 문제를 관리했어요. 아이 아빠가 종종 집을 비우는데, 남편이 없을 때면 라일라의 체중이 조금 느는 것 같다가 돌아오면 다시 줄어요. 집에서 확실히 심한 스트레스를 받는 것 같아요."

"세상에, 그 선생님한테도 그 얘기를 했었나요?"

"아니요." 몰리가 대답했다. "그 선생님은 그런 질문은 전혀 안 했어요."

ACE 지수만 아니라면 라일라와 잭이 그렇게 많은 건강과 발달 문제를 겪을 고위험군에 속하리라고는 아무도 짐작하지 못할 것이다. 유치원에 들어가 행동 문제를 일으키기 시작한다면 아마도 우려 섞인 주목을 받겠지만, 그런 경우에도 ADHD 진단과 약물 처방이라는 수순으로 이어질 가능성이 크다. 만약 그 아이들이 어떤 행동 증상도 보이지 않는다면, 천식이나 자가면역질환 또는 유독성 스트레스로 인한 심각한 면역상의 문제들이 생기더라도 병의 **근원에 있는** 문제는 끝까지 발견되지도, 치료되지도 못한 채 넘어갈 가능성이 매우 크다. 거스리는 환자의 건강 결과에서 확연한 차이를 만들어내는 유일한 방법은 누구에게나 보편적으로 선별검사를 실시하는 것뿐임을 보여주었다. 그게 아니라면 오로지 우연에 의지할 수밖에 없기 때문이다. 말하자면 라일라의 증상들이 의사에게서 더 많은 질문을 끌어낼 만큼 나빠질 우연, 또는 그 의사가 ACE 연구를 알고 있어서 처음부터 아동기의 부정적 경험에 관한 질문을 던져볼 우연 말이다. 반드시 던져야 할 질문들이 던져질 때까지, 적합한 검사들을 실시할 때까지 기다리는 동안 얼마나 많은 손상이 일어날까? 거스리는 그걸 알고 있었고, 그의 처제도 알고 있었다. 그들은 페닐케톤뇨증 검사를 모든 아기에게 실시하지 않고 초기 개입의 기회를 놓쳤을 때 어떤 일이 일어나는지 직접 목격했다. 그것이 바로 간단한 선별검사가 대대적인 치료보다 더 나은 이유다.

결정적 시기에 주목하라

페닐케톤뇨증의 경우, 성공적인 치료를 위해 이른 개입이 필요하다는 것이 분명하게 밝혀졌다. 그렇다면 아동기의 부정적 경험과 유독성 스트레스의 경우는 어떨까? 사실상 이역시 페닐케톤뇨증 못지않게 명백하다. 신경계·내분비계·면역계의 발달에 관한 모든 과학이 우리에게 말해주는 한 가지가 있다. 더 일찍 개입할수록 더 (그러니까 훨씬, 훨씬, 휘얼씬 더) 좋다는 사실이다. 비교적 큰 아이들이나 성인들이 혜택을 얻을 수 없다는 말은 아니지만(이에 대해서는 뒤에서 더 얘기하자), 늦게 시작할수록 치료 강도를 더 높여야 하고 비용이 더 많이 들며 효과도 더 작을 가능성이 있다. 그 이유는 간단하다. 일찍 시작할수록 사용 가능한 도구가 더 많기 때문이다.

지난 몇 십 년 동안의 신경과학 연구 결과로 생애 초기의 부정적 경험이 아이들의 발달에 지대한 영향을 미치는 이유가 해명되었다. 태아기와 아동기 초기는 발달에 '결정적 시기이자 예민한 시기'로 특별한 기회의 시기이기도 하다. **결정적 시기**란 발달단계 중 특정 경험의 유무에 따라 돌이킬 수 없는 변화가 일어나는 때를 말한다.[7] 결정적 시기에 관해 우리가 알고 있는 상당 부분은 쌍안시(깊이를 감지할 수 있고 양쪽 눈에서 들어온 입력으로 3차원 이미지를 만들 수 있는 능력)에 관한 연구에서 나왔다. 아기가 사시나 약시처럼 눈이 오정렬된 상태로 태어나면, 일관된 3차원 이미지를 만드는 뇌의 기능에 문제가 생기며 깊이 지각이 손상된다. 7세나 8세까지 그러한 오정렬 문제를 발견해 교정하면 정상적인 쌍안시가 발달할 수 있지만, 8세 이후에는 그러한 기회의 창문이 닫혀버려 정상적인 3차원 시각은 영원히 사라진다. (적어도 얼마 전까지는 그렇게 생각했다. 쌍안시가 발달할 수 있는 시기가 예전에 믿었던 것보다 더 길 수도 있음을 암시하는 새로운 데이터가 나왔기 때문이다. 닫혔다고 생각했던 그 가능성의 창이 다시 열릴 경우를 대비해 학습에 중점을 둔 흥미로운 연구도 진행 중이다.) 뇌의 시각 피질에서 결정적 시기를 발견한 이후로 과학자들은 다른 많은 뇌 회로에도 결정적 시기가 있음을 발견했다.

예민한 시기란 환경 속 자극에 대한 뇌 반응성이 유난히 높은 때를 말하는데, 결정적 시기와는 달리 그 시기가 끝난 시점에도 가능성의 창은 완전히 닫히지 않으며, 단지 그 틈이 더 좁아질 뿐이다. 예민한 시기를 보여주는 신경 회로의 좋은 예로 언어 발달을 들 수 있다. 어른일 때보다 아이일 때 새로운 언어를 배우기가 훨씬 쉽다는 것은 누구나 안다. 내 유럽인 친구들 몇몇의 아이들은 영어와 프랑스어, 독일어, 스페인어까지 4개 국어를 유창하게, 그것도 완벽한 억양으로 말한다. 반면 수년 동안 언어 학습 프로그램에 수백 달러를 들였음에도 내 불어는 여전히 형편없다.

결정적 시기와 예민한 시기는 신경가소성, 즉 뇌가 자극에 반응해 스스로 재배선하는, 다시 말해 재조직하는 능력이 최고조인 시기들이다. 이러한 뉴런과 시냅스의 성장과 변화는 부상, 운동, 호르몬, 감정, 학습, 심지어 생각에 반응해서도 일어날 수 있다. 뇌는 우리가 경험하는 것에 반응해 항상 변화하며, 대체로 이는 아주 좋은 일이다.

신경가소성에는 세포가소성과 시냅스가소성이라는 두 가지 유형이 있다. **시냅스가소성**은 하나의 신경세포와 다음 신경세포 사이의 연결 지점(시냅스)들 전체에 걸친 연결 **강도**의 변화다. 이를테면 속삭이던 목소리를 함성을 지르는 목소리로 바꾸는 것과 비슷하다. 반면 **세포가소성**은 서로 대화를 나누는 뇌세포 **수**가 변하는 것으로, 한 사람이 함성을 지르는 것과 주경기장을 가득 메운 관중이 함성을 지르는 것의 차이라고 생각할 수 있다. 시냅스가소성은 평생 지속되지만(늙은 개가 새로운 기술을 습득하는 것처럼), 세포가소성은 삶의 첫 몇 년 동안 가장 빠른 속도로 활동한다. 아이가 여섯 살이 될 즈음 세포가소성의 90퍼센트 정도가 활동하고, 나머지는 스물다섯 살 정도까지 길게 이어지며 활동한다.

뇌 발달이 이루어지는 방식은 정원사의 전정에 따라 미키 마우스나 거대한 공룡 모양으로 자라는 기묘한 장식 관목들과 비슷하다(잠시만 내 이런 이야기를 따라와 주시길). 분명 그 나무들은 저절로 그렇게 자란 게 아니라 가지치기를 해줘서 자란 것이다. 아기들은 과도하게 많은 뇌세포를 갖고 태어나며 뇌 역시 가지치기 과정을 거친다. 우리가 사용**하지 않는** 뇌 회로의 뇌세포들은 가지치기로 잘려 나가고 사용**하는** 뇌 회로의 뇌세포들은 성장하고 강해진다. 어떤 뇌 경로를 활성화하고 오랜 기간에 걸쳐 계속 강화할지를 결정하는 것은, 긍정적인 경험이건 해로운 경험이건 우리가 하는 경험들이다. 그런 의미에서 삶의 초기 경험들은, 말 그대로 뇌를 형성한다.

우리는 삶의 초기에 겪는 역경이 경계, 충동 조절의 어려움, 공포의 증가, 집행 기능의 방해와 연관되는 뇌 경로들을 활성화한다는 것을 알고 있다. 그러나 유독성 스트레스의 위험이 높은 아이들을 더 일찍 식별해낸다면, 적절한 시기를 놓치지 않고 개입함으로써 높은 시냅스가소성과 세포가소성 모두를 유리하게 활용할 수 있다. 뇌를 재배선하는 가장 효과적인 방법은 스트레스 반응 조절 장애를 예방하고 (자녀-부모 심리치료와 같은) 스트레스 반응의 완충 효과가 있는 활동을 지원하는 등의 방법으로 조기에 개입하는 것이다. 그로써 뇌는 새롭고 건강한 방식으로 자랄 가장 큰 기회를 얻는다.

그렇다면 우리 '늙은 개'들은 어떨까? 새로운 기술을 배우는 일과 관련해서는 좋은 소식이 있다. 청소년기와 임신 기간, 그리고 갓 부모가 된 시기에 일어나는 호르몬 변화가 또 하나의 예민한 시기를 불러와 다시 한 번 신경가소성에 가능성의 창문을 열어준다는 점이다.[8] 남자아이들의 테스토스테론과 여자아이들의 에스트로겐과 프로게스테론은 성호르몬으로 여드름과 체모, 가슴 발달, 월경주기처럼 청소년기와 연관된 온갖 당혹스러움의 원인으로 작용한다. 또 하나 중요한 호르몬으로 옥시토신이 있는데, 이는 강력한 유대감의 호르몬으로 출산할 때와 출산 직후 일정 시기에 엄마에게서 다량 분비된다. 모두 시냅스가소성을 높여 학습하고 환경에 적응하는 능력을 생화학적으로 향상시키는 호르몬들이다.[9] 이 호르몬들이 다량으로 분비되는 시기는 경험이 '뇌 회로에 새겨질' 가능성이 훨씬 높아지는 때로, 치료를 위한 특별한 기회를 제공한다.

좋은 소식 한 가지 더. 우리 스스로 시냅스가소성을 높일 수 있다. 수면과 운동, 영양, 명상은 모두 시냅스가소성을 높이는 과정을 촉진한다. 물론 성인들은 좀 더 많이 인내하고 꾸준히 연습해야 한다. 성인은 어린아이에 비해 변화가 그리 급격하거나 빠르게 일어나지 않기 때문이다. 더 일찍 시작할수록 사용할 수 있는 도구가 많다. 어린아이는 역경에 가장 취약하지만, 동시에 개입이 일찍 시작될 경우 치유 역량도 가장 크다. 그리고 치유를 위해 생물학을 유리하게 활용하는 일에 결코 늦은 때란 없다는 것을 우리는 알고 있다.

한 걸음 더 나아간 ACE 진단법

거스리 박사는 혈중 페닐알라닌을 간단하게 검사하는 방법을 사흘 만에 개발한 것으로 유명하다. 안타깝게도 우리 진료소에서는 빠르고 쉽게 ACE 선별검사를 실시할 프로토콜을 만드는 일이 결코 빠르고 쉽게 이루어지지 않았다. 2008년부터 2015년까지 이런저런 방법들을 시도했다. 처음에는 단순히 환자에게 아동기의 부정적 경험과 관련한 내용을 질문하고, 그렇게 얻은 정보를 차트에 기록하는 것으로 시작했다. 이 방법의 문제는 시간이 오래 걸리며 때로는 질문을 던지는 의사가 심각한 감정의 롤러코스터를 타야 한다는 점이다. 대부분의 1차 진료 임상의들은 사려 깊게 이 과정을 헤쳐 나갈 시간이 없을뿐더러 그런 교육을 받지도 못했다. 환자 치료에 도움이 되기는 하지만 이상적인 방법은 아니었던 셈이다. 우리의 작은 진료소를 넘어 다른 의사들도 모두 사용할 수 있는 방식으로 만들기 위해서는 몇 가지 조정이 필요했다.

아이들을 위한 웰니스 센터의 유리한 점은, 이곳이 베이뷰 진료소에서 거둔 성공을 토대로 시작되었다는 것이다. 우리는 선별검사라는 측면에서는 바른 궤도에 올라서 있었고, 아이들을 위한 웰니스 센터가 자원들을 갖추게 되자 임상 팀과 연구 팀은 모든 의사가 사용할 수 있는 선별검사 도구를 만들기 위해 머리를 맞대고 노력했다. 그 도구는 사용하기에 간단하며 증거를 기반으로 한 것이어야 했다.

몇 년 뒤로 휙 넘어가자면(그사이 흘린 땀과 눈물에 대해서야 말할 필요도 없지만, 다행히 피는 흘리지 않았다), 라일라의 엄마가 작성한 선별검사 도구는 내가 초창기 환자들에게 사용했던 것과는 많이 다르다. 우선 내가 진료실에 들어가기에 앞서 부모 중 한 사람이 종이(또는 태블릿 컴퓨터)에 기입하는 방식으로 진행되었다. 그리고 둘째 차이점, 이것이 진짜 혁신이었다. 새로운 선별검사 도구에서는 열 가지 ACE 항목을 제시한 뒤 부모들에게 그중 어떤 것을 자기 아이가 경험했는지는 말하지 **말고** 몇 가지를 경험했는지만 밝히도록 구체적으로 요청한다. 보호자는 페이지의 맨 밑에 그 수를 기입하는데, 그것이 바로 ACE 지수다. 이는 아동기의 부정적 경험이 구체적으로 무엇인지 식별하지 않기 때문에 '비식별' 선별검사라고 부르며, 두 가지 가장 큰 난제를 해결하는 데 매우 큰 도움이 되었다. 그 하나는 시간(전에는 확실한 선별검사 분석에 아주 긴 시간이 걸렸다)이고, 다른 하나는 우리가 묻는 정보의 민감함이다. 펠리티 박사와 내가 직접 경험했듯이, 과거의 학대나 방임에 관한 이야기는 환자들보다 의사들이 더 꺼내기 주저하는 주제다. 환자가 불편해할까 봐, 진실을 말하지 않을까 봐, 더 나쁘게는 진실을 말하지만 그로 인한 감정의 분출 때문에, 또는 아동보호 서비스에 신고서를 제출해야 하는 상황 때문에 진료 과정이 중단될까 봐 걱정하는 것이다. 비식별 검사 도구는 이 모든 걱정을 원천적으로 제거한다.

아이들을 위한 웰니스 센터의 ACE 설문지가 해낸 또 하나의 중요한 일은, 펠리티와 안다가 개발한 전통적인 ACE 범주를 넘어서서 유독성 스트레스를 유발하는 다른 추가 위험 요인들에 대해서도 질문한다는 점이다. 이 요인들은 아동기의 부정적 경험이라고 부르지 않는다. 그것은 ACE 연구가 밝힌 요인들도 아니고, 이 요인들로 인한 질병 발생 위험률을 확인해줄 대규모 인구 데이터도 없기 때문이다. 그러나 우리는 베이뷰에서의 경험을 통해 환자들이 스트레스 반응 체계를 반복적으로 활성화시키는 또 다른 부정적 경험에도 직면하고 있음을 알고 있었다. 우리 연구 팀은 베이뷰 지역사회와 적극적으로 접촉해 아이와 어른 모두가 일상생활에서 느끼는 가장 큰 스트레스 요인이 무엇인지 알아냈다. 여기서 얻은 통찰을 적용하고 우리가 보기에 유독성 스트레스의 위험성을 높인다고 여겨지는 다른 요인들도 추가해 선별검사 도구를 수정했다.

- 지역 내 폭력
- 거주지 없음
- 차별
- 위탁 양육
- 괴롭힘
- 반복적 의료 시술 또는 목숨을 위협하는 질병
- 양육자의 사망
- 국외 추방 또는 이송으로 인한 양육자의 상실

10대들을 대상으로 한 선별검사에는 다음 사항들도 포함시켰다.

- 연애 상대의 언어 또는 신체 폭력
- 소년원 투옥

우리는 과학 문헌에서 발견한 여러 내용들을 적용할 수 있도록 이 보충 범주들의 점수는 ACE 지수와 별도로 작성한다. 펠리티와 안다가 뽑은 범주를 기준으로, ACE 지수가 4점 이상인 환자의 경우 심장병이 생길 가능성이 2배, 우울증에 걸릴 가능성은 4.5배다. 이제 연구자들이 보충 범주들에 대해서도 대규모 검토를 시작하는 단계이지만, 예비 데이터에 의하면 가정 단위의 스트레스 요인들(전통적인 ACE들)이 지역 단위의 스트레스 요인들보다 건강에 더 큰 영향을 미치는 것으로 추정된다.[10] 이는 나를 포함해 이 분야의 많은 사람에게 놀라움을 안겼지만, 한편으로 만약 어떤 아이가 스트레스가 지역적으로 심각한 환경에서 자라더라도 이를 잘 보듬는 건강한 양육자가 있다면 유독성 스트레스 범위가 아니라 견딜 만한 스트레스 범위에 머물 가능성이 훨씬 크다는 뜻이기도 하다.

라일라의 선별검사 결과를 검토할 때 내가 확인할 수 있었던 건 라일라의 지수가 '7+0'이라는 사실이었다(7은 전통적인 ACE 지수, 0은 우리의 보충 범주 지수다). 이는 내가 이제 무슨 일을 해야 할지 판단하기에 충분한 정보였다. 몰리는 원치 않는 한 자기 가족 안에서 일어난 일에 관해 자세히 밝힐 필요가 없다. 실제로 그녀는 그리 많이 밝히지 않았다. 단지 라이언이 중독 재활 센터에서 어느 정도 시간을 보냈고, 라이언 본인 역시 아동기에 부정적인 경험을 했다는 점을 언급했을 뿐이다. 물론 라일라의 ACE 지수를 보는 순간 내 마음 한구석에서는 배경의 모든 이야기를 알고 싶다는 생각이 일었다. 더러워진 기저귀를 바꿔주려고 흔쾌히 달려들던 그 아빠가 어떤 식으로 아이들에게 해를 끼치는 건지 궁금했다. 아이들의 엄마에 관해서도, 몰리의 이야기가 무엇인지도 알고 싶었다. 그러나 내 소임을 잘 해내려면 그 모든 것을 다 파헤칠 수는 없었다. 그날 오후 나를 기다리고 있던 열두 명의 다른 아이들이 ACE 검사를 받으려면 이후의 일은 우리 팀에게 믿고 맡겨야 했다. 비식별 선별검사를 통해 나는 라일라가 잘 자라지 못하는 것이 유독성 스트레스 때문이리라는 점을 짐작할 수 있었다. 내가 해야 할 일은 라일라가 제대로 된 보살핌을 받도록 하는 것뿐이었고, 그것도 매일 밤 자정까지 진료소에 남아 있지 않으면서도 다른 모든 아이에게도 믿음직하게 그 일을 해줄 수 있을 만큼, 충분히 빠르고 쉽게 처리해야 했다.

황달검사가 필수항목이 된 이유

내가 라일라의 사례를 다학제 순회 회의에 가져간 것은 그 때문이었다. 우선 자녀-부모 심리치료를 시작하는 게 좋을 것 같았다. 몰리는 최근 알리시아 리버먼 밑으로 들어온 박사 후 연구원인 애덤 모스Adam Moss 박사와 함께 딸의 ACE 지수의 핵심적인 내용을 다루며 최선의 서비스를 받게 되었다. 라일라의 치료에는 세 가지 간단한 단계가 포함되었다. 첫째 단계이자 가장 결정적인 단계는 몰리에게 무엇이 문제이며 우리가 그 문제에 대해 할 수 있는 일이 무엇인지 더 깊이 이해하도록 돕는 것이었다. 즉, 스트레스호르몬들이 성장에 영향을 미치는 방식과 몰리 자신이 딸의 스트레스 반응에 완충 작용을 해줄 타고난 능력이 있음을 이해시키는 것이었다. 그러기 위해 몰리는 자신의 스트레스 반응부터 제대로 작동하게 하는 법을 배워야 했다. 이후 아이의 스트레스에 대한 건강한 완충제가 되어주는 방법을 가르쳐줄 전문가가 우리에게 있다고도 설명했다. 둘째 단계는 엄마와 딸이 자녀-부모 심리치료를 시작하는 것이었으며, 셋째 단계는 믿음직한 영양보충제 페디어슈어를 복용하는 것이었다. 나는 일단 근원이 되는 유독성 스트레스를 해결한 후에야 페디어슈어가 효과를 낼 수 있다고 생각했다. 석 달이 지나자 라일라는 다시 성장곡선을 따라잡을 수 있었다.

디에고를 만났던 초기를 돌아보고, 팀 기반 접근을 시작

하기 전까지 내가 얼마나 압도된 느낌을 받았었는지 생각해
보니, 이 방식이 모든 사람에게 더 도움이 된다는 확신이 굳어
졌다. 7년이 지난 지금은 우리가 처음부터 언제나 이 방식대
로 해왔다고 느껴질 정도다. 그만큼 합리적인 방식이다.

안타깝게도 때로는 합리적인 것이 의료 현실과는 조화
를 이루지 못할 때도 있다. 내가 존경하는 또 한 명의 강인한
의료계의 영웅으로 수 셰리던Sue Sheridan이 있다. 그녀는 의사
는 아니지만 거스리처럼 심각한 장애가 있는 아들이 있었고,
아들의 장애는 그녀가 자신과 비슷한 처지에 놓인 가족들을
위해 지칠 줄 모르고 일하게 하는 원동력으로 작용했다. 대부
분의 사람이 황달을 갖고 태어난 아기를 낳은 적이 있거나 적
어도 그런 아기를 알고 있을 것이다. 황달은 유아의 피부와
눈을 노랗게 보이게 만드는 병이다. 어쩌면 친구의 아기가 마
치 아기용 태닝 침대에 누워 있는 것처럼 광선요법으로 빛을
쐬고 있는 사진을 본 적이 있을지도 모르겠다.

신생아의 60퍼센트 이상에게서 어느 정도의 황달은 생
긴다. 소아과의사들은 그 병을 알리는 특유의 노란 피부를 보
고 아기의 체내에 빌리루빈bilirubin이라는 화학물질이 쌓이고
있음을 알아차린다. 빌리루빈은 몸이 노화된 적혈구를 분해
할 때 생성되며, 보통은 간이 자연스럽게 처리해 몸 밖으로
배출한다(소변이 노란 것이 바로 이 때문이다). 그러나 갓 태어난
아기들의 경우 간이 활동을 시작해 모든 역량을 발휘하기까

지 시간이 좀 걸리기 때문에, 그사이에 빌리루빈이 축적될 수 있다. 대체로 빌리루빈은 해롭지 않지만 그 양이 너무 많아지면 혈뇌장벽blood-brain barrier을 통과해 들어가 뇌에 손상을 입힐 수도 있다.

셰리던의 아들 칼이 태어났을 때 칼은 어느 아기 못지않게 건강하고 사랑스러웠다. 그러나 태어나 24시간도 지나기 전에 칼의 피부가 노랗게 변하기 시작했다. 병원에서는 황달이 아기들에게 아주 흔한 현상이니 걱정할 것 없다며 셰리던과 남편을 안심시켰다. 그러면서 빌리루빈 검사는 하지 않았다. 당시의 표준 진단법은 외관 검사였는데, 이는 소아과의사가 눈으로 환자를 살펴봄으로써 황달의 심각성과 치료 여부를 판단했다는 뜻이다. 빌리루빈 수치를 측정하는 혈액검사가 분명히 존재함에도 상시적으로 사용하지 않았던 것이다. 다음 날 칼의 피부는 더 짙어졌고 셰리던 부부가 다시 한 번 염려를 표했는데도 의사들은 여전히 검사를 하지 않았다. 생후 36시간이 지나 퇴원할 당시 병원에서는 칼이 머리부터 발끝까지 황달이 생겼다고 하면서도, 아기를 창가에 두어 햇빛을 받게 하라며 안내 책자 하나만 건넬 뿐이었다. 책자를 다 뒤져봤지만 황달이 뇌 손상을 일으킬 수 있다는 말은 어디에도 없었다.

집으로 돌아온 다음 날, 칼은 기면 상태에 빠졌고 젖을 잘 먹지 않았다. 몹시 놀란 셰리던은 칼을 소아과의사에게 데려갔으나 의사는 여전히 검사를 하지 않고 다시 한 번 그들을 그냥 돌려보냈다. 하루가 더 지났지만 칼의 상태는 악화될 뿐이었다. 마침내 병원은 칼을 입원시키고 광선치료를 시작했다. 그러나 치료하기엔 이미 너무 늦은 시점이었다. 태어난 지 엿새째 되던 날 칼은 뻣뻣하게 굳은 몸으로 엄마의 품에 안긴 채 목을 뒤로 넘기며 높은 울음소리를 토해냈다. 후에 셰리던은 이때 칼이 핵황달kernicterus의 전형적인 증상을 모두 보였음을 알게 된다. 핵황달이란 빌리루빈 양이 너무 많아져서 혈뇌장벽을 통과해 들어가 뇌를 심하게 손상시킬 때 생기는 병이다. 셰리던은 자기 아기의 뇌가 예방할 수도 있었던 신경독소에 정복당하는 과정을 그저 속수무책으로 지켜보고 있을 수밖에 없었다. 남은 평생 그녀를 따라다니며 괴롭힐 일이었다.[11]

핵황달은 흔하지는 않지만 심각한 병이다. 돌이킬 수 없는 신경 손상을 연쇄적으로 일으키는데, 이는 칼에게 뇌성마비와 청각 상실, 사시, 언어장애 등의 이상이 생겨날 것이며 남은 평생 보살핌이 필요하다는 의미였다. 갓 엄마가 된 셰리던이 감당해야 할 고통으로 그 정도도 부족했던 것일까. 셰리던을 극도의 고통으로 몰고 간 것은 칼이 그렇게 되지 않을 수도 있었다는 사실이었다. 비극적인 의료 과실이 이어서 벌어지는 동안 손상이 일어나고 있던 칼의 위급한 상태를 아무도 알아차리지 못했던 것이다.

몇 년 뒤 태어난 셰리던의 딸 역시 황달이 생겼지만, 이번에는 재빨리 검사하고 광선요법으로 성공적으로 치료했다. 칼에게 생긴 여러 장애를 예방하는 것이 얼마나 쉬운 일이었는지를 알게 된 그녀는 다시금 아들에 대한 참혹한 마음에 눈물을 쏟을 수밖에 없었다. 하지만 곧 그녀는 자신이 할 일이 무엇인지 깨닫고 그 일에 착수했다. 보편적 빌리루빈 선별검사를 위한 캠페인에 나선 것이다. 단돈 1달러만 더 들이면 통상적 신생아 진료에 추가할 수 있는 검사였다. 셰리던은 콘퍼런스에서 연설하고 여러 의료 기구들 앞에 나가 증언했으며, 핵황달에 걸린 자녀를 둔 다른 엄마들과 함께 비영리단체를 조직했다. 셰리던의 이야기를 들으면 대부분의 사람은 답이 명백하다고 생각한다. "제발 그 검사를 실시해!" "그 검사를 의무사항으로 만들어!" 물론 그래야 한다! 하지만 셰리던은 몇몇 위원회들과 의료 기구들에서 많은 발전을 이끌어내는 동시에, 의료계의 엄청난 반발도 감수해야 했다.

의학적 선별검사의 지침을 만드는 위원회의 책임자와 의사 들은 그녀가 '감정적인 이야기'로 의료 관행을 바꾸려 한다며 불쾌해했다. 핵황달은 아주 드문 병이며, 그렇지 않아도 신경 써야 할 것이 많은 초보 부모들을 괜히 걱정시키면 안 된다는 것이 그들의 주장이었다. 그리고 지나간 일로 의사들을 비판해서는 안 된다는 말도 잊지 않았다. 환자 안전 옹호자로 활동하는 동안 셰리던은 과학에 대한 반대라기보다는 의료 문화를 바꾸는 것에 대한 반대에 가까운 여러 벽에 부딪쳤다. 외관 검사와 같은 주관적인 것에 의존하는 의료는 셰리던과 칼에게 재앙 같은 결과를 불러왔고, 그녀는 단순한 선별검사를 받지 못해 피해를 입는 아이들이 더 이상 생기지 않도록 하겠다고 결심했다. 셰리던의 캠페인은 핵황달을 의사들의 레이더 중심에 가져다 놓는 데 성공했다. 그녀는 병원마다 질병통제센터를 통해 핵황달 발병의 증가에 관한 경보를 받게 만들었고, 대형 병원 체인인 미국병원법인Hospital Corporation of America을 설득해 퇴원 전 모든 신생아에게 핵황달 검사를 실시하는 것을 의무화했다. 2004년 미국 소아과 학회가 생후 24시간 안에 모든 아기에게 빌리루빈 선별검사를 실시하도록 공식적으로 권고한 것도 부분적으로는 수 셰리던 덕분이다.[12]

의료계 문화에 깊이 뿌리내린 사람으로서 나는 실무 지침을 바꾸는 일이 종종 많은 저항에 부딪친다는 것을, 그리고 그 저항의 상당 부분은 정당하다는 것을 안다. 아이들을 위한 웰니스 센터에서 우리의 선별검사 도구를 널리 공유하는 단계로 나아가기 전에 촉각을 세워 의견들을 잘 들어보고자 했던 것도 바로 그 때문이었다. 동료들과 이야기를 나누면서, 우리는 ACE 선별검사 프로토콜 시행에 따를 잠재적 난관들에 관해 귀중한 정보를 얻었다. 사려 깊은 염려와 질문들도 있었지만, 그저 또 하나의 선별검사 프로토콜을 시행하는 데

대한 익히 짐작되는 완고한 저항도 있었다.

물론 의사들이 모든 사항에 대해 선별검사를 실시하는
것은 불가능하다. 대부분의 동료들처럼 나도 15분은 어린이
건강검진에서 소아과의사가 해야 하는 모든 일을 다 해내기
에는 턱없이 부족한 시간이라고 생각한다. 그 시간 안에 우리
는 신장과 체중, 시력과 청력, 성장과 발달을 살펴보고, 식생
활과 수면, 배뇨, 배변, 아이가 화면 앞에서 보내는 시간, 납이
첨가된 페인트가 벗겨지는 것부터 안전조치를 하지 않은 총
기까지 집 안에 있을 수 있는 수십 가지 위험 요소에 관해 질
문해야 한다. 게다가 이건 청진기를 꺼내기도 전에 다 마쳐야
하는 일이다. 결국 그날의 두 번째 환자를 보고 난 다음부터
는 모든 환자에게 계속해서 "많이 기다렸죠. 정말 죄송해요"
라고 말하게 되는 것이다.

우리 팀은 이러한 걱정들에 대해 모든 절차를 3분 안에
끝낼 수 있는 프로토콜을 개발하는 것으로 응했다. 그리고 의
사들에게 그저 선별검사를 권하기보다, **왜** 선별검사를 해야
하고 어떻게 해야 하는지, 또 아동기의 부정적 경험을 발견했
을 때는 무엇을 해야 하는지 이해시키는 것이 중요하다는 사
실을 깨달았다. 그래서 우리는 선별검사 도구와 함께 이 모든
질문에 답하는 사용 설명서도 만들었다.

내가 라일라를 처음 만난 때는 우리의 선별검사 프로토
콜을 인터넷에 무료로 배포하기 시작할 즈음이었다. 사람들

로 하여금 일하는 방식을 바꾸게 하는 것이 정말 어려운 일임을 우리는 알고 있었고, 이후 3년 동안 1000건의 다운로드를 목표로 잡은 것도 바로 그 때문이었다. 그런데 놀랍고 기쁘게도, 1년 만에 열다섯 개 국가의 1200여 곳의 병원과 의사들이 다운로드를 받아 우리의 목표를 가뿐히 넘겨버렸다. ACE 선별검사를 시작한 의사들에게서 의견을 들어보니, 모두 다시는 선별검사를 하지 않았던 때로 돌아가지 않을 거라고 말했다. 그것은 이미 울린 종소리를 지워버릴 수 없는 것과 같은 일이다.

선별검사 도구를 다른 의사들도 사용할 수 있게 공개한 후 받은 긍정적 피드백을 바탕으로, 우리는 한 걸음 더 나아가 'ACE 선별검사를 위한 전국 소아과 실행 커뮤니티National Pediatrics Practice Community for on ACE Screening'라는 전국 소아과의사들의 네트워크를 만들었다. 선별검사 방법, 양성 결과가 나왔을 때의 대응, 유독성 스트레스에 시달리는 아이들의 치료를 **더 빨리** 진전시키는 방법 등을 함께 배워나가기 위해서였다. 이 네트워크를 통해 아동기의 부정적 경험이 보편적 의료의 일부가 되는 날을 더 앞당기는 것이 나의 소망이다. 내 마음속 한가운데에는 반드시 그날이 **오리라는** 믿음이 있다.

나는 이른 식별과 개입이 아동기에 부정적 경험을 한 환자들에게 어떤 차이를 만드는지 보아왔고, 로버트 거스리와 수 셰리던처럼 전국의 모든 아이가 성공적인 치료 기회를 똑같이 누리도록 만드는 것을 사명으로 삼았다. 변화를 일으키는 주체가 의사이든 환자든 어머니든 비극적 사건이든, 중요한 것은 환자가 더 나은 보살핌을 받는 것이다. 우리는 프로토콜을 계속해서 다듬고, 문제를 한발 앞서 파악하며, 우리가 가진 모든 자원을 동원해 우리의 가장 연약한 환자들을 치료해야 한다.

10   "엄마, 우린 여기서 벗어나야 해요"

팰로앨토에서 살던 어린 시절, 북쪽으로 40분만 가면 나오는 샌프란시스코에 종종 갔던 일이 생각난다. 우리는 관광객들이 샌프란시스코에서 할 만한 모든 일을 했다. 케이블카를 타고, 금문교를 걸어서 건너고, 세상에서 가장 구불구불한 길을 차로 달려 샌프란시스코의 유명한 언덕들 꼭대기에 올라가는 것 같은 일들 말이다. 샌프란시스코의 언덕 위에는 화려한 동네가 정말 많지만, 그중 최고는 퍼시픽 하이츠일 것이다.

때로는 스페시픽 화이츠Specific Whites라고도 불리는(그 이유는 말할 필요도 없으리라 믿는다) 퍼시픽 하이츠는 내가 자라던 곳과 전혀 다른 세상이었다. 팰로앨토 사람들도 상당히 부유한 편이라고 알고 있었지만, 이곳은 뭐랄까, 완전히 차원이 달랐다. 엄마는 차 안 가득 우리들을 태우고 높은 저택들 옆을 즐겁게 내달렸고 우리는 차창에 얼굴을 바짝 갖다 붙인 채 밖을 구경했다. 우리는 감히 차에서 내릴 엄두도 내지 못했다.

그 집들은 언제나 아주 조용해 보였다. 주말에도 나와 형제들처럼 길에서 공을 가지고 노는 아이들은 하나도 없었고, 진입로에서 세차를 하는 사람도 없었다. 창밖으로 음악 소리가 크게 들려오는 집도, 월말이면 경계석 위에 아무나 가져가라고 내놓은 가구도 전혀 없었다. 어린 나는 저 고급스러운 집에 사는 사람들은 분명 아주 매혹적이고 권력이 막강할 거라고, 내가 아는 사람들과는 전혀 다른 삶을 살 거라고 상상했다.

몇 십 년 뒤, 나는 별안간 그 낯설고 대단한 사람들의 세상 속으로 발을 들여놓았다. 그사이 성공한 기업가와 결혼했고, 일에서는 아이들을 위한 웰니스 센터를 위한 기금 모금에 점점 더 많은 시간을 쓰고 있었다. 이 두 가지 일로 갑자기 나는 한때 신비롭게만 보이던 바로 그 장소와 사람들을 가까이 접하게 되었다.

캐슬린 켈리 재너스Kathleen Kelly Janus가 바로 그런 사람이었다. 캐슬린을 처음 만난 건 2012년, 그녀가 베이뷰 진료소로 나를 찾아왔을 때였다. 그녀는 우리가 베이뷰 지역에서 하고 있는 일에 관해 좋은 이야기들을 들었다고 했다. 캐슬린과 헤지펀드 운용으로 성공을 거둔 그녀의 남편 테드는 우리 일에 관해 더 알고 싶어 했다. 캐슬린은 몇 년 동안 샌프란시스코의 큰 로펌에서 일했지만, 무료 법률 사무소에도 아주 많은 시간을 쏟았고, 마침내 로펌에서 나와 자신의 비영리단체를 시작했다. 열정적인 인권 운동가인 그녀는 얼마 있다가 스탠퍼드대학교에서 법과 사회적 기업에 관해 가르치게 되었다. 처음 그녀를 만났을 때, 나는 우리가 똑같은 가려움을 갖고 있는 사람들임을 바로 알아차렸다. 말 그대로였다. 나는 임신 33주차였고, 캐슬린은 나보다 몇 주 앞서 있었다. 우리는 좁고 복잡한 내 사무실에서 마주 앉은 채 각자의 커다랗고 간지러운 배를 긁어댔다.

이후 아이들을 위한 웰니스 센터가 모습을 갖춰가던 몇 년 동안 캐슬린과 테드는 우리의 일뿐 아니라 나에게도 관대한 지지자가 되어주었다. 큰 꿈을 가진 사람들과 함께할수록 아동기의 부정적 경험에 대해 그만큼 큰일을 해내겠다는 나의 결심도 더욱 커졌다. 환자들에 대한 새로운 책임감이 표면으로 보글보글 솟아오르는 것이 느껴졌다. 나는 내 환자 대부분이 꿈도 못 꿔봤을 그런 방에 들어서 있었다. 영향력 있는 사람들의 관심을 끌어낼 수만 있다면, 그 방으로 들어가 환자들에게 이로운 것들을 알릴 기회가 생기는 것이다. 그래서 캐슬린이, 멋진 일을 하는 다른 여성들이 참석하는 만찬에 초대했을 때, 나는 냉큼 참석하겠다고 대답했다.

그 만찬이 있던 밤, 나는 약속에 늦었다. 그날의 마지막 두 환자를 살펴보는 데 시간이 좀 더 필요했기 때문이다. 베이뷰에서 출발해 40분 동안 차를 몰아 달려간 뒤 주차할 곳을 찾아 캐슬린의 집이 있는 블록을 맴돌다가, 문득 내가 여전히 같은 도시에 있지만 완전히 다른 세계에 와 있다는 느낌에 멍해진 기억이 난다.

마침내 주차할 자리를 찾았고, 내 차가 소설가 대니얼 스틸Danielle Steel의 저택 진입로를 막아선 게 아니기를 빌며 차를 세웠다. 캐슬린의 집은 그 블록에서 가장 큰 집은 아니었지만 상당히 인상적이었다. 문을 열고 거실로 들어가니 모두들 와인이나 탄산수를 홀짝이며 샌프란시스코만과 이 구역에서만 볼 수 있는 앨커트래즈Alcatraz의 장관을 감상하고 있었다. 내가 꼴찌로 도착한 것이 분명했지만 짜증스러워하는 사람은 아무도 없었다. 그리고 곧 캐슬린이 우리를 식당으로 안내해 식탁에 앉혔다.

한 사람씩 돌아가며 소개를 했는데, 나는 이 여인들이 모두 입이 쩍 벌어질 정도로 큰 성취를 이뤘음을 단박에 알 수 있었다. 한 사람은 엔젤 투자자였고, 또 한 사람은 국무부에서 일하다가 전직 국무장관 콘돌리자 라이스Condoleezza Rice, 전직 국방장관 로버트 게이츠Robert Gates와 함께 국제 컨설팅 회사를 차렸다. 샌프란시스코에 걸맞게 성공한 기술 기업가도 두 사람 있었고, 몇 명은 나처럼 비영리단체를 만들어 세상을 바꾸려 노력하고 있었다. 식사를 시작하기 전에 캐슬린은 손님 중 한 명인 캐럴라인을 다룬 최신호 〈타임〉 기사를 돌렸다. 아, 그리고 또 한 가지 사소한 사실은 모두 다 〈보그〉 표지에 나오고도 남을 만큼 정말로 멋졌다는 것이다. 나와 또 한 사람만 제외하면 모두 금발이었다. 많은 사람에게 부러움을 불러일으키는 그런 무리였고, 그만큼 다들 너무 완벽해 보였다.

그러나 대화가 시작되자마자 내가 영화에나 나오는 완벽한 주부들과 만찬을 나누러 온 게 아님이 분명해졌다. 이 여인들은 스스로 황무지를 개척했고 그것을 증명할 전투의 상흔들도 갖고 있었다. 우리는 한 조직을 운영하고 자금을 마련하는 일이 얼마나 고된지, 자신이 굳게 믿는 아이디어를 실현시켜줄 '다음번 자금을 조성하는' 것이 얼마나 어려운 일인지 이야기하며 서로를 위로했다. 우리는 식탁을 두드리며 웃고, 큰 소리로 동시에 떠들어댔다. 모두 각자가 아는 생활의 요령들을, 최고경영자이고 국제적 지도자이며 혈기왕성한 변호사이면서 그럼에도 훌륭한 어머니이자 아내로서 제정신을 지키며 살아가기 위한 작은 팁들을 나누었다. 그 밤이 끝날 무렵 작별의 포옹이 오갈 때도, 여전히 끝나지 않은 대화들이 이어졌다.

정말 기쁘게도 그 만찬은 정기 모임이 되었다. 장소와 안건은 그때그때 돌아가며 한 사람씩 맡았다. 몇 달 뒤 내 차례가 되었을 때, 나는 뛰어난 두뇌를 가진 이 전문가들에게서 내 문제의 해결책을 구할 생각에 잔뜩 들떴다.

우리 일은 대체로 잘되어가고 있었다. 얼마 전에 나는 TED 강연을 했는데, 정말 두렵고 떨렸지만 다행히 성공적으로 마쳤다. 이를 계기로 아이들을 위한 웰니스 센터는 우리의 일을 확장하기 위해 반드시 필요했던 인지도와 지원을 얻었다. 나는 메이오클리닉부터 존스홉킨스까지 전국을 돌아다니며 유독성 스트레스와 ACE 선별검사의 필요성에 관해 이야기했다.

내가 전하는 메시지가 사람들에게 잘 전달된 것은 분명했지만, 유독 마음에 걸리는 문제 하나가 계속 벌어졌다. 언론들이 유독성 스트레스를 한결같이 가난한 동네에서만 일어나는 일인 양 보도하고 있었다. 나는 '유독성 스트레스'라는 검색어에 대한 구글 알림 서비스를 설정해두었는데, 이를 통해 받아 보는 모든 기사에는 표현은 조금씩 다를지언정 '가난의 유독성 스트레스' 비슷한 말이 반드시 포함되어 있었다. 이 때문에 미칠 지경이었다. 가난한 지역에서 부정적 경험의 정도가 더 심하고 그에 대처할 자원이 더 적다는 것은 너무도 잘 알지만, 아동기의 부정적 경험을 '가난한 사람들의 문제' 또는 '흑인과 갈색인의 문제'라는 틀에 가두는 것은 정말 우려할 일이었다. 게다가 나는 펠리티의 연구에 사용된 인구통계를 계속 강조했다. 70퍼센트가 대학 교육을 받은 사람이며,

70퍼센트가 백인이었다고 말이다. 그러나 사람들은 그 말을 귀담아듣지 않았다.

우리 집에서 만찬 모임이 있던 날 밤, 남편 아르노가 멋진 만찬상을 차리는 일을 도와주었다. 여기서 '도와주었다'란 말은, 아르노가 시키는 대로 내가 재료를 썰면 그가 그 재료를 가지고 〈본 아페티Bon Appétit〉 표지에 나올 법한 무언가를 만들어냈다는 뜻이다. 아르노가 열심히 썰고 휘젓는 동안 나는 내 계획을 들려주었다. 나를 답답하게 만드는 그 문제를 모임 사람들에게 알리고 그들에게서 어떤 아이디어를 얻을 수 있을지 알아봐야겠다고 말이다.

차가운 토마토와 오이 수프, 완벽하게 구워진 닭고기, 늦여름에 어울리는 샐러드를 준비했다. 피노 누아 와인을 따를 즈음 나는 참석자들에게 그 문제를 이야기했다. 나는 우리 메시지를 확산하는 일에는 점점 추진력이 붙고 있는데, 유독성 스트레스가 인간의 기본적인 생물학에 관한 이야기이며 부정적 경험은 인종과 지리를 가리지 않고 모든 곳에서 일어난다는 핵심을 세상 사람들이 놓치고 있는 것 같다고, 이 문제가 가난한 유색인들만의 문제로 축소된다면 모든 아이를 도울 수 있는 기회를 놓칠 것 같아 두렵다고 털어놓았다. 그런 뒤 저소득층이나 취약 지역의 사람들뿐 아니라 **모든 이에게** ACE 선별검사를 하는 게 정말 중요하다는 것을 소아과의사들에게 이해시키려면 어떻게 하는 것이 좋을지 그들의 의견을 물었다.

잠시 모두가 침묵에 잠겼다. 하지만 내가 무슨 말을 하는지 그들이 전혀 이해하지 못하는 건 아닌지, 아니 더 나쁘게는 수프에 무슨 끔찍한 문제가 있었던 건 아닌지 하는 걱정에 빠지기도 전에, 이내 모두가 한꺼번에 말을 쏟아내기 시작했다. 나는 그 질문을 한 무리의 슈퍼우먼들에게 던졌지만, 그들은 어머니로서, 아내로서, 딸로서 대답했다.

엔젤 투자자인 카라가 불쑥 말했다. "내 생각에 다른 집단들에서는 그런 일이 너무 은밀하게 가려져 있는 게 문제 같아요. 그러니까 우리 아버지도 알코올중독자였고, 정말 심각했거든요. 하지만 아버지는 직장을 유지할 수 있었고, 그래서 아무도 그 사실을 몰랐죠."

여기저기서 고개를 끄덕였다.

식탁에서 이야기가 오가는 동안 열 명 중 절반이 자신이 겪은 아동기의 부정적 경험과 관련한 과거사를 털어놓았다. 부모의 정신질환이나 중독 문제, 성폭행, 신체적 학대나 감정적 학대, 가정 폭력 등 대부분이 내가 베이뷰 환자들에게서 들었던 것과 아주 비슷했는데, 정말 충격적이었던 건 그 모든 이야기가 그동안 감춰져 있었다는 사실이다. 이 여인들과 그들이 이뤄낸 성취, 그들이 스스로 구축한 삶을 보면 이들 중 절반이 어린 시절 심각한 역경을 경험했으리라고는 아무도 짐작하지 못할 것이다.

마침내 다시 카라가 입을 열었다. "중요한 질문은 자신이 어린 시절에 부정적 경험을 했다는 걸 알았을 때, 그래서 무엇을 할 수 있느냐가 아닐까요? 그러니까 앞으로써 정말 차이를 만들어낼 수 있을지, 난 그게 궁금해요."

이럴 때 늘 내놓는 표준적인 대답을 막 시작하려는데, 내가 미처 입을 열기도 전에 캐럴라인이 한숨을 내쉬며 숟가락을 내려놓았다. 캐럴라인의 정말 특별한 점은, 스칸디나비아 출신 슈퍼모델 같은 외모보다도 그녀가 내뿜는 분위기였다. 아마 그녀는 내가 만나본 사람 가운데 가장 분석적인 사람일 것이다. 그녀의 뇌는 컴퓨터 같다. 질문이 무엇이든 캐럴라인이 대답할 때면, 그 대답이 모든 선택지를 다 계산해본 뒤 적어도 99.4퍼센트의 성공 가능성을 보장하는 해결책이라는 사실을 모두가 느낄 수 있다. 그런데 그런 그녀의 얼굴에서, 그녀의 거동 자체에서 순간 무언가가 달라졌다. 모두의 시선이 캐럴라인에게로 향했다.

"아, 여러분!" 그녀가 고개를 절레절레 저으며 말을 이었다. "앎은 정말 세상을 완전히 바꿔놔요."

샐러드를 나누는 동안 캐럴라인이 자신의 이야기를 풀어놓았다.

캐럴라인의 슬픈 고백

캐럴라인은 스탠퍼드대학교 대학원 시절 남편을 만났다. 둘 다 예술에 조예가 깊었으며 수학을 좋아했다. 예술과 컴퓨터과학 학위를 가진 캐럴라인은 인간과 기계의 공생에 매료되어 있었다. 그래서 1990년대에 인터넷이라는 새로운 문물이 만들어낸 어마어마한 데이터 세트*로부터 패턴을 찾아내는 것을 일생의 업으로 삼은 몇십 명의 사람과 죽이 아주 잘 맞았다. 캐럴라인은 시각적 도구가 필요하다고 판단했고, 그래서 연구자들이 데이터 추세를 더 쉽게 비교할 수 있도록 정보를 시각화하는 소프트웨어 개발을 이끌었다. 그 소프트웨어가 엄청난 성공을 거두며 캐럴라인의 경력이 시작됐다. 그녀는 학교를 그만두고 소프트웨어 개발 및 허가를 전문으로 하는 회사를 차렸다. 키가 크고 잘생기고 엄청나게 열정적인 닉이라는 남자를 만난 것도 그 일을 통해서였다.

캐럴라인은 정치와 과학을 향한 닉의 열정에 끌렸고, 인공지능이 바꿀 미래에 대한 자신의 철학을 몇 시간이고 늘어놓을 수 있는 그를 사랑했다. 둘의 관계는 급속도로 진전되었고 몇 달 만에 함께 살기 시작했다. 그러고 곧 결혼을 했고, 결혼생활은 대체로 아주 좋았지만, 몇 년이 지나자 캐럴라인은 뭔가 찜찜한 느낌이 들었다. 뭔가가 어긋난 듯한 느낌. 하

---

* 어떤 규칙에 따라 배열된 데이터의 집합.

지만 정확히 무엇이 잘못된 것인지는 그녀도 알지 못했다.

그래서 임신 사실을 알았을 때, 그 순간은 그녀가 늘 상상했던 것과 전혀 달랐다. 그녀는 환호성을 지르지도 않았고, 얼른 달려가 닉에게 알리지도 않았다. 사실 그녀는 닉에게 아예 말하지 않는 게 어떨까 생각하기까지 했다. 임신 후의 변화가 눈에 띄게 나타나기 전에 닉과 헤어지고 나가 사는 것도 고려했다. 이 충동은 배신으로 느껴지기도 했지만, 동시에 왠지 올바른 대처라고 느껴지기도 했다. 아직 20대였던 캐럴라인은 회사를 차려 제법 큰 성공을 거두었다. 그녀의 삶은 그런 궤도를 달리고 있었고, 게다가 그녀는 닉을 정말 사랑했다. 상황이 좋을 때 두 사람은 정말 잘 지냈다. 단지 얼마 전부터 모든 게 그리 좋지 않다는 느낌이 들었을 뿐이다.

캐럴라인이 닉에게 아기 이야기를 했을 때 그는 다정했고 기대에 들떴다. 임신 기간 동안 그는 침대에 누워 캐럴라인의 배를 쓰다듬으며 이렇게 말했다. "상상해봐. 나랑 함께 로봇을 만들 작은 사내아이가 생기는 거야." 그는 그녀가 의자에서 일어날 때면 커다란 배를 움직일 수 있게 도와주었고 수분 섭취가 모자라지 않게 물도 챙겨주었다.

그러나 칼이 태어난 뒤로는 상황이 달라졌다. 닉은 캐럴라인이 아기에게 모든 에너지와 주의를 쏟는 것에 툭하면 강한 불만을 표했다. 엄마들이라면 알겠지만 신생아는 엄마라는 세계의 중심에 자리한, 끝없이 필요가 솟아나는 거대한 샘이다. 다른 모든 것은 둘째나 셋째 순으로 밀리거나 아예 아무것도 아닌 게 되어버린다. 이런 변화가 남편을 힘들게 하리라는 것은 캐럴라인도 이해했다. 저녁을 준비하러 주방으로 가면서 소파에 앉은 그의 머리칼을 장난스럽게 흐트러뜨리던 날들은 이제 없다. 대신 기진함과 압도감이 그녀를 덮쳤다. 스스로 인정하고 싶은 것보다 더 자주, 닉이 방해만 될 뿐 아니라 엄마 노릇을 필요 이상으로 힘들게 만드는 사람으로 여겨졌다. 얼마 지나지 않아 아주 사소한 것들이 어마어마한 말싸움으로 번졌다.

아기가 태어난 후 닉의 음주는 급격히 심각한 수준으로 치달았다. 그는 언제나 파티를 좋아했지만 칼이 태어난 뒤로는 정도를 넘어섰다. 곧 직장에서도 문제를 일으키며 여러 직장에서 연거푸 해고되었다. 몇 달이 지나는 동안 캐럴라인은 자신이 닉과 함께 있는 시간을 즐기기보다 그와의 싸움을 피하는 방법을 궁리하는 데 더 많은 시간을 쏟고 있다는 사실을 깨달았다. 그는 무엇에든 쉽게 폭발했다. 칼을 돌보는 일도 거부해서, 다시 직장에 돌아갈 때가 되었을 때 캐럴라인은 풀타임 유모를 구해야 했다. 닉은 캐럴라인이 아버지와 통화하는 것도 싫어했고, 그녀가 간신히 집에서 벗어날 짬을 내 여자 친구와 점심식사라도 하면 격분했다.

항상 그렇게 화가 나 있으면서도 닉은 그녀가 자신에게서 멀리 떨어져 있는 것은 원치 않았다. 처음엔 캐럴라인이 친구나 가족과 시간을 보낼 때 그저 침울해하는 정도였는데, 얼마 지나지 않아 "그들과 나 둘 중 하나만 선택해!"라고 최후통첩을 하기에 이르렀다. 결국 캐럴라인은 이 골치 아픈 상황은 피해버리고 그냥 집에서 닉과 텔레비전이나 보는 게 낫다고 판단했다. 그러면 적어도 닉은 좀 더 좋아했으니까. 언젠가부터 캐럴라인은 왜 나갈 수 없는지 친구들에게 변명할 거리를 찾고 있는 자신을 발견했다.

칼이 태어나고 6개월쯤 지난 어느 저녁, 캐럴라인과 닉이 주방에서 저녁을 준비하던 중 무슨 일인가로 닉의 분노가 폭발했다. 작은 실수였지만, 아무렇게나 던져버린 담배꽁초가 산불로 번지듯 이는 엄청난 결과를 불러왔다. 몇 년 뒤 캐럴라인은 무슨 일로 그랬는지 잊었으나 닉이 목청껏 고함을 지르며 찬장 문을 쾅쾅 닫던 소리는 결코 잊지 못했다. 캐럴라인은 완전히 움츠러들어 입을 닫았다. 옳고 그름을 따지는 일이 아무 소용없다는 걸 알았기 때문이다. 닉이 고함을 멈추자 30초쯤 주방 전체가 적막에 빠졌다. 갑자기 식탁 근처에서 칼이 울부짖기 시작했다. 캐럴라인이 살펴보니 칼은 새빨개진 얼굴로 날카로운 소리를 토해내며 숨이 넘어갈 듯 울어댔고, 그녀의 가슴은 찢어질 듯했다. 캐럴라인은 여전히 뻣뻣이 굳어 꼼짝 못하는 상태로, 칼이 이렇게 우는 소리는 처음 들어본다는 생각을 했다. 그때 유모가 얼른 들어와 칼을 안아 들고 다른 방으로 데려갔다.

도대체 어쩌다 이런 지경에 이르렀는지 캐럴라인은 의아했다. 표면적으로는 모든 게 잘되어가는 것처럼 보였다. 그녀는 자신이 세운 회사를 다른 큰 회사에 넘기고 이제 실리콘 밸리의 큰 회사들 중 한 곳에 경영진으로 합류한 참이었다. 그러나 집안 상황은 끔찍했다. 차고 문이 열리는 소리가 닉이 도착했음을 알리면 캐럴라인의 심장은 거세게 요동쳤고, 현관에서 닉의 열쇠가 찰랑거리는 소리가 들리면 다음에 어떤 일이 일어날지 몰라 마음을 다잡아야 했다. 캐럴라인은 총명한 사람이었다. 매일 수백 명의 엔지니어와 컴퓨터 과학자를 관리하는 사람이었으니까. 자신이 이 상황을 관리할 수 있는 방법이 분명 있으리라고 확신했다. 다만 아직 그 방법을 찾아내지 못한 것뿐이라 생각했다.

드물게 닉과 마음이 통해 서로에게 다정한 순간이 오면, 캐럴라인은 자신들이 그렇게 자주 싸우는 이유가 무엇일지 부드럽게 물었다. "이런 게 정상은 아니라고 생각하지 않아?" 캐럴라인이 무언가 잘못되었을지도 모른다는 가능성을 이야기할 때마다 닉이 보이는 반응은 둘 중 하나였다. 나쁜 기분을 간신히 표면 아래 눌러두고 있을 때는, 캐럴라인의 친구들이 모두 자신에게 적대적이라며 혹독하게 비난했다. 서로 깊이 사랑하는 자신들과 달리 그녀의 친구들은 따분하고 열정 없는 결혼생활을 하기 때문에 다들 그녀를 질투하는 거라고. 장난스러운 기분일 때는 캐럴라인이 '천상 여자'라서 그러는 거라며 놀리듯 말했다. 로맨틱 코미디가 만들어낸 완벽한 관계에 대한 망상에 사로잡히기에는 캐럴라인이 너무 똑똑하다는 말을 칭찬이랍시고 하기도 했다. 닉은 캐럴라인을 '아기'라고 부르며 원래 현실 세계에서 사랑은 바로 이렇게 흘러가는 거라고, 웃을 때도 있고 고함을 지를 때도 있는 거라고 말했다. 어느 때든 서로가 서로를 사랑한다는 걸 알기 때문에 그냥 참는 거라고 말이다.

칼이 세 살이 되고 얼마 지나지 않아 그들 가족은 도심을 떠나 외딴곳에 자리한 아름답고 큰 새집으로 이사했다. 칼이 태어났을 때부터 줄곧 보살펴온 입주 유모는 그들과 함께 갈 수 없었다. 그 시점까지 칼은 자신감 있고 행복한 아이였다. 길에서 모르는 사람에게 달려가 활기 넘치게 "안녕, 난 칼이에요!" 하고 큰 소리로 인사를 건넬 정도였다. 그러나 이사 후 캐럴라인은 칼이 움츠러들고 소심하게 변했음을 눈치챘다. 곧 유아원에서 전화가 걸려 왔다. 선생님들은 칼이 반 친구들을 때린다며 어려움을 토로했다. 칼이 네 번째 생일을 맞이할 즈음에는 유아원에서도 더 이상 참을 수 없는 지경이 되었다. 그들은 칼이 반드시 ADHD 검사를 받아야 한다고 했다.

캐럴라인은 걱정했다. 칼은 학교에서 걸핏하면 폭발할 뿐 아니라 집에서도 별것 아닌 일에 쉽게 울음을 터뜨리고 생떼를 쓰며 성미를 부렸다. 더욱 걱정스러운 점은 언젠가부터 칼이 늘 어딘가 아팠다는 것이다. 줄곧 건강한 아이였던 칼이 (캐럴라인은 아이에게 모유만 먹였다), 그 무렵에는 감기를 달고 살았고 수시로 복통이나 두통에 시달렸다. 캐럴라인은 새집이 너무 습해서 그런가 생각하기도 했다.

소아과의사는 ADHD 전문 진료소로 그들을 보냈고 거기서 칼은 경험 많은 임상의에게 검사를 받았다. 의사는 먼저 칼과 부모를 함께 평가한 뒤, 이어 칼과 단둘이서 어느 정도 시간을 보냈다. 그럼 다음, 칼이 근처에서 간호사와 머뭇거리며 놀고 있는 동안 캐럴라인과 닉에게 자신이 관찰한 바를 이야기했다.

"두 분이 듣기에 힘든 말일 수도 있지만, 칼에게는 아동기에 꼭 필요한 보호막들이 결여되어 있습니다."

"그게 무슨 뜻이죠?" 캐럴라인이 물었다.

"칼은 심리적 트라우마에 노출되어 있어요. 더 평화롭고 스트레스가 덜한 환경이 필요합니다. 지금 환경이 아이의 ADHD를 일으키는 원인인 것 같습니다."

이 대화에서 나중까지 캐럴라인을 따라다니며 괴롭힐 부분은 닉이 받아들이지 못한 부분이기도 했다. **심리적 트라우마에 노출되어 있어요**라는 말. 의사는 그렇게 말했지만, 닉은 ADHD라는 단어 외의 모든 말을 무시했다. 그는 칼에게 리탈린을 챙겨 먹이는 것은 아주 잘했지만, 의사가 한 나머지 말은 모두 헛소리로 치부했다.

칼의 선생님 몇몇은 칼의 행동이 좀 더 다루기 쉬워졌다고 좋아했지만, 캐럴라인은 아들이 "완전히 좀비가 된 것" 같아 마음이 편치 않았다. 활발하고 고집 있던 아이는 사라지고 약 때문에 생긴 위장 문제로 음식도 제대로 먹지 못하는 멍한 눈의 아이가 그 자리를 대신했다. 그들은 몇 가지 다른 약을 시도해보다가 결국 애더럴adderall로 정착했는데, 칼은 여전히 약 때문에 생기는 느낌을 아주 싫어했다. 학교에서는 더 침착해졌지만 캐럴라인은 칼이 학습에 집중하지 못하는 것 같아 걱정했다.

그러다 한밤중에 공황발작을 겪기 시작한 캐럴라인은 어쩌면 **자신이** 문제가 아닐까 하는 생각이 들었다. 이렇게 잠을 잘 못자고 심장이 쿵쾅대는 것은 닉이나 우리 관계 때문이 아닌지도 몰라. 그냥 나한테 문제가 있는 게 아닐까? 일을 너무 많이 하는 것일까? 내게 뭔가 병이 있는 것은 아닐까? 뭔지는 모르지만 그녀는 문제를 바로잡아야 한다는 것을 깨달았고, 그래서 답을 찾기 위해 심리치료를 받으러 갔다. 그녀가 만난 의사는 운동과 혼자만의 시간을 처방했다. **네에, 지당하신 말씀이죠.** 이렇게 말하며 캐럴라인은 웃었다. 이 무렵 그녀는 회사를 운영하며 또 다른 회사에 컨설팅을 하고 있었다. 그러나 의사는 진지했고, 마케팅 회의 일정을 잡듯이 반드시 '캐럴라인 타임' 일정도 잡아두라고 말했다. 그리고 그 시간에 대해 자신에게 보고해야 한다고 했다. 캐럴라인이 자기 자신과의 미팅 시간을 지키고 있는지 체크할 거라면서 말이다. 캐럴라인은 한동안 달력에 꼬박꼬박 일정을 적어 넣었지만 소용없었다. 그녀는 그 시간을 빼서 미룰 수 없는 프로젝트를 마무리하는 데 써버렸다. 이런 상태로 몇 달이 지나자 결국 그녀의 상사가 나섰다.

"내 개인 트레이너를 만나보는 게 어때?" 그가 제안했다. "이건 명령이야."

상사의 얼굴을 보며, 캐럴라인은 자신이 생각만큼 개인적인 스트레스를 잘 감추지 못한 채 지냈는지도 모르겠다고 생각했다. 현명한 사람답게 그녀는 제안을 받아들였다.

상사의 지원을 받고 보니, 회의와 회의 사이에 요가 스케줄을 끼워 넣는 것이 생각보다 수월해졌다. 나무 자세와 다운 도그 자세 사이 어디쯤에선가 캐럴라인은 스트레스가 서서히 걷혀가는 것을 느끼기 시작했다. 한동안은 한밤중에 잠에서 깨는 일도 줄어들었다. 그러나 오래지 않아 닉은 캐럴라인이 자기 자신을 위해 쓰는 시간을 문제 삼았고, 그녀를 이기적이라고 비난하며 싸움을 걸어왔다. 캐럴라인이 가족을 위해 돈을 벌어 오는 유일한 사람으로서 뼈 빠지게 일하고 있다는 사실은 안중에도 없었다. 닉은 그녀가 일하는 시간을 줄이고, 칼과 그리고 자신과 더 많은 시간을 보내야 하며, 단지 **외모를 가꾸기** 위해 가족과의 시간을 빼앗는 짓은 절대로, **절대로** 해서는 안 된다고 했다. 그리고 캐럴라인에 관한 자신의 의견을 온라인에 공개적으로 포스팅했다.

캐럴라인은 호박 속에 갇힌 파리가 된 기분이었다. 어떤 말을 하고 어떤 행동을 해도 닉의 행동을 바꿀 수 없었다. 닉의 분노가 칼에게 끔찍하게 해롭다는 걸 알았지만, 그래도 닉이 칼이나 자신을 때린 적은 없다며 자신을 달랬다. 그녀는 결코 닉 혼자서 칼을 보살피는 상황은 만들지 않겠다고 다짐했다. 이혼은 두 사람이 양육권을 나눠 갖는 것을 의미했고, 칼이 아빠와 보내는 시간에 자신이 함께 있지 못하는 상황을 생각하는 것만으로도 캐럴라인은 공포에 휩싸였다. 닉이 술에 취한 채 칼을 태우고 차를 몬다면? 자제력을 잃고 화를 내며 칼에게 소리를 지른다면? 자신이 아무리 비참하게 느껴져도 자기 생각만 할 수는 없는 문제였다. 그녀는 아들을 위해 곁에 있어야 했고, 그래서 어떤 난관이 닥쳐도 버텨내기로 했다. 그러니 변한 건 아무것도 없었다. 일곱 살 난 아들의 상상조차 하기 힘든 용기가 아니었다면, 아마 지금까지도 변화는 없었을 것이다.

어느 날 전형적인 싸움이 또 한 차례 벌어졌을 때, 칼은 부모가 싸울 때면 늘 그랬듯이 자기 침실로 들어가 버리는 대신, 문간에 서서 아빠가 엄마를 질타하는 광경을 지켜보았다. 싸움이 끝나고 아빠가 나가버리자 칼은 엄마에게 다가가 두 손으로 엄마의 얼굴을 감쌌다.

그러고는 엄마의 눈을 똑바로 쳐다보며 말했다. "엄마,

우린 여기서 벗어나야 해요."

2년 뒤, 캐럴라인은 어두운 방에서 여섯 명의 다른 여자와 비디오 한 편을 보았다. 모두 모르는 사람들, 하지만 그녀와 마찬가지로 접근금지명령을 신청한 엄마들이었다. 캐럴라인은 법원에서 만든 저예산 비디오 속에 자신이 반영되어 있는 것을 보고 놀랐고 다른 엄마들도 자신만큼 놀랐으리라 생각했다. 그러나 그 영상은 엄마들이 아닌 그들의 아이들에 관한 비디오였다. 한 부부가 위층 침실에서 말싸움을 하는 동안 멍하니 텔레비전을 보고 있는 어린 여자아이. 학교에서 선생님이 질문을 하는데도 아무 반응이 없는 남자아이. 아빠가 엄마를 때리는 모습을 그대로 본받아 여동생을 때리며 비난을 퍼붓는 또 다른 남자아이. 비디오를 보면서 캐럴라인은 이 영상이 너무도 당연한 메시지를 전하고 있다고 생각했다. 그러니까 육체적 학대를 목격하는 것이 아이들에게 해롭다는 사실이다. 그건 누구나 안다. 하지만 그녀를 불안하게 만들고 그녀의 손을 마비시킨 것은 그 영상 속의 언어 학대와 정서 학대에 관한 이야기였다.

언어 학대와 정서 학대는 아이들에게 신체 학대만큼이나, 아니 그보다 더 나쁘다.

비디오 화면 속에는 칼과 똑같은 증상들을 갖고 있는 아이들이 등장했다. 그리고 부모가 싸우자 우는 아기의 모습이

나왔을 때, 비로소 캐럴라인은 칼이 높은 아기용 의자에 앉아 울부짖던 것이 기억났다.

캐럴라인은 흐느껴 울기 시작했다.

지금 알고 있는 걸 그때도 알았더라면

몇 년 뒤 우리 집 식탁에서 그 이야기를 꺼낸 캐럴라인에게서 눈물은 사라졌지만 충격은 그대로 남아 있었다.

"15년 동안, 나는 그렇게 살았어요." 캐럴라인은 고개를 절레절레 흔들었다. "그리고 난 그게 정상이라고 생각했어요. 나 자신을 탓했죠. 그 세월 내내 내가 뭔가 잘못한 거라고 생각했다고요. 내가 고등학생이었을 때 누군가 그런 영상을 보여주었다면 얼마나 좋았을까요."

캐럴라인의 이야기가 끝나갈 즈음 식탁에 둘러앉은 얼굴들에는 공감과 연대의 표정, 그리고 도저히 믿을 수 없다는 표정이 뒤섞여 있었다. 그날 저녁 만찬에 참석한 여인들 상당수가 수 년 동안 캐럴라인과 알고 지냈지만 누구도 그때까지 이런 이야기는 듣지 못했기 때문이다.

변호사가 정서 학대라는 말을 꺼내기 전까지 캐럴라인은 자신에게 일어났던 일들이 정서 학대로 간주될 수 있다고는 생각하지 않았다고 했다. 그 말을 듣고 나니 갑자기 그 모든 고함과 위협과 통제의 본질이 있는 그대로 보이기 시작했다.

"지금 칼은 어떻게 지내요?" 캐슬린이 물었다.

"훨씬 나아졌어요." 캐럴라인이 대답했다.

그녀는 이사를 나오고 그리 오래 지나지 않아서부터 변화가 눈에 들어왔다고 말했다. 칼은 전만큼 쉽게 화를 내지 않았고, 전체적으로도 더 침착해졌다. 그녀는 칼을 다시 심리학자에게 데려갔다. 이제 모자는 둘 다 심리치료를 받는데 함께하는 치료와 따로 하는 치료를 병행하고 있다. 그런데 캐럴라인이 보기에 칼에게 가장 큰 변화를 만들어준 것은 역설적이게도 캐럴라인이 **자기 자신을** 위해 만든 변화들이었다. 캐럴라인은 아들을 위한 시간과 자신을 위한 시간을 더 많이 만들었다. 그림과 발레에 대한 사랑도 재발견했다. 그러면서 자신이 속도를 늦추고 마음을 더 열 줄 알게 되었다는 사실도 깨달았다. 더 침착하고 더 온화한 느낌이 어떤지도 묘사했다. 칼은 그런 엄마의 에너지를 완전히 흡수했다. 둘은 함께 암벽등반을 하고 새 아파트 거실에서 요가도 시작했다. 마침내 그들은 칼이 ADHD 치료약 복용을 그만둘 때가 왔다고 판단했다.

약을 끊자 처음에는 예전의 문제 행동들 일부가 다시 나타났다. 칼은 상당히 반항적이었고 별것 아닌 일에도 금방 짜증을 냈다. 캐럴라인은 시간을 들여 선생님들에게 칼을 어떻게 대해야 하는지 이해시키려 노력했다. 선생님들은 칼이 실제로 필기를 하고 있는지 확인했고, 한 과제에서 다음 과제로 의식적으로 주의를 옮기는지, 그리고 다시 원점으로 돌아오는지 확인했다. 몇 년 동안 칼은 약에 의해 두뇌 활동이 상당히 억제된 상태였기 때문에 그런 기본 기술들을 학습하는 과정을 놓쳤다. 그때부터는 칼에게서 사람들을 힘들게 하는 행동들이 다시 나타나면 캐럴라인과 선생님들과 치료사가 협력해 문제들을 해결했다.

"솔직히 말하자면, 칼이 유독성 스트레스를 겪고 있었다는 얘기 같네요." 내가 말했다. "그 애가 훨씬 나아졌다는 거, 너무도 잘 알겠어요. 당신이 한 일이 정확히 유독성 스트레스에 대한 **치료였으니까요.** 먼저 부정적 경험의 총량을 줄이고, 건강한 완충제가 될 수 있는 보호자의 능력을 강화했잖아요. 당신이 건강해진 것이 사실은 이 일에서 정말 중요한 부분이에요. 비행기 승무원이 비상시에 아이에게 산소마스크를 씌우기 전에 부모가 먼저 산소마스크를 써야 한다고 말하는 것도 같은 맥락이죠. 농담이 아니에요. 본인이 스트레스 반응 조절 장애인 상태에서는 아이가 스트레스 반응을 조절하도록 돕는 게 불가능해요. 반드시 이해해야 하는 결정적인 메커니즘이죠. 당신이 자신을 보살피려 노력한 건 전혀 이기적인 일이 아니었어요. 그거야말로 정확히 칼을 위한 옳은 일이었어요."

캐럴라인이 고개를 끄덕였다. "내가 나를 위한 일을 더 많이 할수록 칼도 매사에 더 잘 대처한다는 걸 깨달았어요."

"강력하게 충격을 흡수해주는 존재가 있을 때 아이들의 회복탄력성이 얼마나 좋아지는지, 정말 놀라울 뿐이죠."

"정말 그래요. 감독 입회하에 아빠를 만나고 돌아올 때면 뭔가 칼의 마음을 괴롭히는 일이 일어날 수 있잖아요? 그래도 이젠 한 이틀쯤 날카로운 상태로 지낼 뿐, 평소와 같은 일을 하며 며칠 지내고 나면 다시 원래 상태로 돌아와요. 이런 걸 왜 더 빨리 알지 못했는지 아쉬울 따름이에요." 캐럴라인이 고개를 저으며 말했다. "그랬다면 훨씬 더 빨리 벗어났을 텐데."

"환자들에게서 매일 이런 일을 목격하는 입장에서 말씀드리자면, 그게 정말이지 **어려운** 일이긴 해요. 당신이 그런 일을 겪었다니 정말 마음이 아파요." 내가 말했다. "바로 그런 상황들이 바로 우리가 **모든 사람을** 대상으로 선별검사를 실시해야만 하는 이유랍니다. 대부분의 소아과의사가 당신처럼 〈타임〉에 실리는 매력적인 사람이 자기네 진료실에 들어서면 집안에 불행이 있을 가능성에 대해 질문하지 않을 테니까요. 당신을 불쾌하게 만들까 염려해서일 수도 있고, 아니면 당신이 아주 안정되어 보이니까 집에서 그런 일이 일어나리라고 생각하지 못하는 것일 수도 있죠. 하지만 선별검사가 누구에게나 당연하게 실시하는 프로토콜에 포함되어 있다면 그들도 무슨 일이 벌어지고 있는지 식별할 수 있게 될 거예요."

온라인 소매업을 하는 활력 넘치는 재닛이 식탁 반대쪽 끝에서 말했다. "좋아요. 그런데 여기서 우리 잠깐 현실적인 이야기를 해도 될까요? 모든 아이에게 반드시 선별검사를 실시해야 하는 이유는 이제 명백한데, 이미 어른이 된 사람이 자신이 어린 시절에 부정적 경험을 했다는 걸 알았다면 어떻게 해야 할까요? 그에 대한 치료법도 있나요? 솔직히, 지금 내 남편 조시가 떠올라서 말이에요."

"물론이죠. 스트레스 반응을 재배선하는 일을 시작하기에 너무 늦은 때란 없어요. 어른들한테서는 유독성 스트레스에 대한 개입이 아이들한테 나타나는 만큼 극적인 효과를 내지 못할 수는 있지만, 그럼에도 여전히 큰 차이를 만들 수 있어요. **가장 중요한 것 한 가지만 꼽는다면, 애초에 무엇이 문제인지를 깨닫게 된다는 거예요.** 단순하게 들릴지 모르지만, 이 말은 아무리 강조해도 지나치지 않아요."

나는 그동안 내가 보아온 환자들에 대해 이야기했다. 스트레스 반응이 과잉 활성화된 많은 사람이 자신의 몸에서 무슨 일이 일어나고 있는지 모르고, 그래서 문제의 근원을 해결하는 대신 계속 증상들만 쫓아다니며 해결하려는 일에 시간을 쏟는다고. 일단 무슨 일이 벌어지고 있는지 이해했다면 치유를 향한 첫걸음을 내디딘 셈이라고. 이어서 유독성 스트레스에 대처하기 위한 여섯 가지 접근법, 그러니까 수면과 운동, 영양, 마음챙김, 정신 건강, 건강한 관계가 어른들에게도 똑같이 중요하다고 설명했다. 이 여섯 가지 영역에서 자신이 어떤 상태인지 점검하고 의사와 상의하는 것이 좋은 출발점이라고. 필요하다면 의사에게 수면 전문가나 영양 전문가, 정신 건강 전문가와 연결해달라고 요청할 수도 있다고.

내가 또 하나 강조해서 언급한 것은, ACE 지수가 높은 성인은 건강 문제가 생길 위험성이 더 높기 때문에 자신의 주치의가 ACE 연구에 관해 알고 있는지 확인해야 한다는 점이었다. ACE 연구를 알고 있는 의사라면 환자가 자신의 ACE 지수와 가족사가 특정 질환에 대한 위험성에 어떻게 영향을 미치는지 이해하도록 도울 수 있고, 환자와 함께 그 병을 예방하고 조기에 발견할 방법도 찾을 수 있을 것이다. 아주 좋은 소식은 통합 의학이라는 새로운 분야가 생겼다는 것이다. 통합 의학은 사람을 부분들의 합이 아닌 통일된 하나의 전체로 바라보며 최신 과학을 활용해 건강과 행복을 개선하는 데 전념한다. 그리고 통합 의학의 멋진 점 중 하나는, 아이들을 위한 웰니스 센터의 우리 팀처럼 그 구조가 다학제적이라는 사실이다.[1]

유독성 스트레스를 해소하는 여러 가지 방법 중에 운동이 있다. 요가와 암벽등반을 싫어하는 사람도 달리기나 수영은 좋아할지 모른다. 무엇이든 괜찮다. 어떤 운동이든 하루에 한 시간 정도 규칙적으로 하는 것이 중요하다. 마찬가지로 정신 건강 개입법에도 효과가 있는 여러 유형이 있지만, 가장 중요한 점은 반드시 트라우마에 초점을 맞춘 개입법이어야 한다는 것이다. 유독성 스트레스를 해소하는 여섯 가지 방법 모두를 가능한 한 최대한도로 실행하는 것이 가장 이상적이다. 성인은 아동기에 비해 뇌의 가소성이 떨어지므로 특히 더 그렇다. 하지만 아이의 경우에도 마찬가지로, 위의 여섯 가지를 더 많이 실천할수록 스트레스호르몬이 감소하고, 염증이 줄어들며, 신경가소성이 향상되고, 세포 노화가 지연된다.

"물론 담배처럼 염증과 세포 노화를 가속화하는 물질을 끊고 알코올 같은 신경독소를 최대한 줄이는 것도 좋은 방법이죠." 나는 와인 잔을 톡톡 두드리며 말했다.

"남편한테 말하면 좋은 건 다 끊으라고 한다고 하겠군요." 재닛이 웃으며 말했다.

"음, 당신이 조시한테 맥주를 줄이면 둘 사이의 친밀감이 더 높아질 거라고 말하면 좀 더 잘 따라주지 않을까요?" 내가 말했다.

"그것도 운동 범주에 들어가는 건가요?" 재닛이 물었다.

나는 웃음을 터뜨렸다.

"운동에도 속하지만, 건강한 관계와 더 관련이 깊죠. 가끔은 세상 사람들이 어떤 신기한 약이 발명되기만을 기다리고 있다는 생각이 들어요. 인간인 우리에게는 자신과 타인을 모두 치유할 수 있는 대단한 힘이 있다는 사실은 간과한 채 말이죠. 충격을 완화해주는 양육자가 없을 경우 아동기의 **유**

독성 스트레스가 뇌와 신체에 장기적인 변화를 일으킨다는 점, 이게 연구 결과가 얘기하는 결론이에요. 이걸 뒤집어서 우리 성인에게 적용해보자고요. 우리는 반복적으로 각자의 스트레스 반응을 활성화해서 서로의 건강을 해칠 수도 있지만, 동시에 자신과 상대를 생물학적으로 치유할 힘도 갖고 있어요. 예를 들어볼게요. 이 중에서 출산할 때 피토신Pitocin이라는 약 투여한 분 있어요?"

여러 사람이 고개를 끄덕였다.

"바로 그 약, 옥시토신은 사실 우리 몸에서 자연적으로 만들어져요. 아기를 낳는 동안 아주 많은 양이 분비되는데, 아기를 밀어내도록 자궁을 수축시키는 역할도 하지만 아주 막강한 유대감을 느끼게도 해요. 그래서 아기가 태어나면 우리는 평생 그렇게 아름다운 존재를 본 적이 없다고 느끼고 이 작고 귀여운 존재를 위해서라면 총알도 대신 맞겠다는 마음이 드는 거죠. 옥시토신은 출산 중에만 분비되는 게 아니에요. 섹스를 할 때, 포옹을 하거나 끌어안을 때, 그리고 건강한 인간관계를 유지할 때도 나오거든요. 게다가 옥시토신은 뇌와 신체의 스트레스 반응 회로인 시상하부-뇌하수체-부신 축을 실제로 억제함으로써 스트레스 반응의 완충 작용도 해요.[2] 그뿐 아니라 항우울 효과가 있다는 사실도 밝혀졌죠. 글자 그대로 우리에게는 우리 자신과 타인의 생물학적 부분까지 바꿀 능력이 있어요. 무슨 알약이 발명되기를 기다릴 필요도 없는 거죠. 솔직히 나는 우리가 세대에서 세대로 이어지는 ACE의 순환을 중단시킬 아주 막강한 도구들을 갖고 있다고 확신해요."

"캐럴라인, 당신 전남편도 어린 시절에 부정적 경험을 했을까요?" 캐슬린이 물었다.

"틀림없이 그럴 거예요."

이어서 캐럴라인은 닉이 코네티컷의 부유한 교외 지역에서 자랐다는 이야기를 들려주었다. 그의 아버지는 의사였고 어머니는 존경받는 공학자였다. 그러나 닉의 집안은 단란한 가정이라기보다는 위태로운 가정에 더 가까웠다. 아버지는 상당히 심각하게 코카인과 대마초에 빠져 있었다. 결국 닉이 열 살 때 부모가 이혼하며 그는 여러 계모들을 거쳤는데, 이들도 하나같이 시간이 갈수록 점점 심각하게 코카인에 중독됐다. 닉의 아버지는 마약 복용 사실이 발각되지 않은 채 별다른 사고 없이 의사로 일할 수 있었지만, 집에서는 완전히 사정이 달랐다. 닉의 아버지와 여러 계모들은 마약에 취해 툭하면 격렬한 말싸움을 벌였다. 닉은 아버지와 살던 집에 관해 말할 때면 늘 "정신 나간 집"이라고 표현했다.

"아, 정말 안타까운 일이에요." 내가 말했다. "아동기의 부정적 경험 대부분이 한 세대에서 다음 세대로 전해진다는 사실을 알기 때문에 더더욱 마음이 아파요. 만약 닉이 자신이 어린 시절에 감당하기 힘든 부정적 경험을 했다는 것을 알았다면, 그래서 자신의 스트레스 반응이 조절 장애 상태가 되었을 수 있고 스스로 그걸 해결해야 한다는 걸 알았더라면 당신과 칼이 처했을 상황은 완전히 달라졌을 텐데 말이에요."

"이건 **모든 사람이** 꼭 알아야 해요. 본인이 알든 모르든, 아동기의 부정적 경험이 자신이 사랑하는 사람들에게 커다란 영향을 미친다는 사실을 어떻게 하면 널리 알릴 수 있을까요?" 재닛이 물었다.

"그게 바로 오늘 **내가 여러분에게** 던진 질문이에요!"

"뭐, 일단은 캐럴라인이 〈타임〉에 전화를 걸어 다음번 커버스토리에 실을 이야기가 있다고 하는 게 좋겠는데요?" 캐슬린이 말했다.

이때부터 모두가 동시에 말을 쏟아내기 시작했다. 우리의 대화는 자신이 어렸을 때 '정상'이라고 여겨졌던 것이 무엇인지에서부터, 아동기의 부정적 경험에 관한 인식과 교육을 개선해 현 상황을 변화시킬 아이디어까지 여러 범주를 넘나들었다. 그날 모임은 그야말로 대성공이었다. 이는 내가 '말 퍼뜨리기' 전략을 사용했기 때문만은 아니었다(물론 그 전략을 쓴 건 사실이지만). 그날 저녁 나는 아동기의 부정적 경험이라는 개념이 우리 사회에서 대체로 금기로 여겨지는 주제들에 관한 대화의 물꼬를 트는 데 매우 강력한 촉매가 될 수 있음을 깨달았다. 통계상 내 주변에 어린 시절에 부정적 경험을 한 사람이 많을 가능성이 높다는 건 알았지만, 그때까지 베이뷰 진료소가 아닌 다른 곳에서 아동기의 부정적 경험에 관해 그렇게 솔직한 대화를 나눠본 것은 처음이었다.

반쯤은 농담이지만 종종 나는 이런 말을 한다. 베이뷰와 퍼시픽 하이츠의 가장 큰 차이점은, 베이뷰에서는 성추행을 저지른 삼촌이 누구인지 다들 아는 것이라고. 이는 우편번호가 94115인 퍼시픽 하이츠 지역에 아이에게 해를 입힐 만한 사람이나 약물의존증 또는 정신질환이 있는 사람이 존재하지 않아서가 아니다. 단지 그곳 사람들은 그런 일을 입에 올리지 않기 때문이다.

나중에 내가 캐럴라인에게 고소득층에 그렇게 비밀이 많은 이유가 뭐냐고 묻자, 그녀는 평판을 위태롭게 할 위험이 너무 크기 때문인 것 같다고 대답했다.

"사람들은 우리가 완벽한 인간이기를 기대해요. 모든 면에서 제대로 된 사람이어야 하는 거죠. 은폐가 만연한 건, 폭로되면 경력 전체가 날아갈 수 있기 때문이에요. 그걸 감춤으로써 영원히 지속시키고 있는 셈이죠."

그날 만찬 이후 내게 더욱 분명해진 것이 있다. 그렇게 아동기의 부정적 경험을 감추는 일은 그 경험을 특정 공동체들만의 문제로 보는 착각을 더욱 강화함으로써, 사람들이 아동기의 부정적 경험을 파악하는 일뿐 아니라 아이들을 위한 웰니스 센터가 추진하던 변화의 움직임까지 방해한다는 사실이었다. 자신의 이야기를 터놓고 말해준 캐럴라인의 용기에 나는 깊이 감동했다. 아동기의 부정적 경험과 유독성 스트레스가 은폐와 수치심을 먹고 자라면 걷잡을 수 없이 악화된다. 개인적 수준에서도 그렇고 사회적 수준에서도 마찬가지다. 한사코 보지 않으려는 것을 치료할 수 있을 리 만무하다. 일단 ACE 선별검사를 실시해본 의사들은 더 이상 아동기의 부정적 경험이 존재하는 것을 부인하지 않는다. 사람들은 친구들과 가족들에게 자신이 어린 시절에 겪은 부정적 경험에 관해 솔직히 이야기함으로써 역경을 인간이 살아가는 과정의 한 부분으로, 유독성 스트레스를 우리가 대처할 수 있는 생물학의 일부로 받아들이게 된다.

유독성 스트레스는 스트레스 반응이 혼란에 빠질 때 생기는 결과다. 이건 경제적 문제나 지역의 문제, 성격 문제가 아닌, 생물학적인 메커니즘이다. 그러니 이제 우리는 서로를 이전과는 다른 관점에서 볼 수 있다. **똑같은 생리 반응을** 촉발한 서로 다른 경험을 가진 사람들로 볼 수 있다는 말이다. 거기서 비난과 수치심은 빼버리고, 다른 모든 건강 문제를 해결하는 것과 똑같은 방식으로, 예컨대 독감이나 지카 바이러스처럼 대상을 가리지 않는 무차별적인 공중보건의 위기라는 관점에서 이 문제에 대처할 수 있는 것이다.

마지막 손님까지 떠난 뒤 나는 문을 닫고 조금 전 모두 함께 모여 있던 식탁에 다시 앉았다. 무언가 중요한 일이 막 일어났음을 느낄 수 있었다. 수년간 베이뷰와 퍼시픽 하이츠, 그리고 그 사이의 여러 장소에서 무턱대고 답을 찾아 헤맨 끝에, 아동기의 부정적 경험과 유독성 스트레스 퇴치에 대대적인 변화를 일궈내려면 무엇이 필요할지 마침내 깨달은 것이다. 나는 모든 동네의 모든 우물들을 조사하고 그 우물들이 내가 상상했던 것보다 훨씬 더 깊다는 사실뿐 아니라 더욱 중요한 사실, 바로 **그 우물들이 모두 연결되어 있다**는 것도 알게 되었다.

4부 _____ 혁명

11　　　　　　　　　　**자기 고통만 바라보는 사람들**

　　　　캐럴라인과 함께한 만찬을 기점으로 어린 시절에 겪은 부정적 경험의 영향과 치료에 관해 최대한 널리 알리려는 나의 캠페인이 갑자기 비현실적으로 잘 풀리기 시작했다. 나는 미국 소아과 학회에서 최초로 주최하는 유독성 스트레스에 관한 전국 콘퍼런스에 기조연설자로 초대되었고, 심지어 백악관 산하 여덟 개 기구의 수장들 앞에서 브리핑을 해달라는 초대도 받았다. 정말이지 꿈만 같아 꼬집어보지 않고서는 믿을 수 없는 순간들이었다.

　　아동기의 부정적 경험에 관해 이야기하는 사람은 나 혼자만이 아니었다. 유독성 스트레스의 영향을 식별하고 해결해야 한다고 적극적으로 주장하는 주도적인 사람들의 목소리가 점점 더 많이 들려왔다. 기회가 생겨 국립보건원을 방문했을 때 국립 아동보건 및 인간발달연구소를 이끄는 앨런 굿마커Alan Guttmacher 박사는 내가 한 TED 강연을 보았다며, "발달 과정에서 기인한 질병의 근원을 밝혀내는 것이 의학의 미래라 믿는다"고 말해주었다. 이 말은 내게서는 여간해서 나오지 않는 반응을 이끌어냈다. 바로 너무 벅차서 아무 말도 못한 것이다. 아동기의 부정적 경험이 생물학적으로 어떤 영향을 미치는지가 갑자기 화제로 떠올랐고, 전에는 이런 일에 전혀 관심을 가지지 않았던 사람들까지 아동기의 부정적 경험에 관한 이야기를 나누고 있었다.

그랬기에 2016년 여름 뉴욕에서 열린 한 콘퍼런스에서 ACE 선별검사의 필요성에 관한 발표를 시작할 때, 나는 그곳에 모인 과학자, 활동가, 교육자, 정책 전문가 등 다방면의 사람들이 모든 어린이에 대한 보편적 ACE 선별검사를 실현할 방법을 함께 생각해낼 완벽한 협조자들이라고 확신했다. 유일한 난관은 내가 얼마 전 막내아들을 출산해 모유가 계속 만들어지고 있는 상태였다는 것이다. 내 발표가 끝난 뒤에도 하루 종일 도저히 자리를 뜰 수 없는 발표들이 이어졌기 때문에 마무리 토론이 시작될 즈음에는 너무도 고통스러운 상태였다. 나는 재빨리 수유실로 달려가 젖을 짜내야 했다.

그런 뒤 거의 한 시간이 지나서야 나는 나의 아기 그레이(또는 태어나자마자 내가 부르기 시작한 별명인 '그레이부Grayboo')를 위한 황금 액체 200그램을 가지고 돌아왔다. 마지막 질의응

답의 일부라도 들을 수 있기를 바랐지만, 나보다 먼저 수유실에 들어간 사람이 너무 시간을 끌었다. 회의실 뒤쪽으로 서둘러 들어가 작은 소리로 "실례합니다"를 연발하며 의자들 틈을 비집고 가는데, 뭔가 낌새가 이상했다. 뭔가 일이 틀어졌을 때 느껴지는 긴장감. 그리고 그게 왠지 나와 관련된 것 같다는 불길한 예감. 내가 콘퍼런스장으로 돌아왔을 땐 누군가의 발언이 마무리되는 참이라 그저 발언자의 어조만 감지할 수 있었는데, 그의 말투는 아주 날카로웠다. 이윽고 그 사람의 말이 끝나자 콘퍼런스 주최자가 일어나서 모두에게 감사의 말을 전하고 행사를 마무리했다.

내가 대체 뭘 놓친 거지?

소지품을 챙겨서 와인과 치즈가 준비된 곳으로 가고 있는데, 지넷 페이-에스피노사Jeannette Pai-Espinosa가 나를 불러 세웠다. 지넷은 체구는 작지만 거대한 존재감을 지닌 사람이다. 한국 이민자의 딸로 캔자스시티에서 성장한 그녀는 자기 몫의 폭풍우를 이겨내고 살아남은 사람, 다른 이들보다 세상을 항해하는 방법을 더 잘 알고 있는 사람 특유의 자신감을 뿜어냈다. '친구, 걱정 말아요. 내가 당신을 도울 테니까.' 내게 다가오는 그녀의 표정은 그렇게 말하고 있었다. 만난 적은 없지만 지넷의 명성은 익히 들었다. 그녀는 서른한 개 주와 컬럼비아

자치구에서 젊은 여성들과 소녀들의 자활을 지원하는 전국 크리텐턴 재단National Crittenton Foundation을 이끌고 있었다. 크리텐턴 재단의 목표는 젊은 여성들의 삶을 좋지 않은 결과로 이끄는 근본 원인을 해결하는 것이었다. 이를 위해 아동기의 부정적 경험을 그들이 하는 일의 중심에 두었기 때문에, 나 역시 이 재단에 대해 알고 있었다. 아동기의 부정적 경험에 관한 이해를 기반으로 세대를 이어가는 가난과 악조건들, 폭력의 순환을 멈추려는 그들의 방식이 매우 효과적인 결과를 내고 있다는 이야기도 들었다. 지넷은 아동기의 부정적 경험이 미치는 실제 영향을 매일 목격하고 있는 나의 전우인 셈이다.

지넷은 악수를 건너뛰고 곧바로 나를 끌어안았다.

"아, 이거 흥미롭게 되어가는걸요!" 그녀가 뒤로 물러서며 말했다.

"저는 수유실에 갔다가 막 돌아왔어요. 도대체 무슨 일이 있었던 거예요?"

"사람들이 들고일어났어요! ACE 선별검사가 위험하다는 논의가 대대적으로 벌어졌죠. 저소득층 유색인 아이들에게 '뇌가 손상된' 아이들이라는 꼬리표를 붙이는 데 사용될 거라서 그렇대요." 지넷이 고개를 절레절레 흔들며 대답했다. "말도 안 되는 소리죠. 이런 우려를 제기하는 무리 중에는 실제로 ACE 선별검사를 실시하고 있는 사람이 아무도 없어요."

"어이가 없네요." 나는 너무나 실망스러웠다. "그 사람들은 이게 모든 지역사회에서 일어나는 일이라고 한 내 말을 못 들었대요? 이건 기본적인 생물학에 관한 이야기인데."

"갖가지 오해가 판을 치고 있어요." 우리 뒤쪽에서 누군가의 목소리가 들려왔다. 캐나다 앨버타주에서 아동기의 부정적 경험을 해결하기 위해 나선 한 재단을 이끌고 있는 낸시 매닉스Nancy Mannix였다. 우아한 크림색 정장을 입고 재클린 캐네디를 연상시키는 멋진 진갈색 단발머리를 한 낸시는 어느 모로 보나 재단 후원자에 어울리는 모습이었다. 그날 콘퍼런스에서 낸시는 앨버타에서 정책 결정자들과 의사들에게 뇌과학과 ACE 선별검사를 소개해온 자신의 경험을 들려주었다. 이 일에 대한 낸시의 통찰은 정말로 인상적이었다. 척 봐도 자기 손 더러워지는 것쯤 아랑곳 않고 소매를 걷어붙이고 나서는 사람이라는 것을 알 수 있었다. 나중에 낸시에게 따로 연락 해야겠다고 머릿속으로 기억해두었기 때문에 그녀가 지넷과 나에게 다가오는 것을 보았을 때 정말 기뻤다.

"우리가 앨버타에서 ACE 선별검사를 실시하려 했을 때도 똑같은 상황을 목격했죠. 가장 큰 반발은 ACE의 과학을 알지도 못하고 ACE 검사를 실시하지도 않는 사람들에게서 나와요. '내가 그 선별검사를 실시해봤는데 효과가 없었다'라거나 '그 검사를 그만둘 수밖에 없었다'라는 말은 한 번도 들어본 적이 없어요."

몇 분 만에 낸시와 지넷은 내가 자리를 비운 동안 무슨 일이 있었는지 설명해주었다. 그날의 강연을 요약하던 중 보편적 ACE 선별검사에 대한 나의 요구가 다시 언급되었고, 누구나 의견을 말할 수 있는 기회가 생기자 그 요구에 대해 상당히 맹렬한 비판이 쏟아졌다는 것이다. 가장 열렬히 반발한 이들은 자신들이 오랫동안 아이들의 부정적 경험을 초래하는 불평등을 해결하려고 노력했는데 갑자기 내가 나타나 그러한 역경을 '의학적 문제로 만들고 있다'고 느낀 지역 활동가들이었다. 심지어 **생물학적 결정론**이라는 부정적 감정이 실린 말까지 내뱉었다고 했다.

이런 비판은 여러 면에서 정말 쓰라리다. 더군다나 경력의 처음부터 지금까지 줄곧 가장 취약한 어린이들의 건강을 개선하기 위해 지역사회의 파트너들과 협력해온 나에게는 더욱 씁쓸한 반응이 아닐 수 없다. 애초에 내가 아동기의 부정적 경험과 유독성 스트레스를 이해하게 된 것도 바로 그렇게 일해왔기 때문이었다. 하지만 어째서인지 이런 모든 사실은 누락되고, 나는 "우리 애들의 뇌가 손상되었다고 말하는 샌프란시스코에서 온 의사"로 그려지고 있었다. 나는 센터 부지에 '유독성 먼지'가 있다는 시스터 J의 경고를 처음 들었을 때만큼 혼란스럽고 갈피를 잡을 수 없었다.

"꼬리표에 관한 염려는 나도 이해하지만, 걱정 말아요. 현실에서는 일어나지 않는 일이니까." 지넷이 말했다.

나는 희생자가 아니라 생존자입니다

지넷은 ACE 선별검사를 대규모로 실시할 때 어떤 일이 일어나는지를 직접 경험한 사람이다. 아동복지 기관이든 청소년 사법기관이든 젊은 엄마들과 성매매 생존자들을 돕는 단체든, 크리텐턴 재단이 지원하는 다양한 단체에서 지넷은 아동기의 부정적 경험에 관한 정보가 젊은 여성들에게 큰 힘을 주고 진정한 변화를 이끌어내는 과정을 목격해왔다. 그것은 전혀 꼬리표가 되지 않았다.

지넷은 얼마 전 열여덟 개 주에서 다양한 크리텐턴 프로그램에 참가하는 열여덟 명의 성인 및 청소년 여성들과 함께 워싱턴 D. C.에 가서 정책 입안자들을 대상으로 ACE 선별검사에 관해 교육했을 때의 이야기를 들려주었다. 그녀가 아동기의 부정적 경험에 대한 자료를 설명하고 있는데, 바로 앞에 앉아 있던 한 여성이 고개를 숙이고 흐느껴 울기 시작했다. 지넷은 생각했다. **누군가 이 정보를 듣고 자극을 받아서 운 건 처음이야.** 그때까지 그런 사람을 본 적은 없었다. 지넷은 회의를 중단하며 잠시 휴식 시간을 제안하고는 그 젊은 여성에게 걸어가 곁에 앉았다.

"괜찮아요?" 지넷이 부드럽게 물었다.

그녀는 고개를 저었다. "아, 아니에요. 이건…… 마음이 상한 건 아니에요. 당신 때문에 마음 상한 게 아녜요."

지넷은 당혹감을 느끼며 그녀 쪽으로 몸을 기울였다.

그녀가 말을 이었다. "이건 아무것도 섞이지 않은 순수한 기쁨의 눈물이에요."

"왜 기쁜 거죠?" 지넷이 물었다.

"이제는 내가 왜 이런지 알았으니까요. 내 형제자매들이 왜 그런지도 이해하게 됐어요. 어머니가 왜 우리를 그렇게 길렀는지도요. 내 아이들을 위해 내가 이 순환의 고리를 끊을 수 있다는 것도, 내가 희생자가 아니라 생존자라는 것도 이제 알았어요."

지넷이 들려준 바에 따르면, 그날 이후로 이 젊은 여성은 아동기의 부정적 경험과 유독성 스트레스에 관해 찾을 수 있는 모든 문헌을 찾아 읽기 시작했다고 한다. 그리고 그것이 기나긴 분투가 되리라는 것을 안다며, 그녀는 이렇게 말했다. "내가, 내 가족이 수 세대에 걸쳐 이런 상태에 이르렀다는 걸 깨달았어요. 그러니 내가 그 모든 일에 완전히 대처하는 데도 제법 시간이 걸리겠죠. 하지만 이젠 내가 더 좋은 선택을 할 수 있다는 걸 알아요. 단지 나만을 위한 선택이 아니에요. 내 아이들의 ACE 지수가 8점이나 9점, 10점이 되지 않도록 내가 막을 수 있어요." 그 여성의 ACE 선별검사 결과는 10점이었다.

몇 년에 걸쳐 크리텐턴 재단은 ACE 지수가 자기 자신에게 권한을 부여하고 이를 적극 지지하는 효과적인 도구라는 사실을 발견했다. 일단 그 정보를 알게 되면, 재단의 피보호 여성들은 자기 삶의 맥락을 다른 눈으로 바라보기 시작한다. 그러면서 더 이상 모든 게 자기 탓이라거나 자신이 멍청해서라거나 자신에게 뭔가 잘못된 게 있다고 느끼지 않게 된다. **과거에** 일어났던 일이 **현재** 자신이 느끼는 것에 **어떻게** 영향을 미치는지 이해하면 자신에 대한 시각과 치유의 과정이 달라진다. 그들은 삶의 어느 기간 동안 자신의 몸이 비정상적인 환경에 대응하기 위해 정상적인 반응을 보인 것임을 깨닫는다. 형제자매들에게 전화를 걸어 "이거야! 우리에게 일어나고 있던 일이 바로 이거였어!"라고 알리는 일이 생긴다. 크리텐턴 프로그램에 속한 소녀들 중 나이 많은 아이들은 더 어린 소녀들에게 아동기의 부정적 경험에 관해 이야기해주고, 자신이 그로부터 어떤 영향을 받았는지 들려준다. 자신들에게 더 일찍 그걸 알려준 사람이 있었으면 얼마나 좋았을까 생각하기 때문이다.

캐나다에서 일어난 변화

우리의 대화가 점점 더 깊어지면서 낸시 매닉스는 캐나다에서 한 경험도 자세히 들려주었다. 그날 나온 과도한 의료화라는 비판과 관련된 이야기였다. 콘퍼런스에서 비판 발언을 한 몇 사람들은 애초에 유독성 스트레스가 생리학적 문제라는 개념 자체를 부인하면서, 아동기의 부정적 경험과 그 영향은 그저 사람들과 문화에서 생기는 일반적인 문제이며 의학적 진단으로 해결할 수 없는 문제이니, 학습 문제는 교사에게, 행동 문제는 치료사에서 맡겨두자고 말했다. 그들이 우려한 것은 '신경과학에 대한 과도한 의존'이었다.

낸시는 앨버타에서의 경험을 통해 유독성 스트레스의 과학과 정규 ACE 선별검사를 표준 의료의 핵심 부분으로 포함시키는 일에 대해 한층 열렬한 믿음을 가졌다. 2005년, 아동기 트라우마가 중독 치료에 미치는 영향을 이해하려고 노력하던 그녀는 우연히 펠리티와 안다의 연구를 알게 되었다. 또한 거의 같은 시기에 발견한 하버드 아동발달센터의 연구로는 유독성 스트레스를 평가하는 데 ACE 연구를 사용하는 과학적 이유를 분명히 이해할 수 있었다. 당시 그녀가 하던 일은 아동 발달과 정신 건강, 중독의 각 분야에서 중요한 일을 하는 개인과 단체 들을 찾아내는 것이었다. ACE 연구를 처음 읽었을 때 낸시는 자신이 열정을 갖고 있던 세 분야 사이의 깊은 연결점을 순식간에 이해할 수 있었다.

당시 낸시와 그녀의 팀은 대부분의 중독 치료 실무자가 환자의 미래에 중점을 둬야 한다는 믿음을 갖고 일한다는 걸 알게 되었다. 이는 곧 임상의들이 환자의 과거에는 시간을 들이고 싶어 하지 않는다는 뜻이었다. 개입법들은 개개인의 진단에 따라 서로 이질적으로 나뉘어 있었다. 환자들의 치유를 도와야 할 체계들이 파편화되어 있었다. 낸시는 섭식장애와 코카인 중독 문제가 있으며 성적 문제까지 겪고 있는 17세 소녀의 사례를 떠올렸다. 이런 행동들이 모두 한 가지 근본 원인에서 나오는 여러 증상일 수 있음을 의식하는 사람은 아무도 없었다. 그래서 그 소녀는 마약 문제와 관련한 재활센터로 보내졌고, 섭식장애에 대해서는 또 다른 진료소에 보내졌으며, 무분별한 섹스의 위험성에 관한 '상담'을 받아야 했다. 이 어린 여성이 아동기에 경험한 극심한 역경이 그러한 증상들을 초래할지도 모른다는 걸 아무도 의식하지 못했기에, 세 가지 개입법 모두 별다른 효과를 내지 못했다. 낸시와 그녀의 팀은 이런 상황을 완전히 바꾸기로 결심했다.

그들은 중독 치료자들과 환자들을 한 자리에 모아 치료 시스템이 환자들에게 더 나은 서비스를 제공하려면 어떻게 해야 할지 의견을 나눴다. 마음을 열고 받아들이는 치료자도 있었지만 방어적으로 반발하는 사람도 있었는데, 이들은 자신들이 전문가로서 훌륭하게 치료하고 있으며 단지 특정 환자들이 치료에서 낙오한 것뿐이라고 주장했다.

결국 낸시는 앨버타에 아동기의 부정적 경험에 관한 내용을 알리는 것을 사명으로 삼았다. 그리고 레드 디어 타운에서 임상의와 학자, 정책 입안자, 교육 전문가 들을 초청해 그녀가 최초의 '촉매 모임'이라고 표현한 행사를 열었다. 낸시가 모셔온 각 분야의 대표 전문가들은 유독성 스트레스에 관한 최근의 과학적 발견을 명료하게 설명하고, 생애 초기의 부정적 경험이 뇌 발달에 미치는 영향을 단순하고 이해하기 쉽게 전했다. 이 모임을 계기로 그녀는 여러 해에 걸쳐 과학자들과 힘을 모아, 정책 결정자들이나 의료 실무자들에게 아동기의 부정적 경험과 관련된 새로운 과학을 이해시키기 위한 작업에 착수했다.

한편 그 작업의 일환으로 캘거리대학교에서도 연구를 시작했다. 1차 진료 기관에서 4000명 이상의 환자를 모집해 아동기의 부정적 경험과 신체 및 정신 건강 상태에 관해 질문한 것이다. 최초의 ACE 연구와 상당히 비슷하게 이 환자들도 83퍼센트가 백인이고 82퍼센트가 대학 교육을 받은 사람들이었다. 이들에게서 나온 수치도 역시 펠리티와 안다의 결과와 얼마 차이가 나지 않아 앨버타도 다른 지역과 비슷한 정도로 아동기의 부정적 경험에 영향을 받고 있음이 밝혀졌다.[1] ACE 지수가 높은 사람들은 (이번에도) 우울증과 불안증에 걸릴 확률이 훨씬 높으며, 천식이나 자가면역질환, 음식 알레르기, 심장병, 만성폐쇄성폐질환, 편두통, 섬유근육통, 역류성 질환, 만성 기관지염, 위궤양 등의 위험성이 더 큰 것으로 드러났다. 병명의 목록은 계속 이어진다.[2]

앨버타 사람들은 자신들이 사는 지역에서 이전까지 인지된 적 없었던 아동기의 부정적 경험의 심각한 영향을 보고 깜짝 놀랐다. 그 충격이 가라앉은 뒤, 그들은 해결책을 찾기 위해 다시 모였다. 의사들과 의료 프로그램들은 외래환자와 입원환자 모두에게 정규로 ACE 선별검사를 시작했고, 정책 입안자들은 자금지원을 받는 기관의 자격 요건으로 뇌 과학 분야의 전문성을 요구했다. '앨버타 가족 웰니스 이니셔티브 The Alberta Family Wellness Initiative'라고 불리게 된 이 프로그램은 생애 초기의 부정적 경험과 건강에 관해 '아는 것'을 의료 실무와 서비스 제공을 통해 '행하는 것'으로 옮겨놓는 데 성공해 캐나다에서 큰 주목을 받았다. 그랬기 때문에 이날 낸시는 그토록 열렬하게 '신경과학에 대한 과도한 의존'이라는 편견을 반박하고 아동기의 부정적 경험을 사람들에게 이해시키고 정규적인 ACE 선별검사를 도입하는 방향으로 사람들의 생각을 바꿔놓으려 애쓴 것이다. 그리고 더 나은 치료를 위한 더 나은 시스템을 지지하는, 힘 있는 당국자들을 동원해야 한다고 주장했다.

지넷과 낸시와 나는 각자 다른 경로를 거쳐 같은 장소에 도착했고, 문제의 동일한 근원에 집중하고 있었다. 그들과 함께 이야기를 나누는 동안 나는 공중보건의 진정한 대응이 시작되는 것을 느낄 수 있었다.

9.11 테러보다 두려운 일상을 보내는 아이들

그날의 논쟁적 대화를 통해 반대자들이 지적하는 또 한 가지 사항도 드러났다. 나는 물론 1차 진료 기관들이 ACE 선별검사를 위한 이상적인 장소라는 의견을 내놓긴 했지만, 동시에 교사들이 ADHD 진단과 약물 처방을 요구하며 아이들을 우리 진료소로 보내는 경우도 많기 때문에 진료소만이 유독성 스트레스를 근본적으로 이해해야 하는 유일한 장소는 아니라는 의견도 밝혔다. 그런데 바로 이 말이 벌집을 들쑤셔놓았다. 나중에 전해 듣기로는 한 여성이 나서서 학교에서 ACE 선별검사를 실시하는 것은 결국 저소득층 아이들에게 꼬리표를 붙이고 더욱 오명을 씌우는 일이 아니겠냐고 말했다고 한다.

아동기의 부정적 경험과 교육의 관련성에 대한 의문이 생길 때마다 내가 늘 의견을 구하는 사람이 있다. 바로 동료 의사이자 ACE 연구의 선구자인 패멀라 캔터Pamela Cantor 박사다. 그녀가 이끄는 단체 '아이들을 위한 긍정적 변화Turnaround for Children'는 아동기의 부정적 경험과 유독성 스트레스의 과학을 학교에 소개하는 일을 주도해왔다.

이 단체는 10년 넘게 그 일을 해왔지만, 캔터 박사가 개인적으로 아동기의 부정적 경험의 영향을 받은 아이들과 함께 일한 지는 그보다 훨씬 더 오래되었다. 정신의학을 전공하고 아동정신 건강 전문가로 일하던 그녀는 특히 트라우마에 노출된 아이들을 치료하는 일에 마음이 끌렸다. 캔터 박사는 자기가 일하는 방식을 '로빈 후드 방식'이라고 표현한다. 코넬대학교 의학대학원의 교직원인 그녀는 가장 부유한 맨해튼

어퍼이스트사이드 지역과 가난한 사우스브롱크스 지역 두 곳에서 진료 활동을 했다. 어퍼이스트사이드 진료소에서 번 돈으로 사우스브롱크스에서 하는 일에 비용을 대는 식이었다. 그녀가 두 지역에서 일하며 발견한 공통점은 놀랄 것도 없이 (적어도 내게는 그랬다) 아동기의 부정적 경험에 아이들이 노출되었다는 것이다. 몇 년에 걸쳐 그녀는 트라우마가 초래한 발달상의 문제들에 집중한 연구와 옹호 활동에 갈수록 더 깊이 참여했다. 진주만 공격 이후 미국이 경험한 가장 처절한 트라우마 사건인 2001년 9월 11일 테러 이후 뉴욕시에서 그녀를 호출한 것도 바로 그 때문이었다.

캔터 박사는 뉴욕시 교육부가 위임한 한 협업 기구의 공동 의장직을 맡아 9.11 테러의 트라우마가 뉴욕시 공립학교 어린이들에게 미치는 영향을 조사·연구해 달라는 요청을 받았다. 이 협업 기구는 컬럼비아대학교 메일먼 공중보건대학원의 연구자들과 함께 연구에 착수했는데 당시로서는 정신건강 관점에서 도시의 공교육 시스템에 실시하는 최대 규모의 역학조사였다. 이 연구를 시작할 당시 상식에 기반해 세운 가설은 테러 발생 현장인 그라운드 제로에서 가까운 학교에 다니는 학생들이 가장 큰 영향을 받았을 것이고, 따라서 당연히 가장 큰 도움이 필요하리라는 것이었다.

연구 팀은 연구 데이터를 커다란 트레이싱 용지에 지도 형식으로 표시하고, 트라우마 증상들과 그라운드 제로 인근의 다양한 동네 사이의 관계를 보기 위해 겹쳐 보았다. 연구 팀이 지도들을 한 장 한 장 포개놓을수록 거기 담긴 데이터는 그들이 예상했던 것과는 전혀 다른 그림을 만들어냈다. 트라우마 증상의 분포는 그라운드 제로 주위의 대체로 중산층에 해당하는 동네들에 밀집되어 있지 않았다. 증상들은 오히려 가장 가난한 지역들의 위치와 눈에 띄게 일치해 분포했다. 지도를 한 장 더 포개자 가장 큰 타격을 입은 지역들이 자원이 가장 적은 공동체들이기도 하다는 사실도 드러났다.

데이터를 본 캔터 박사는 그 학교들을 찾아가 지도에 점들로 표시된 아이들을 직접 만나보기로 했다. 그녀가 제일 처음 방문한 학교는 할렘과 경계가 맞닿은 동네인 워싱턴 하이츠에 있는 한 초등학교였다.

그 학교에 갔을 때 캔터 박사는 크고 음산한 학교 건물로 통하는 현관이 매우 어둡다는 점에 주목했다. 거기에는 한 어머니가 어린 여자아이의 손을 꼭 잡고 서 있었다. 아이답고 활동적인 분위기는 전혀 느껴지지 않았고, 가족을 그린 그림이나 종이접시에 마카로니를 붙여 만든 미소 짓는 얼굴 같은 것도 볼 수 없었다. 대신 거기에는 공포와 혼란의 느낌만이 가득했다. 마치 책임자가 아무도 없는 곳 같았다. 복도는 뛰어다니며 소리를 지르는 아이들로 가득했다. 한 무리의 아이들이 복도에서 싸우고 있었다. 좀 큰 아이들이었다. 캔터 박사는 그런 모습을 보고 처음에는 충격을 받았지만, 점점 여러 학교를 다녀보면서 그것이 낙제해서 중학교로 올라가지 못한 아이들이 있는 학교의 전형적인 모습임을 알게 되었다. 열두 살, 열세 살, 열네 살 먹은 커다란 아이들이 유치원 교실 바로 옆 복도에서 싸우고 있었다. 그녀는 어린아이들이 매일 그 복도를 지나다닐 때마다 어떤 느낌을 받을지 상상했다.

마침내 안내를 받아 교실에 들어서자, 아이들이 종이비행기를 만들며 장난을 치고 있는 모습이 눈에 들어왔다. 선생님들은 학생들을 전혀 감당하지 못했고, 교실에서 일어나는 일을 통제하지도 못하는 듯했다. 학습은 거의, 또는 전혀 이루어지지 않는 것 같았다.

뉴욕시 곳곳의 학교들을 수차례 방문하고 많은 시간 대화를 나눠본 뒤 마침내 그녀가 내린 결론은, 연구에 참가한 아이들 중 가장 어린 축에 속하는 한 아이가 그린 그림에 잘 표현되어 있다. 할렘에 사는 다섯 살짜리 남자아이에게 9.11 테러에 대한 감정을 그림으로 그려보라고 했다. 아이가 그림을 제출하자 캔터 박사는 먼저 자신이 예상하고 있던 요소부터 찾아보았다. 이제는 아이콘이 된, 연기를 내뿜는 두 개의 건물 말이다. 두 건물이 아이의 그림 속에 담겨 있기는 했지만, 저 멀리 보이는 작은 두 개의 구조물로만 그려져 있었다. 전경에 그보다 훨씬 더 크게 그려진 것은 동그라미와 선으로 표현된 두 아이가 서로에게 총을 겨누고 있는 모습이었다.

트라우마 징후를 많이 드러내는 아이들에게 9.11 테러는 그저 하나의 도화선이자 지평선 멀리 보이는 두 개의 연기 기둥일 뿐이라는 사실을 보여주는 증거였다. 이 아이들의 증상의 근원은 9.11 테러로 인한 급성 트라우마가 아니라, 자신들의 일상생활에 상존하는 만성 위험이었다. 아침이면 범죄가 들끓는 동네를 지나 학교에 가고 학교에서도 하루 종일 위험을 느끼는 만성 스트레스는 극심한 가난에 시달리는 아이들이 항상 경계 상태에서 살아간다는 것을 의미한다.

뉴욕시의 두 상반된 지역의 아이들을 모두 진료한 경험이 있는 캔터 박사는 이 일로 매우 결정적인 깨달음을 얻었다. 그라운드 제로 근처의 지역들에는 더 많은 자원이 갖춰져 있다. 이 말은, 어른들이 완충 역할을 훨씬 더 효과적으로 해 아이들의 스트레스가 유독한 정도에 이르지 않고 견딜 만한 수준에 머물도록 지켜줄 수 있다는 뜻이다. 그라운드 제로 가까이 살고 있는 아이들에게는 선생님이든 종교 지도자든 조부모든 코치든, 매우 심각한 급성 트라우마의 순간에서도 아이들이 안정을 느끼도록 도와줄 완충적 자원들을 훨씬 더 많이 있다.

캔터 박사가 이 연구를 통해 간파한 것은 부모들이 헌신적으로 아이들을 잘 보살피려 해도 가난 자체가 아이들의 충격을 효과적으로 완화하는 데 필요한 자원을 축소시킨다는 점이다. 가난한 아이는 트라우마 사건을 더 많이 경험할 뿐만 아니라, 가족의 일상에 도사리는 실존하는 스트레스로 인해 완충 자원조차 부족하기 때문에 그 경험이 유독성 스트레스를 일으킬 가능성도 훨씬 크다. 바로 이런 점이 교육적 성장과 학습 능력에 영향을 미치고 있었다. 캔터 박사가 진료 활동을 그만두고 몹시 취약한 이 어린이들을 도울 해결책을 만드는 일에 헌신하기로 한 것은 바로 이러한 통찰 때문이었다.

워싱턴 하이츠의 초등학교에 처음 발을 들여놓자마자 캔터 박사가 느낀 것은 이글거리는 격한 분노였다. 정신의학자로서 그녀는 주위 모든 곳에 트라우마 증상들이 가득 차 있음을 알아보았다. 그것은 아이 한두 명의 문제가 아니라 **학교 전체**의 문제였다. 사람들은 **트라우마**라는 말을 들으면, 대개 전형적인 특수학교high-needs school* 서비스가 필요한 대략 10~15퍼센트의 소수에게 해당하는 말이라고 생각한다. 캔터 박사도 한때는 그렇게 생각했다. 하지만 많은 특수학교를 방문한 뒤 그녀는 알게 되었다. 개별적인 정신 건강 서비스를 받아야 하는 아이들의 비율은 상대적으로 낮을지 모르지만, 배울 준비를 갖추고 배움에 참여하기 위해 전통적인 학교 환경 **이상의 무언가가** 필요한 아이들은 그보다 훨씬 더 많았다.

---

* 원문 하이니즈 스쿨high-needs school은 미국에서 학교 주변 환경과 재정 여건이 나빠 자격 있는 교사를 구하기가 힘들고, 교사의 이직률이 높으며, 소수민족이나 빈곤층, 학습 능력이 매주 저조한 학생들, 주거가 불안정하거나, 소년원 수감 경력이 있거나, 장애가 있거나, 이민 후 아직 미국에 적응하지 못한 학생들이 주를 이루는 학교를 말한다.

'아이들을 위한 긍정적 변화'는 9.11 테러 이후 대부분의 학교가 다양한 자원을 동원해 **급성** 트라우마에 대처하는 일은 당연히 중요하게 여기지만, 매일 일상적으로 가해지는 만성적 역경의 맹공이 은밀하게 아이들의 학습을 저해하는 것에는 전혀 대처할 준비가 안 되어 있다는 인식을 바탕으로 설립되었다. 첫 과제는 사람들에게 역경과 학업 성취의 관계를 교육하는 일이었다. 캔터 박사 팀은 연구가 그렇게 많이 진행되었음에도 여전히 많은 교육자가 그 관계를 직관적으로 인지하지 못한다는 사실을 알게 되었다. 그다음으로는 학교들이 스트레스의 영향으로 고생하는 아이들의 학습 결과를 향상시킬 실무 관행들과 개입법들을 고안하는 데 어떤 도움을 줄지 궁리하는 일이었다. 결코 쉬운 과제가 아니었다.

  캔터 박사는 의사이기 때문에 부정적 경험에 관한 신경생물학으로 이 문제에 접근했다. 아이들이 학교에서 주의를 집중하고 학습하려면 전전두피질(지휘자)을 사용해야 하는데, 이 말은 곧 편도체의 경보 신호가 조용히 있어야 한다는 의미다. 이를 해결하는 데는 안전과 안정이 중요하다. 하지만 아이들이 가정과 지역사회에서 받은 스트레스 심한 경험들을 고스란히 안고 교실로 들어와 문제를 일으키고 선생님들과 친구들을 힘들게 하는 마당에 '아이들을 위한 긍정적 변화'는 어떻게 교실에 안전과 안정을 확보할 수 있었을까? 캔터 박사 팀은 그들이 도우려는 아이들의 다수가 편도체의 경보 체계가 항상 높은 경계 상태에 있으며 코르티솔 조절 장치가 과열되어 있다는 것을 알고 있었다. 또한 대개의 경우 유독성 스트레스에 대한 자연적인 해독제, 그러니까 스트레스 반응을 완화해줄 수 있는, 스스로 잘 조절할 줄 아는 양육자가 매우 드물다는 점도 알고 있었다.

'아이들을 위한 긍정적 변화'는 먼저 학교의 관행과 정책을 바꾸는 데 바탕이 되는 과학적 정보를 제공하는 것부터 시작했다. 그들은 학교에 정신 건강 전문가와 사회복지사를 배치해 가족들도 쉽게 동참할 수 있는 지지 시스템을 만들었다. '아이들을 위한 긍정적 변화'는 학교를 이끄는 사람부터 상담사, 교사 들까지 학교 환경에 속한 모든 성인을 교육하는 데 투자했다. 부정적 경험과 트라우마의 영향이 학교 건물 전체에 퍼져 있다는 것을 인식했기 때문이다. 한 교실에 주의력과 행동 문제가 있는 아이가 한 명만 있어도 수업이 제대로 진행되기 어려운데, 이런 문제에 시달리는 아이가 **서른 명**이 있으면 순식간에 걷잡을 수 없는 상황이 되어 모든 아이의 학습이 아예 중단되는 현상을 그들은 수없이 봐왔다.

많은 학교가 직면한 가장 어려운 과제는 규율을 세우는 일이었다. 이는 학교 공동체의 안전과 아이들 개개인의 필요 사이에 어떻게 균형을 잡느냐 하는 문제였다. 전통적인 학교 규율 모형은 반응적이고 처벌적인 것으로, 학생이 특정 행동을 하면 그 결과 정학이나 퇴학을 당하는 식이었다. 이런 모형에서는 많은 아이가 교실에서 보내는 귀한 시간을 빼앗기기 마련이었다. '아이들을 위한 긍정적 변화'는 학생의 생물학적 상태를 억누르는 대신 잘 **이끌어주는** 것을 목표로 삼아, 조절 장애 상태가 된 아이들의 스트레스 반응을 먼저 잡아준 **다음** 당면 사안을 처리하는 전략을 개발했다. 거창할 필요는 없었다. 스스로 자신을 조용히 돌이켜보도록 마련한 공간에 학생을 잠시 보내두거나, 열까지 숫자를 세고 심호흡을 하라는 신호를 보내는 식으로, 스트레스 상황에 손쉽게 대처하는 방법을 제안하는 정도로도 충분하다.

이런 접근법은 학교 문화에 깊은 영향을 미쳤다. '아이들을 위한 긍정적 변화'와 협력 관계를 맺은 여러 학교에서 2011년부터 2014년까지 정학 처분이 절반으로 줄었다. 학급 분위기, 학습 성과, 참여도는 20퍼센트 이상 높아졌고, 심각한 사건도 42퍼센트 감소했다. 캔터 박사 팀은 '아이들을 위한 긍정적 변화'를 더 많은 도시로 확장해 뉴욕에서 실시한 모델을 워싱턴 D.C.로, 뉴어크로 가져갔다.

그런데도 한 가지 문제가 유독 해결되지 않고 남아 그들을 답답하게 했다. 모든 과학 연구 결과를 보면, 그들이 목격한 긍정적인 결과들은 학습 향상으로 이어지는 것이 마땅했다. 그런데 학교 문화와 분위기가 개선되었음에도 시험 성적은 이상할 정도로 변함없이 낮은 상태에 머물러 있었다. 그들은 자신들이 무엇을 놓친 것인지 깊은 고민에 빠졌다. 교장을 비롯한 학교 운영자들을 만나 의논하고, 데이터를 검토하고, 다른 사람들에게서 배울 수 있는 관행이 있는지 알아보려고 교육 콘퍼런스에도 참가했다.

캔터 박사가 마침내 돌파구를 찾은 것은 해결책을 다른 관점에서 바라보기 시작했을 때였다. 그녀는 교육자들이 종종 한 가지 관행을 어떤 문제에 대한 **궁극적** 해결책으로 선택한다는 것을 알게 되었다. 교육의 세계에서 15년을 보내는 동안 캔터 박사는 책임성과 측정이 **가장 중요한** 사안으로 떠오르고, 다시 기대가 **가장 중요한** 것이 되었다가, 모든 교실에 훌륭한 선생님이 있는 것이 **가장 중요한** 일로 떠오르는 과정을 보아왔다.

문득 의학 교육에서는 **지금 가장 중요한** 게 무엇인지 묻도록 가르치지 않는다는 생각이 떠올랐다. 그녀가 받은 교육은 이렇게 자문하도록 가르쳤다. **지금 보이는 이 증상들을 설명하는 건 무엇일까?** 대개 그 답은 하나가 아니라 복합적인 것이었다. 이 생각을 하게 되면서 캔터 박사는 문제에 대한 포괄적 이해를 기반으로 한 개입법을 써야 한다는 것을 깨달았다. 아이들이 학교가 신체적으로도 정서적으로도 안전한 곳이라고 느끼는 것은 대단히 중요하다. 체크. 또한 역경에 노출되면 학습 준비에 필요한 기술들이 손상되므로 아이들이 학습을 위한 준비성을 개발하는 것도 정말 중요하다. **체크. 이 일도 우리가 해야겠군.**

학생의 성공적 학습과 관련해서는 수학과 과학을 가르치는 것 못지않게 회복탄력성과 근성 같은 것을 가르치는 일도 중요하다는 깨달음이 많은 학교 제도에 지대한 영향을 끼치고 있었다. 캔터 박사 팀은 거기서 한 걸음 더 나아갔다. 발달신경과학은 아이들이 근성이나 회복탄력성, 또는 수학이나 과학을 배울 수 있으려면, 그 전에 건강한 애착 관계, 스트레스 관리, 자기 조절이 기본 바탕으로 깔려 있어야 함을 알려준다. 건강한 애착은 리버먼 박사와 렌슐러 박사가 샬린과 니아를 위해 키워주려고 몹시 애썼던 바로 그것이기도 하다. 제대로 된 경우라면 건강한 애착은 태어나는 순간부터 시작되어 타인에 대한 신뢰와 유대감을 배우는 기반을 형성한다. 가난 속에서, 경제적 불안정뿐 아니라 다른 여러 불안정한 상황 속에서 자라는 아이들이 건강한 애착과 안정적인 양육을 경험하기란 훨씬 더 어려운 일이다. 집안의 혼란 때문이든 지역 사회의 폭력성 때문이든, 허리를 휘게 하는 가난, 마약과 알코올, 정신질환으로 인한 혼미함 때문이든, 아주 많은 가정이 아이들에게 안전과 안정을 제공하는 것을 너무나도 어렵게 만드는 난관들에 직면한다.

캔터 박사는 자신들이 사용해온 모형이 많은 학생에게 결여된 것을 기반으로 만든 것임을, 그 모형이 부분적인 효과밖에 내지 못했던 것도 그 때문임을 깨달았다. 그들은 교육의 성공에 관한 한 핵심은, 적합한 요소들을 제공하는 것만으로

다 되는 게 아니라 타이런 박사의 올챙이들에게서 보았듯 그 요소들의 **타이밍과 순서, 용량** 또한 결정적인 역할을 한다는 사실을 알게 되었다.

그리하여 '아이들을 위한 긍정적 변화'는 아이들에게 삶의 토대가 되는 애착, 스트레스 관리, 자기 조절의 기술들을 키우게 하고, **그런 다음** 학습을 위한 다른 기술들을 쌓아가는 '학습을 위한 벽돌 쌓기Building Blocks for Learning'라는 틀을 고안했다. 학습을 위한 생물학에 타당한 방식으로 관련 기술들을 쌓아가게 한 것이다. 이는 아이들의 학습을 뒷받침할 강화된 환경을 제공해 '가속페달'을 밟는 것과 더불어 애착과 스트레스 관리, 자기 조절을 가능하게 해줌으로써 '브레이크'(편도체가 인지 기능에 미치는 억제 효과)에서 발을 떼게 하는 것도 필요하다는 수십 년간의 신경과학 연구를 기반으로 한 것이다. 이리하여 '아이들을 위한 긍정적 변화'는 유난히 해결하기 어려운 것으로 악명 높던, 역경 속에 살아가는 아이들의 시험 성적 문제를 마침내 해결했다. 그들과 협력 관계를 맺은 브롱크스의 학교들은 수학과 언어 영역 점수의 순증가가 다른 구역 학교들을 훨씬 앞질렀다.

'아이들을 위한 긍정적 변화'는 부정적 경험을 한 아이들에게 오명을 씌우거나 겉으로 그 존재를 드러내는 대신, 그저 학생이 발달의 궤도에서 어디쯤 위치해 있는지 확인하고 유독성 스트레스의 과학을 활용해 그 아이가 다시 정상 궤도로 돌아오게 하는 접근법을 취했다. 한 아이의 발달이 정체된 것이 부정적 경험에 노출된 탓인지 아닌지를 확인하는 것은 교실에서 상황을 개선할 때 어떤 일부터 착수해야 하는지를 알아내는 데 핵심 역할을 한다.

캔터 박사가 자신이 작업한 학교들에 관해 이야기한 내용은 내가 유독성 스트레스에 관해 알고 있는 모든 내용과 맞아떨어졌다. 나는 베이뷰의 우리 아이들, 학교에서 종종 심각한 학습과 행동 문제를 일으키는 아이들을 생각했다. 문득 아동기의 부정적 경험은 미국 공중보건 위기의 근원일 뿐 아니라 미국 **공교육** 위기의 근원이기도 하다는 생각이 들었다.

ACE가 의학적 문제를 뿌리에 둔 건강의 위기이기는 하지만 그 영향들은 생물학을 훨씬 넘어선 곳까지 퍼져나가는 것이 분명했다. 유독성 스트레스는 우리가 학습하는 방식, 자녀를 양육하는 방식, 가정과 직장에서 일어나는 일에 반응하는 방식, 그리고 우리가 공동체 안에서 창조해내는 것에까지 영향을 미친다. 그것은 우리 아이에게, 우리의 소득 잠재력에, 그리고 우리가 자신의 능력치에 대해 갖고 있는 생각 자체에도 영향을 미친다. 하나의 뇌세포에서 다른 뇌세포로 이어지는 회로에서 시작된 것이 결국 가족부터 학교, 직장, 교도소까지, 우리 사회의 모든 세포에 영향을 미친다.

낸시 매닉스와 지넷 페이-에스피노사, 그리고 패멀라 캔터는 이러한 유독성 스트레스에 관한 새로운 정보들을 자신들이 하는 일에 적용해 공동체를 위한 돌파구를 만들어내는 데 활용하고 있었다. 이 운동의 선봉에 선 이들은 온갖 반발과 부정적인 말에도 불구하고 천천히, 그러나 확실하게 과학에 기반한 접근법들을 더 넓은 범위로 확대해나가고 있다.

이들의 성공(과 실패)에서 배우기 위해, 그리고 내가 할 수 있는 모든 방법으로 이들을 지지하고 격려하기 위해, 나는 이들과 계속 연대할 것임을 마음에 새겼다. 이들의 운동이 소아과의 영역을 넘어 추진력을 얻고 더욱 뻗어나가 진정한 공중보건 운동으로 바뀌는 모습을 보니 힘이 솟았다. 그러나 불안한 마음은 여전히 가시지 않았다. 콘퍼런스의 논의 방향이 얼마나 순식간에 엇나갔는지를 생각하면 용기가 꺾였다. 그 콘퍼런스에서 내가 정말로 이해해야 할 것은, 사람들이 그렇게 **적의를 드러내는 진짜 이유**였다.

모두가 함께 똑같은 싸움을 하고 있다

몇 주 뒤, 나는 절대 놓칠 수 없는 또 한 번의 콘퍼런스에 참석하기 위해 다시 유축기를 챙겼다. 백악관과 게이츠 재단이 주최한 이번 콘퍼런스는 캘리포니아대학교 샌프란시스코 캠퍼스에서 열렸기 때문에 적어도 멀리 갈 필요는 없었다. 남편에게 입을 맞추고 그레이부를 맡긴 뒤 문을 나서면서 내가 최근의 다른 어떤 콘퍼런스보다 이날의 콘퍼런스에 훨씬 더 큰 기대를 품고 있음을 느꼈다. 이번에는 내가 연사로 참여하지 않는다는 사실도 왠지 호사처럼 느껴졌다. 그냥 편히 기대앉아 흥미진진한 새로운 연구와 데이터를 흡수하기만 하면 되는 것이다.

이날 정밀 공중보건 회의Precision Public Health Summit는 한 아이의 삶에 평평한 운동장을 만들어주기 위해서 가장 결정적 시기인 생후 1000일 동안 공중보건 영역에서 정밀 의료를 어떻게 활용하는 것이 좋을지, 여러 사람의 의견을 듣고 토론하는 자리였다. 한마디로 내 관심사에 딱 맞아 떨어지는 주제였다. 논의의 범위는 매우 넓었지만 전체를 아우르는 큰 주제를 꼽자면, 과학자들과 그들이 돕고자 하는 지역사회 간 협력 관계의 중요성이라 할 수 있었다. 지역사회 파트너 쪽 발언자 중에는 샌프란시스코의 흑인 영아 건강 프로그램Black Infant Health Program, BIH의 책임자인 제니 존슨Jenee Johnson이 있었다.

'흑인 영아 건강 프로그램'의 사명은 아프리카계 미국인 공동체에 속한 엄마와 아기의 건강을 개선하는 것이고, 이는 제니와 나의 길이 서로 자연스럽게 교차했음을 의미한다. 제니는 내가 베이뷰 진료소를 열기도 전에 베이뷰 YMCA의 흑인 영아 건강 프로그램에서 마련한 아기들의 건강과 관련한 보편적인 우려 사항들을 알리는 수업을 진행하는 데 나를 영입했던 사람이다. 세월이 흘러 이번 콘퍼런스에서 흑인 영아 건강 프로그램의 훌륭한 작업이 소개되는 것을 보니 정말 기뺐다.

그러나 얼마 지나지 않아 나는 과학계와 공동체 두 세계를 두루 잘 아는 한 사람으로서 내 앞에서 자연스러운 긴장 관계가 펼쳐지고 있음을 눈치챘다. 제니 옆에 앉아 있던 연구자들과 통계 전문가들은 생체지표와 데이터 세트에 관해, 데이터 수집의 어려움과 개인의 사생활 보호에 관해 이야기했다. 반면 제니는 자신이 일하며 늘 만나는 엄마들과 아기들에 관해, 그들의 공동체 안에서 매일 맞닥뜨리는 가난과 사회적 난관에 관해 열정적으로 이야기했다. 그녀는 흑인 여성들에 대한 존중을 말했다. "존중, 존중, 존중"이라고 반복하며 손뼉을 쳐서 각 음절을 강조했고, 손뼉을 한 번 칠 때마다 한 단계씩 목소리를 높였다. 연구하는 과학자들에게는 숫자가 곧 사람이지만, 취약층 가족들을 위해 일하는 사람에게 숫자는 사람들이 하는 실제 경험을 놓치게 만드는 요소였다.

제니가 청중을 향해 이야기를 시작하자 그녀의 목소리에 담긴 감정은 300여 명의 과학자가 모인 그 방을 아주, 아주 작은 방처럼 느껴지게 만들었다. 제니는 어느 저녁 밤을 보낼 곳이 없어 자신의 모든 소지품을 담은 여행 가방 하나를 들고 아기를 등에 업은 채 자신들을 찾아온 한 엄마 이야기를 했다. 자신은 바로 이런 사람들을 돕고자 하지만, 과학자들은 이 사람들을 자기네 일의 중심에 두지 않기 때문에 아무 도움도 주지 않는다고 말할 때, 제니의 목소리는 고통과 분노로 더욱 높아졌다.

"한 공동체가 해체되지 않고 계속 유지되도록 도울 수 있는 면역혈청이 뭘까요? 지금 우리 프로그램이 있는 곳과 안티오크 사이를 통근하는 가족들이 있습니다. 70킬로미터나 떨어진 거리죠. 이 문제를 해결할 혈청은 뭡니까? 마틴 루터 킹 박사는 내가 당신들과 같은 샘에서 물을 마셔도 미국에는 비용이 **전혀** 들지 않는다고 말했습니다. 내가 버스 앞쪽에 앉아 있어도 미국에는 아무 비용도 들지 않아요. 이와 달리 우리가 교육의 공평함과 직업과 주거의 평등을 확보하려면 비용이 **상당히** 들어갈 겁니다. 그래서 우리가 여기 모인 거죠. 아름다운 모임이기는 하지만 우리는 어떤 사람들이 속한 한 집단 전체를 놓치고 있어요. 내게는 스트레스를 해결하기 위해, 우리 사무실로 찾아오는 나의 의뢰인들이 매일 끌어안고 사는 그런 스트레스를 해결하기 위해 쓸 혈청도 알약도 없고, 내가 그들을 돕는 길로 안내하는 연구 주제도 없어요. 우리는 계속 **스트레스, 스트레스, 스트레스**만 이야기하고, **연구, 연구, 연구**를 해야 한다고 말하지만, 흑인들에게 정말 가치 있는 건 **관계**예요. 우리 모두 그 사실을 알고 있습니다. 우리는 그들을 의제에 올려야 하고, 우리가 아닌 다른 사람들을 이 공간으로 데려와야 합니다. 이 주제에서 특히 영향을 받는 사람들을요. 이 모임은 내가 500번째로 참석한 모임이지만, 여러분, 그들은 한 번도 이런 자리에 참석한 적이 없었어요."

회의장에는 잠시 정적이 흘렀고 그 짧은 시간 동안 나는 상충하며 솟아오르는 감정들에 휩싸였다. 나도 제니처럼 다양성이 결여된 대화에 대한 분노와 갈 곳 없는 젊은 엄마를 향한 쓰라린 마음을 느꼈다. 제니가 한 말에 대부분 동의했지만, 스트레스의 영향을 받는 사람들이 이 자리에 없다는 말은 완전히 잘못된 것이었다. 그것만큼은 내가 분명히 아는 사실이었다. 순간 남편의 얼굴이 떠올랐다. 경계심에 바짝 긴장한 표정으로 턱을 앙다문 얼굴. 내가 그에게서 한 번도 본 적 없는 위협적인 모습이었다.

때는 그레이부가 태어난 2014년이었고, 우리는 네바다주 타호호湖의 어느 레스토랑에서 자리가 나기를 기다리고 있었다. 화장실에 갔다 돌아오는 길에 모퉁이를 돌던 내 눈에 남편 아르노의 모습이 들어오던 순간을 기억한다. 그의 모습이 심상치 않았다. 마치 느린 화면으로 재생되는 양, 나는 그 세세한 장면의 모두를 흡수했다. 아르노의 몸은 당겨진 활시위처럼 팽팽히 긴장하고 있었고, 당장이라도 행동할 것 같은 강력한 에너지로 가득 차 있었다. 주먹은 꽉 쥐었다 폈다를 반복했다. 팔뚝에 통통한 지렁이 같은 정맥이 튀어나온 것도 보였다. 그의 눈은 기민하게 움직이며 레스토랑 앞 벤치에서 아무것도 모른 채 떠들며 놀고 있는 세 흑인 소년에게로 향했다. 당시 겨우 두 살이던 킹스턴이 열한 살 난 쌍둥이 페트로

스와 파울로스를 벤치에서 밀어내려 하고 있었다. 킹스턴은 깔깔 거리며 계속 미는 동작을 했고, 쌍둥이는 킹스턴이 낼 수 있는 가장 센 힘을 내도록 부추기고 있었다. 그러다 아르노의 시선은 아이들을 지나쳐, 머리를 빡빡 밀고 발끝 부분에 금속을 댄 부츠를 신고 짙은 청회색 문신이 뱀처럼 목을 타고 오르는 백인 남자 두 명에게로 향했다. 남자들은 우리 아들들을 험악하게 노려보고 있었다. 그 순간 나는 아르노가 완전히 투쟁-도피 반응 상태에 있다는 걸 깨달았고, 그 순간 내 심장도 멎어버릴 것 같았다.

바로 그때 레스토랑 주인이 우리 이름을 불러 숲속의 인간 곰들에게서 벗어날 구실을 만들어주었다. 그러나 자기 아이들을 노려보는 남자들을 주시하며 당장이라도 맨주먹으로 싸움에 뛰어들 태세였던 남편의 모습이 내 마음에 강렬히 새겨졌다. 그 원인은 두 가지다. 첫째로, 흑인 아이들을 둔 아버지라는 것이 아르노에게는 추가적인 스트레스 위험 요인이었다. 검거나 갈색인 피부로 미국에 살고 있는 사람의 경험 속에는 선천적으로 더 많은 위협과 스트레스 요인이 자리한다. 그 사람은 곰들이 아주 많은 숲에 살고 있는 셈이다. 인종에 대해서 말하는 건 언제나 쉽지 않은 일이지만, 엄연한 실상은 부정할 수 없다. 그것은 제니가 해온 이야기의 큰 부분을 차지하는 내용으로, 그녀의 말은 옳았다.

그러나 내가 타호호에서의 그 순간을 영원히 잊지 못하

는 또 다른 이유야말로 내가 제니에게 알려주고 싶은 것이었다. 흑인 아이들의 아버지이기는 하지만 내 남편은 백인이다. 사실 내가 아주 애정을 담뿍 담아 '코카시아의 시장Mayor of Caucasia'*이라 부르는 흰 피부의 남편은 백인인 **동시에** 성공한 CEO다. 그는 사회경제적 먹이사슬의 최상층에 앉아 있다. 사전에서 'the Man' 항목을 찾아보면 바로 내 남편 같은 사람이 묘사되어 있을 것이다.

우리의 쌍둥이 아들은 입양한 아이들이다. 그들의 피부는 내 피부보다도 더 어둡지만 킹스턴은 밝은 캐러멜색이다. 분명 내 아이들을 노려보던 그 남자들은 자신들에게서 몇 미터 떨어진 곳에 아이들의 아버지가 서 있다는 사실을 몰랐을 것이다. 그러나 그 순간 아르노는 자기 아이들이 위협받는 모습을 지켜보는 아버지였을 뿐이다. 그때 나는 생물학과 사회가 교차하는 매우 의미심장한 사례를 목격했다. 스트레스 반응 메커니즘은 우리 모두의 몸에 내장되어 있다. 위협은 곧 반작용을 일으키며, 그 형태가 남부 연합군 깃발 문신의 형태를 띠든 건장한 회색곰의 모습을 띠든, 똑같은 생물학적 메커니즘을 유발한다.

내가 느끼기에 제니는 나의 아이들과 자신의 아이들이 인종 때문에 스트레스 반응이 일어나는 경험을 하고 있다는

---

* 백인이 코카서스인종임을 빗댄 농담.

것만 알았을 뿐, 애팔래치아에 사는 가난한 백인 아이들 역시 그런 경험을 한다고는 생각하지 못하는 것 같았다. 우리 모두가 다양한 종류의 곰이 있는 숲속에 산다고 생각해보자. 숲에는 가난이라 불리는 구역에 큰 무리를 지어 사는 곰들이 있는데, 만약 당신도 같은 구역에 산다면 항상 곰들을 보게 될 것이다. 또한 숲에는 인종이라 불리는 지역도 있는데 거기에는 다른 무리의 곰들이 어슬렁거리고 있다. 폭력이라 불리는 또 다른 곰들의 동네도 있다. 누군가 그런 곰 소굴 중 한 곳과 가까이 살고 있다면 그 사람의 스트레스 반응 체계는 그 곰들에게서 영향을 받을 것이다. 그러나 여기에 중요한 부분이 있다. 우리가 상대하는 곰들이 어떤 종류이건 상관없이, 스트레스 반응 체계는 **똑같은 방식으로** 영향을 받는다는 것이다. 불행히도 많은 사람이 (나의 환자들이 그렇듯) 그 숲속의 가난 동네와 인종 동네, 폭력 동네가 중첩된 곳에 살고 있고, 결국 그들은 곰들이 우글대는 곳에 살고 있는 셈이다. 하지만 부모의 정신질환 동네나 이혼 동네, 중독 동네에 살고 있는 곰도 아주 많다. 제니가 발언한 마지막 부분에 내가 그렇게 강력히 반응한 것은 바로 이 때문이었다. 그 회의장 안에도 "이 주제에서 특히 영향을 받는 사람들"은 **분명히 존재하고** 있었다.

그것이 우리가 데이터를 광범위하게 수집해야 하는 이유다. 공중보건 단위의 해결책을 마련하기 위해서는 한 집단의 사람들뿐 아니라 모든 사람의 유독성 스트레스를 확인하고 측정해야 한다. 특정 공동체만을 위한 해결책으로는 문제 해결에 큰 진전을 이루지 못할 것이다.

앉아서 제니의 말을 듣고 있는데, 갑자기 내 안의 무언가가 꿈틀거렸다. 마치 누군가가 스위치를 딸깍 누른 것 같은 기분이었다. 이거였어! 그동안 맞닥뜨려왔던, 아동기의 부정적 경험과 관련한 진전의 길을 틀어막고 있던 수많은 감정적 장애물의 뿌리가 바로 이것이었다. 뉴욕 콘퍼런스에서 사람들이 선별검사가 자기네 아이들에게 오명을 씌울 거라고 속단하며 화를 내고 흥분했던 이유도 여기에 있었다. 그리고 이제는 그 똑같은 불안과 고통이 제니의 얼굴에 새겨져 있었다. **우리는 어쩌라는 거예요?** 그녀는 이렇게 말하고 있는 듯했다. **이 모든 게 '나의' 공동체 안에서 벌어지는 고통과 시달림에 대해서는 무엇을 해준단 말이죠?** 전적으로 공감할 수 있는 감정이지만(아프리카계 미국인 공동체의 고통과 시달림은 미국의 치유되지 않는 가장 깊은 상처 중 하나다), 동시에 앞으로 여러 해 동안 우리를 제자리걸음하게 만들 감정이기도 했다.

나는 덜덜 떨리는 몸으로 자리에서 일어섰다.

회의장 안에는 정적이 흐르고 있어서 마이크도 필요 없었다.

말을 하는 동안 내 목소리가 덜덜 떨리고 있는 게 내 귀로도 똑똑히 들렸다. 그 순간 내 말은 제니를 비롯해 그곳에 있던 사람들을 향한 것이지만, 마치 어느 협곡 가장자리에 서서 메아리가 이 이야기를 수 킬로미터 밖까지 전해주기를 바라며 절규하는 기분이었다.

"우리 모두가 이 방에 모인 건 **전체** 인구를 위한 해결책을 만들기 위해서라고 생각합니다. 어떤 해결책은 정신 건강 서비스에 대한 비용 지불로 연결되기도 합니다. 그로써 정신적 장애를 가진 내 환자들의 부모가 아이를 더 적극적으로 치료할 수 있고, 직업을 지킬 수 있으며, 주거를 유지할 수 있지요. 역경이라는 것을 당신이 매일 보는 사람들과 내가 매일 보는 사람들 하고만 연결 짓는다면 우리의 이야기는 불충분하다고 생각합니다. 우리의 이야기들을 과학과 데이터와도 연결해야 합니다."

내 목소리가 더 높아졌다. T 발음은 더 거칠어지고 A 발음은 새고 캔은 캰이 되어 나왔다. 침착하고자 하는 노력을 내 어린 시절의 사투리 억양이 방해하고 있었다. 솟아오른 눈물이 넘쳐 뺨을 타고 흘러내렸다.

"우리 모두 똑같은 샘에서 물을 마셔도 국가에는 아무 비용도 들지 않는다는 사실뿐 아니라, 서로 다른 샘에서 물을 마시도록 내버려둔다면 심장병과 암과 주거와 교육에 수십억 달러의 비용을 더 치러야 한다는 사실도 반드시 **보여주어야** 합니다!" 박수가 터져 나왔다.

"우리가 해야 할 주장은 바로 그런 것입니다! 애팔래치아에 살든, 중부 시골에 살든, 켄터키주에 살든, 자신이 힘들게 살고 있다고 생각하는 모든 사람에게 그 이유를 설명해야 합니다. 한 명도 빠짐없이, 모든 사람에게, 그들이 막강한 해결책을 갖고 있다는 것을 반드시 알려야 해요. 가난한 백인이든, 여행 가방 하나 들고 아이와 함께 당신을 찾아간 그 엄마든, 역경이 아이들의 뇌와 신체에 미치는 영향들에 관한 한 우리는 모두 **함께 똑같은** 싸움을 하고 있다는 것을 말입니다. 그리고 우리 **모두가** 그 진실을 이해하게 될 때, **그때야** 우리는 모든 사람을 구할 해결책을 갖게 될 것입니다!"

나는 감정에 북받쳐 덜덜 떨리는 몸으로 자리에 앉았다. 거의 10년 전, 클라크 박사가 펠리티 박사의 논문을 건네주었을 때 나는 마침내 모든 조각을 맞추어 내 환자들에게 벌어지고 있던 일이 무엇인지 깨달을 수 있었다. 그리고 정밀 공중보건 회의에서 심장이 미친 듯이 뛰고 있던 그 순간, 나는 내가 방금 (매우 공개적으로) 또 하나의 통찰을 얻었음을 알았다. 역경의 과학에, 우리의 기본적인 생물학적 사실에 이름과 숫자를 부여하는 일을 사람들은 왜 그토록 반대하는 것일까? 이유는 간단했다. 세포 수준, 생물학적 메커니즘 수준으로 가져가면 그것이 우리 **모두**의 일이 되어버리기 때문이었다. 닥쳐오는 역경 앞에서 우리는 모두 똑같이 취약하고 똑같이 도움을 필요로 한다. 그리고 이는 사람들이 듣고 싶어 하지 **않는** 이야기다. 어떤 사람들은 뒷짐 지고 서서 그것이 가난한 사람들만의 문제인 양 자신을 속이려 한다. 또 다른 사람들은

"이것이 나의 공동체를 죽이고 있다"는 말로 그 문제에 대한 소유권을 맹렬히 주장하는데, 결국 그 말은 **그것은 당신들보다는 나의 사람들을 더 많이 죽이고 있다**는 의미이기도 하다.

백인들이 사는 시골 지역에서 그 이야기는 생계에 꼭 필요한 직장을 잃는 일과 만연한 약물남용으로 인한 병폐들이다. 이민자들의 공동체에서는 차별, 그리고 어느 날 갑자기 사랑하는 가족과 영원히 생이별하게 될지도 모른다는 두려움이다. 아프리카계 미국인들의 공동체에서는 오늘날까지도 끈질기게 이어지는, 수 세기에 걸친 비인간적 대우의 유산에 관한 이야기이며, 벤치에 앉아 놀거나 모자 달린 옷을 입고 가게에 갔다가 집으로 걸어가는 것만으로도 위험에 처하는 소년들의 이야기다. 아메리카 원주민들의 공동체에서는 땅과 문화의 소멸, 삶의 터전을 강제로 옮겨야 했던 과거의 유산이다. 그러나 사실은 이들 모두가 똑같은 말을 하고 있다. 바로 **나는 고통에 시달리고 있다**는 말이다.

자신의 고통에만 빠져 있기는 쉽다. 본인에게 가장 큰 영향을 미치는 것은 당연히 자신의 고통이기 때문이다. 그러나 그렇게 자기 고통만 보는 것이 흑인을, 백인을, 그리고 모든 종족을 죽이고 있다. 그러한 사고방식은 문제를 우리 대 그들이라는 대결 구도 속에 넣음으로써 사태를 지속시킨다. **우리가** 앞서가거나 **그들이** 앞서가거나 둘 중 하나의 문제라는 식이다. 이는 순식간에 자원을 차지하기 위한 싸움으로 번지고,

그 결과 동일한 문제를 해결하기 위한 노력들이 산산조각 나 흩어진다.

내가 제니에게, 그리고 그 방에 있던 모든 사람에게 전하고 싶었던 말은 종족 중심주의로 치닫는 이러한 인간의 본능이야말로 바로 우리에게 과학이 필요한 이유라는 것이었다. 그것이 바로 그날 회의장에 모인 모든 연구자와 데이터 전문가와 과학자가 필요한 이유였다. 과학은 그것이 **우리 대 그들이라는 대결의 문제가 아님을** 보여준다. 사실 우리는 모두 하나의 적을 공유하고 있을 뿐이다. 아동기의 부정적 경험이라는 공통의 적 말이다. 집도 없이 가방 하나만 손에 든 엄마와 함께 흑인 영아 건강 프로그램에 찾아온 아이를 치료할 방법은, 공장이 문을 닫아 아빠가 5년째 실직 중인 펜실베이니아의 한 가족과, 엄마가 직장을 구하기 위해 베이징으로 떠난 뒤 남겨진 중국 시골의 어린 여자아이와, 내전에 시달린 몬테네그로와 세르비아의 가족들을 위해 사용해야 하는 방법과 다르지 않다. 우리 **모두에게 동일한** 근본적 접근법. 우리가 이를 이해한다면, 아마 더는 그 문제에 그렇게 적대적이고 분열된 방식으로 반응하지 않을 것이며, 나아가 모든 이에게 효과가 있는 해결책을 찾아낼 수 있을 것이다. 왜냐하면 나의 아버지가 자메이카 사투리로 종종 말씀하셨듯이, "그 밀물이 모든 배들을 들어 올릴 테니까" 말이다.

12　　　　　　　**감춰졌던 세계가 드러나는 순간**

　　오후 1시 정각, 나는 아직 몇 입 남은 점심이 담긴 갈색 도시락 상자를 들고 진료소로 들어섰다. 오후의 첫 환자를 보기까지는 아직 몇 분의 여유가 있을 거라 생각하며 접수 창구 옆을 지나치는데 간호사 마크가 나를 멈춰 세웠다.

　　"선생님 첫 환자가 방에서 기다리고 있어요." 그러면서 마크는 지난 진료 때 내가 메모한 내용을 출력한 종이와 환자가 오늘의 검진을 위해 작성한 새 문서들을 건네주었다. "일찍 도착해서 나비 방으로 안내했어요."

　　"알았어요." 나는 이렇게 대답하고 잰걸음으로 사무실로 가서 재빨리 가운을 걸치고 청진기를 집어 들었다.

　　나도 모르게 절로 미소가 떠올랐다. 우리가 베이뷰 아동 건강센터의 문을 연 지도 어느덧 10년이 되었다. 2007년에는 우리가 2017년에도 여전히 베이뷰에 있을 거라고, 내가 여전히 여기 있을 거라고는 상상할 수도 없었는데. 하물며 베이뷰 진료소에서 얻은 자극으로 아이들을 위한 웰니스 센터까지 열고, 이 두 곳이 협력해 모든 아이에게 ACE 선별검사를 실시해 포괄적인 보살핌을 제공하고, 전 세계 의사들에게 우리의 도구와 모형과 임상적 통찰들을 나누게 되었다니, 정말 꿈만 같은 일이다. 그 모든 일이 진행되는 동안 변하지 않은 게 있다면 직원들의 헌신적이고 다정한 보살핌이다. 간호사 마크가 등장한 뒤로는 그가 진료소 관리를 맡았다. 이는 곧 진료소를 연 의사는 나지만 진료소를 운영하는 사람은 마크라는 의미였다. 나는 그의 명령을 따르고 있었다.

몇 분 뒤, 나는 언제나처럼 "똑똑" 노크를 한 뒤 나비 방의 문을 열고 들어갔다. 한 주의 업무 중 내가 가장 좋아하는 시간, 바로 환자들을 만나는 시간이다. 나비 방이라는 이름은 벽에 붙인 작은 나비 수백 마리 때문인데, 이 나비들은 모두 복도 저쪽, 보이지 않는 아름다운 꽃들을 향해 날아가는 듯 느껴지도록 세심하게 배치되어 있다. 2013년에 베이뷰 진료소가 아이들을 위한 웰니스 센터 건물로 옮겨왔을 때 우리 직원들은 새 공간을 예전 공간만큼 정답고 아이들이 좋아할 만한 곳으로 만들기 위해 수고를 아끼지 않았다. 모든 방을 각자 다른 동물 테마로 장식해서 정글 방과 공룡 방, 사파리 방, 바닷속 방, 농장 방 등을 만들었다. 그러나 뭐니 뭐니 해도 내가 가장 좋아하는 방은 나비 방이다. 처음 이 방을 봤을 땐 숨이 멎는 듯한 기분이었다. 대부분은 납작한 스티커로 되어 있지만 모퉁이 세면대 위쪽에는 입체 스티커들이 몇 개 붙어 있는데, 볼록 솟은 그 분홍색과 보라색 날개들이 마치 **우리는 진짜예요!** 라고 말하는 것 같다.

열여섯 살 난 오늘의 환자가 진찰대에 걸터앉아 있었다. 눈은 휴대전화에 고정된 채였다. 문자메시지를 보내는지, 인스타그램이나 스냅챗을 하는지, 아이는 요즘 열여섯 살짜리들이 휴대전화로 하는 일을 하느라 분주했다. 엄마는 손글씨가 적힌 작은 종이 한 장을 손에 쥔 채 세면대 옆 의자에 앉아 있었다.

"여러분! 잘 지냈어요?"

아이가 고개를 들더니 내가 10년 가까이 보아온 상냥한 미소를 보냈다. 어른이 되어가는 과정에 무사히 올라선 아이는 날씬한 근육질의 몸에, 윗입술 위에는 솜털 수염도 보일락 말락 돋아 있었다. 늘 그렇듯 단정한 차림으로, 새로 다림질한 카키색 바지에 흰색 셔츠를 깔끔하게 넣어 입었다. 항상 짧게 깎고 다니는 머리칼을 앞부분만 살짝 더 길렀는데 전에는 본 적 없던 포마드를 발라 날렵하게 뒤로 넘긴 모습이 눈에 띄었다.

아이는 단어 하나로 전형적인 10대의 인사를 건넸다. "헤이."

나는 미소를 지으며 머릿속으로 첫째 칸을 채워 넣었다. **발달단계에 적절한 언어를 사용하고 있는가? 체크!**

나는 바퀴 달린 작은 의자에 앉아 컴퓨터로 아이의 최근 정보를 검토했다. 이제는 이 아이의 차트를 다 외우고 있다는 느낌이 들 정도였다. ACE 지수 7점, 유독성 스트레스의 증상들, 수년간 증상이 악화될 때마다 적절한 개입으로 성공적인 결과를 이끌어낸 역사, 그리고 최근의 모든 검사 결과까지. 마지막으로 진료소를 다녀간 것이 1년 전쯤인데 그때 아이는 신체적으로도 정신적으로도 매우 좋은 상태를 유지하고 있었다. 천식과 습진은 잡혔고, 학교에서도 잘 지냈으며, 처음으로 한 소녀와 풋사랑도 시작한 참이었다. 어렸을 때 이를 다 드러내고 활짝 웃던 웃음은 머쓱한(그러나 여전히 아이다운) 미소와 바리톤 목소리에게 자리를 내주었다. 아이의 몸속을 떠도는 호르몬들이 눈에 보이는 듯했다.

내가 처음에 방으로 들어갔을 때 아이가 반사적으로 미소를 보여주기는 했지만, 아이 엄마를 보니 뭔가 걱정거리가 있다는 걸 알 수 있었다. 엄마의 표정은 차트에 적힌 그 무엇보다 귀한 정보다. 그녀의 이마에는 그동안 내가 익히 보아온, 걱정과 희망이 뒤섞인 주름이 잡혀 있었다. 무슨 일이 벌어지고 있었다.

다행히 이제는 디에고도 우리가 뭘 해야 하는지 알고 있었다.

조율이 필요한 시점이었다.

어린 시절에 부정적 경험을 한 다른 많은 환자처럼 디에고도 처음 우리 진료소를 찾아왔을 때 집중적인 심리치료와 그 밖의 의료 서비스를 받았다. 우리는 디에고의 천식과 습진을 치료했고 디에고도 정상적인 성장 속도를 다시 회복했지만, 이미 놓쳐버린 시기들을 끝내 완전히 벌충하지는 못했다. 우리는 디에고의 1차 진료 기관으로서 아이가 발달하며 부침과 상처들에 직면할 때마다 늘 의지할 수 있도록 곁에 있었다. 생애 초기의 부정적 경험이 미치는 영향들은 만성적이고 장기적이기 때문에 사이사이 험난한 시기들이 닥치는 것은 피할 수 없다. 디에고 모자는 그런 점을 의연하게 받아들일 줄 알게 되었다. 디에고의 스트레스 반응 체계가 이따금씩 약간의 따뜻한 보살핌을 필요로 하리라는 것을 그들은 이해하고 있었다. 디에고가 자신에게 필요한 의료 서비스와 심리치료를 잘 받도록 도와주는 것이 주치의로서 내가 개입할 부분이었다.

무슨 일이 있는 거냐는 내 질문의 의미를 디에고는 알고 있었다. **무언가가 너의 스트레스 반응을 일으키고 있다면 우리는 조기에 그 일을 손봐야 한단다. 그런 점에서 우리가 도와줄 만한 어떤 일이 벌어지고 있는 건지 알려줄래?**

꼬마 디에고가(이제는 그렇게 작은 꼬마는 아니지만) 깊게 숨을 들이쉬고는 나를 쳐다보았다.

"그게……, 나도 잘 모르겠어요." 디에고가 웅얼거리더니 엄마를 쳐다봤다.

"선생님." 로사가 구겨진 종이를 손으로 눌러 펼치며 말했다. "선생님이 좀 도와주셔야겠어요. 얘가 우울증인 것 같아요. 수업을 빼먹고 있고요. 성적도 D와 F로 떨어졌어요. 난 알아요. 내 아들이 힘들어하고 있다는 걸. 도움이 필요해요."

나는 디에고를 쳐다봤다. "그런 거니?"

디에고가 멋쩍은 듯 고개를 끄덕였다.

나는 로사에게 대기실로 가 있으라고 말한 다음 의자를 디에고 쪽으로 당겨 앉아 진찰대 가장자리에 손을 얹었다.

"무슨 일이 있었던 건지 나한테 말해줄래?"

끊임없이 닥치는 어둠의 그림자

알고 보니, 디에고가 1년 동안 만나온 여자아이도 그 아이만의 문제가 있었다. 아이는 가족과 관련된 문제들을 겪고 있었고 그것이 두 아이의 관계에도 타격을 입혔다. 그 아이에게는 모든 것이 완전히 좋거나 완전히 나쁜, 두 극단만 있는 것 같았다. 디에고와의 관계는 너무 좋아서 자기 삶에서 가장 좋은 것이자 다른 모든 것으로부터 자신을 구해주는 것이었다가, 너무 끔찍해서 절대로 제대로 풀리지 않는 것이 되곤 했다. 그 아이를 사귀고 얼마 지나지 않았을 때 디에고는 그 아이가 제 몸에 상처를 입힌다는 사실을 알게 되었다. 아이는 디에고가 그걸로 소동을 피우지 않길 바랐다. 그저 뭔가가 너무 견디기 힘들다고 느껴질 때 하는 행동일 뿐이라고 말이다. 그러나 디에고는 그걸 견딜 수 없었다. 디에고는 그 아이를 가족들에게서, 그리고 그 아이 자신에게서 보호하고 싶었다. 아이의 진짜 가족은 되어주지 못하는, 무조건적으로 수용하는 보호자가 되어주고 싶었다. 그래서 디에고는 매일 학교가 끝나면 그 아이의 집으로 가서 시간을 보내기 시작했다. 그 집은 너무 험악한 곳이었다. 디에고는 그곳에 가고 싶지 않았지만 여자 친구를 홀로 남겨둘 수 없었다. 얼마 지나지 않아 거기서 보고 들은 고함과 우여곡절들이 익숙한 과거의 어둠 속으로 디에고를 다시 데려다놓았다.

사춘기가 되기도 전에 디에고는 자살 충동을 느끼는 시기들을 겪었다. 디에고가 여덟 살이었던 어느 날 밤, 술에 취한 아빠가 엄마를 공격했다. 엄마에 대한 걱정과 공포로 디에고는 911에 전화를 걸었다. 경찰이 왔고 아버지는 체포되었다. 불법체류자였던 아버지는 곧 멕시코로 추방되었다.

디에고는 아빠를 신고한 일에 끔찍할 정도로 죄책감을 느꼈다. 자신은 그저 엄마를 보호하려고 했을 뿐인데 아빠가 사라져버린 것이다. 그건 그들 가족이 항상 가장 두려워했던 일이기도 했다. 모든 일이 더 어려워졌다. 엄마는 생계를 유지하기 위해 또 다른 직업을 구했지만 그래도 충분하지 않았다. 돈을 절약하기 위해 더 작은 아파트로 이사했는데도 굶는 날이 종종 있었다. 디에고는 아빠가 너무나도 그리웠고, 정기적으로 편지를 보내고 할 수 있을 때마다 전화를 걸어 계속 긴밀하게 연락을 유지했다. 모든 편지와 통화에서 디에고가 하는 질문은 늘 같았다. **아빠, 언제 집에 와요?**

그러다 어느 날부터 아빠의 편지가 오지 않았다. 전화도 받지 않았다. 몇 주가 지났지만 아무 소식이 없었다. 디에고는 아빠가 경찰에게 전화를 건 자신에게 화가 난 것일지도 모른다며 두려워했다. 아빠가 멕시코에서 새 가족을 만들어 더 이상 자신에게 관심이 없어진 게 아닐까 생각하기도 했다. 디에고는 엄마에게 아빠가 어디 있는지 아느냐고 물었지만, 그 질문은 엄마를 슬프게 만들 뿐인 것 같았고 엄마는 아무 대답도 하지 않았다. 몇 달이 지나 마침내 로사는 사촌 한 명에게서 소식을 들었다. 디에고의 아빠는 실종되었는데, 멕시코 마약 조직에 저항했다가 사라진 많은 사람 중 한 명이었다.

이 소식을 들은 지 얼마 후, 로사는 직장에서 일을 하다가 샌프란시스코의 아동 위기 대응팀에서 걸려 온 전화를 받았다. 디에고가 학교 건물 지붕 위로 올라가 가장자리 근처에 선 채 온몸이 흔들릴 정도로 심하게 울면서 더 이상 살고 싶지 않다고 말하고 있다는 것이었다. 올라간 지 한 시간 정도 되었고, 지붕 가장자리에서 30센티미터도 떨어지지 않은 곳에서 울고 있다고 했다. 다행히 아동 위기 활동가가 디에고를 달래 품에 안고 안전한 곳으로 데리고 나왔다.

　로사는 재빨리 디에고를 진료소로 데려왔고 우리는 아이가 전에도 만나 잘 알고 신뢰하던 치료사에게 다시 디에고를 맡겼다. 처음에 아이는 이런 어두운 시기들을 감당하기 힘들어했다. 하지만 우리는 아이에게 힘겨운 일들이 닥쳐올 때 증상이 완화되도록 도와줄 더 많은 전략을 구축했다. 디에고의 담당 의료 팀으로서 우리는 ACE의 렌즈 덕분에 정신 건강 팀, 웰니스 팀과 전체적인 치료 과정을 비교적 더 쉽게 조정할 수 있었다.

　그래서 몇 년 뒤 열두 살이 된 디에고가 최악의 천식 발작으로 찾아왔을 때에도 우리 다학제 팀은 디에고를 잘 도울 수 있었다. 당시 로사는 적은 벌이로 생계를 유지하느라 낡은 아파트로 이사했다. 큰 도움이 된 건 아니지만 그나마 친구들과 학교, 아이들이 순조롭게 성장하도록 도와주는 의료 시설과 가까운 곳이었다. 어느 날 밤 부엌에서 전기로 인한 화재가 발생했다. 화재 소식을 들었을 때 나는 디에고의 천식이 불길에서 난 연기를 마셔서 악화된 거라고 생각했다. 그러나 강력한 약을 처방했음에도 며칠 뒤인 다음 진료 때까지 전혀 차도가 없었고, 그래서 나는 이 이야기에서 빠진 뭔가가 더 있는지 물어봐야 한다는 걸 깨달았다. 알고 보니 불이 났을 때 로사는 아주 빨리 아이들을 아파트 밖으로 데리고 나왔고, 그래서 디에고는 연기에 거의 노출되지 않았다. 하지만 화재가 아파트를 집어삼켜 그들은 집이 없는 상태가 되었고, 디에고의 가족은 이미 사흘째 굶주려 있었다. 디에고는 자신이 집안의 남자로서 엄마와 여동생을 보호하고 부양해야 한다고 생각했다. 그러나 열두 살 디에고에게 그것은 너무 무서운 상황이었다. 아무리 가족을 위해 강한 사람이 되고 싶다고 생각해도 거리에서 보내는 밤들은 디에고에게 생물학적으로 타격을 입힐 수밖에 없었다. 우리 진료소의 사회복지사가 디에고 가족을 위한 임시 숙소를 마련해주고 난 뒤에야 마침내 나는 고용량 천식약 처방을 중단할 수 있었다.

그러니 디에고가 여자 친구와 그 가족에 관해 이야기했을 때, 난 디에고의 인생에 또다시 등장한 슬픔과 고통이 너무도 안타까웠지만, 동시에 디에고가 이 일을 헤쳐나가도록 도울 자신도 있었다. 그 무렵에는 어떤 것들이 디에고에게 가장 좋은 효과를 내는지도 어느 정도 파악이 끝나 있었다. 로사는 아들의 변화를 감지하려면 어떤 것들을 살펴봐야 하는지 알았고, 디에고는 기분이 정말 엉망일 때면 다시 기분이 나아질 때까지 우리 팀이 계속 곁에서 보살펴주리라는 것을 알았다. 그리고 언제나 그랬듯이 디에고는 그날 진료실을 나서기 전에도 나를 안아주었는데, 이날은 나도 잊지 않고 디에고를 한 번 더 꼭 안아주었다.

다음 몇 주 동안 우리 팀은 디에고의 수면과 운동, 영양,

마음챙김, 정신 건강, 건강한 관계, 즉 가장 중요한 여섯 가지 영역이 어떤 상태인지 평가했다. 우리는 오랫동안 디에고를 담당해온 심리치료사 클레어와의 상담이 포함된 집중 치료법이 디에고에게 가장 좋은 효과를 낸다는 사실을 알게 되었고. 학교에서 디에고를 정기적으로 점검해줄 수 있는 사람도 찾아냈다. 나는 디에고에게 좋아하는 미니 축구를 다시 시작하도록 권하고 엄마를 포함해 지지해줄 수 있는 사람들과의 관계를 더욱 돈독히 하라고 말해주었다. 오래지 않아 개선된 결과가 보이기 시작했다. 결국 디에고와 여자 친구의 관계는 끝이 났고, 시간이 지나면서 디에고의 성적도 서서히 A와 B로 다시 올라갔다. 심지어 우등생 명단에도 들었다. 디에고는 변호사가 되고 싶다는 생각을 품고 지방검찰청에서 인턴으로 일했는데 그 일을 정말 좋아했다. 그리고 강아지도 입양했다. 강아지의 우스꽝스러운 행동들을 말해줄 때마다 얼굴이 환하게 빛났다. 디에고는 강아지 돌보는 걸 아주 좋아했다. 디에고가 귀를 긁어주면 강아지는 디에고의 얼굴을 핥았다.

몇 달 뒤 후속 검진을 위해 다시 만났을 때, 디에고의 상태를 본 나는 깊은 만족감을 느꼈다. 시스템이 제대로 정확히 돌아가고 있었다. 디에고는 다시 제 궤도에 올랐다.

이게 영화라면 바로 여기서 엔딩 크레디트 자막이 올라가며 모두 자랑스러운 마음을 느낄 수 있을 것이다. 디에고가 '해낸' 것이니까.

그러나 인생은 그런 식으로 돌아가지 않는다. 이야기는 한 시점에서 멈추는 게 아니다. 실제 삶에서 디에고는 여전히 위험한 동네에 살고 있고, 온갖 일이 계속해서 벌어진다.

두어 달 뒤, 나는 검진을 위해 진료소에 온 디에고의 여동생을 만났다. 처음 디에고 남매를 치료하기 시작했을 때 기저귀를 차고 다니던 아기가 이제는 열한 살이 다 되었다. 로사도 딸과 함께 왔기에 그들이 진료실을 나설 때 나는 디에고의 안부를 물었다.

나는 로사가 내쉬는 한숨들의 의미를 꽤나 잘 이해하고 있었다. 유난히 길게 내쉬는 한숨은 그녀가 많이 지쳐 있다는 의미였고, 짜증을 내듯 짧고 강렬하게 내쉬는 한숨은 좌절감이나 혼란을 느낄 때 나왔다. 그날은 깊은 한숨이었고, 숨을 내쉬며 그녀는 눈을 감은 채 한 손을 가슴에 올렸다. 우리가 처음 만난 날, 당시 일곱 살이던 디에고의 이야기를 내게 들려주기 전에 내쉰 한숨을 떠올리게 했다.

"아아, 선생님!" 로사가 말했다. "난 내 아들을 아주 잘 알아요, 선생님. 늘 그 애를 세세히 살펴보거든요. 그 애가 모든 것에 어떻게 반응하는지 나는 알아요. 마치 탐정처럼 그 애를 지켜보지만 그렇다고 너무 철저하게 감시하는 건 아니에요. 쉽지 않죠."

"무슨 일이 생겼어요?" 내가 물었다.

"2주 전쯤 뭔가 잘못되었다는 걸 알았어요. 아이가 금방이라도 우울증에 빠질 것 같더라고요. 그래서 물었죠. **너 괜찮아? **그랬더니 아이는 **괜찮아요, 엄마**라고만 하는 거예요. 하지만 나는 계속 그 애를 지켜봤고, 뭔가가 잘못되었다는 걸 알 수 있었어요. 그래서 말했어요. **내 사랑아, 엄마가 널 보고 있어. 씻지도 먹지도 않은 채 잠만 자잖니. 힘들어하고 있다는 거 엄마한테는 다 보인다. 말해봐. 무슨 일이 있었던 거니? **그런데도 아이는 **아니에요, 엄마. 난 괜찮아요.** 하더라고요. 토요일 오후였고 나는 미사에 가야 했거든요. 그래서 **엄마랑 같이 가지 않을래? **했더니 아니라고, 집에 있고 싶다고 그러더군요. 미사에 가는 걸 취소할까 싶었죠. 아들이 뭔가 안 좋은 일을 겪고 있는 것 같아 불안했거든요. 그래서 아이 방으로 가서 그랬죠. **너 우울한 거니? 엄마 미사 안 가고 너랑 있을게. **하지만 아이는 계속 괜찮다며 미사에 가라는 거예요. 결국 난 미사에 갔어요. 그런데 미사 도중에 아이가 **미안해요**라는 문자 메시지를 보내왔어요. 나머지는 영어로 돼 있어서 무슨 말인지 알 수 없었고요. 그래서 옆에 앉은 영어 잘하는 친구에게 보여주면서 읽어달라고 했어요. 문자는 **엄마, 지금 내가 하려는 일을 용서해주세요**라는 내용이었어요. 선생님, 정말 나는요, 오클랜드의 그 성당에 앉아 있는데, 불안해서 미칠 것 같았어요. 그 순간 마법 지팡이가 있다면 바로 집으로 갔을 텐데. 공포에 사로잡혔죠. 45분 걸려 집에 도착하면 죽은 아들의 모습을 보게 될 것 같았어요. 샌프란시스코로 돌아갈 방법을 찾아야 했어요. 차가 있는 친구에게 당장 집까지 태워다달라고 간곡히 부탁했어요. 정말이지 평생 가장 고통스러운 시간이었어요."

로사는 목이 메었다. 눈가에는 눈물이 글썽거렸다.

"아이에게 전화를 했는데 받지를 않는 거예요. 문자메시지를 보내도 답이 없고요. 내 번호가 아닌 번호로 전화하려고 친구 전화를 빌려서 걸어도 봤지만 그 전화도 안 받았어요. 벨이 울리고 또 울리는데도 전화를 받지 않더라고요. 근처에 사는 마그달레나라는 친구가 있어요. 토요일이면 보통 남자친구랑 춤추러 가기 때문에 그 친구가 집에 있을 거라고는 기대하지 않았는데, 감사하게도 있더라고요. 그 친구에게 우리 집에 좀 가보라고, 내 아들의 목숨이 네 손에 달렸다고, 내 아들 살리게 꼭 좀 도와달라고 애원했어요. **마그달레나, 우리 집에 가서 문을 두드리고 계속 두드려. 그 애가 열어줄 때까지. 그** 친구도 아이가 우울증을 앓는 걸 알고 있었기 때문에 나는 애가 대답이 없으면 경찰에 연락하라고 말했어요.

선생님, 우리 동네에서는 말이죠. 서로의 일을 두고 경찰에 전화하는 짓은 하지 않아요. 하지만 나는 친구에게 말했어요. 아니, 애원했어요. 애가 대답이 없으면 꼭 경찰에 전화해야 한다고. 친구는 내게 걱정 말라고, 그러겠다고 했어요. 매순간 아이가 내 손가락 사이로 빠져나가는 것만 같은 느낌이었어요. 나는 너무 괴로워서 엉엉 울었어요. 전화를 걸고 또

걸었죠.

우리가 집까지 반쯤 달려갔을 때 마침내 애가 전화를 받았어요. **내 사랑, 너 괜찮은 거야?** 하지만 애가 나하고는 얘기하지 않으려고 해서 나와 함께 차를 타고 가고 있는 친구가 전화를 받아 괜찮은지 물었어요. 친구가 말했어요. **네 엄마가 걱정하고 있어! 엄마를 괴롭게 하면 못써! 대답해. 대답하라고!** 하지만 아이는 말이 없었어요. 듣고는 있었지만 아무 말도 하지 않았죠. 그래서 친구가 마그달레나가 집으로 가는 중이고, 네가 대답하지 않으면 경찰이 문을 부수고 들어갈 거라고 말해줬어요. 집에 도착했을 땐 온몸이 떨렸어요. 찾아보니 아이는 바닥에 누워 있었어요. 아이가 약을 먹은 건가 싶었는데, 아, 하느님께 감사하게도 다행히 약을 먹은 건 아니었어요. 그냥 완전히 만취해 있었어요. 그런 거였어요! 바카디 실버 한 병을 마시고 엄청 취해서 상태가 정말 안 좋았어요. 그런 뒤에야 아이의 친구가 죽었다는 이야기를 들었어요."

"세상에!" 나는 숨이 턱 막혔다.

"그랬어요, 선생님! 디에고의 친한 친구였어요. 이제 막 졸업한 참이었는데, 다른 친구와 길을 가다가 누군가 쏜 총에 맞은 거예요. 착한 아이였거든요. 좋은 학생이었고. 말썽 한 번 피운 일 없었어요. 그 애를 겨냥한 건 아니었지만, 결국 죽은 건 그 아이였어요."

"정말 마음 아파요." 내가 말했다.

"고맙습니다. 하지만 디에고는 괜찮아요. 그날 나는 디에고에게 치료사 선생님한테 전화하라고 했고, 그 선생님이 디에고를 도와주고 계세요. 이제는 나아졌어요. 하지만 선생님, 정말이지, 쉽지 않네요."

그날 나는 디에고의 치료사에게 연락해 디에고가 필요한 도움을 받고 있음을 확인했다. 하지만 슬픔과 분노와 좌절이 동시에 느껴지는 것은 어쩔 수 없었다. 디에고는 겨우 몇 달 전에 여자 친구와 얽힌 힘든 시간을 통과하고 회복했다. 지난번에 디에고와 이야기를 나눴을 때 우리는 지방검찰청 인턴직에 관한 농담을 주고받았고, 나는 그 아이에게 어느 대학에 가고 싶은지 묻기도 했다. 그러다 어느 순간 갑자기, 디에고 같은 한 아이가, 그 애가 잘 알고 좋아했던 누군가가 길을 걷다가, 그 시간, 그 장소에 있었다는 이유로 영원히 사라졌다.

이런 일이 분명 또 일어날 거라는 불편한 감정이 가슴 깊이 느껴졌다. 똑같은 사건은 아니겠지만 비슷한 결과를 가져오는 일이 틀림없이 일어날 것이다. 그런 사건들이 일어나면 가뜩이나 민감한 스트레스 반응 체계를 송두리째 뒤흔들 수준의 스트레스가 디에고를 덮칠 것이다. 지금까지 잘 쌓아왔던 좋은 결과들에도 불구하고 그런 일은 디에고를 무너뜨릴 수 있다. 앞으로도 디에고는 생물학적으로 자신에게 무슨 일이 벌어지고 있는지 인지하고, 자신이 활용할 수 있는 자원들을 동원할 수 있게끔 늘 자신에 관해 냉철한 판단을 유지하도록 노력해야 한다. 지금은 그렇게 하도록 도와줄 엄마가 있고, 모자를 도와줄 진료소도 있다. 그리고 그것은 좋은 소식이다. 이것이 우리가 할 수 있는 일이자, 애초에 우리가 아이들을 위한 웰니스 센터를 만든 이유이기도 하다. 디에고의 트라우마를 지우거나 거품 보호막을 만들어 평생 그 속에 머물며 떠다니게 할 수는 없지만, 우리가 이 아이의 생물학적 기제에 관해 알고 있는 지식을 활용해 앞으로도 줄곧 디에고의 세계 속 일부로 따라다닐 유독성 스트레스의 영향을 완화할 수는 있다.

우리는 디에고에게 최첨단 의료를 제공하고 있다. 문제는 그 최첨단이 아주 '미흡하다'는 점이다. 우리가 유독성 스트레스의 메커니즘에 관해 **알고 있는** 것에 비해 실제로 **하고 있는** 일은 여전히 원시적인 수준이다. 치료의 표적을 더욱 효율적으로 잡을 수 있도록 가장 심한 이상이 생긴 경로가 어디인지 정확히 알아낼 수 있는 더 나은 진단 검사법이 있으면 좋겠다. 마이클 미니가 성장한 쥐들에게 했던 것과 같은 방식으로 디에고의 DNA에서 유독성 스트레스의 영향을 지워낼 수 있기를, 역경의 흔적을 씻어낼 수 있기를, 천식과 자살과 심장병과 암의 위험을 씻어낼 수 있기를 소망한다.

스탠퍼드대학교 소아암 병동에서 보낸 시절을 떠올려보

았다. 우리가 백혈병 환자들에게 했던 것을 디에고에게도 해 주고 싶었다. 스탠퍼드대학교에서 암 환자를 치료할 때는 모든 것을 프로토콜에 따랐다. POG 프로토콜 #9906은 중추신 경계까지 퍼져 매우 위험한 급성 림프모구백혈병에 대한 처 치다. 뇌와 척수에는 영향을 미치지 않은 상태의 덜 공격적인 암이라면(즉 백혈구가 5만 개 이하라면) POG 프로토콜 #9201 을 사용할 수 있다. 프로토콜 번호 앞에 붙은 POG라는 문자 세 개에 대해 당시에는 별로 생각해보지 않았다. 디에고나 그 와 비슷한 환자들을 위해 유독성 스트레스를 이해하고 치료 하기로 작정하고 나선 뒤에야 나는 비로소 곰곰히 돌이켜 생 각해보았다. **그들은 언제, 어떤 개입법을 써야 하는지 도대체 어떻게 알아냈을까?**

1958년에 소아암 생존율은 10퍼센트였다. 암 진단을 받 은 아이들 중 90퍼센트가 사망했다는 뜻이다. 2008년에는 생 존율이 거의 80퍼센트까지 올라갔다. 중위 생존 기간이 6개 월(진단 후 6개월이 지날 때까지 살아남는 환자가 절반밖에 안 된다 는 뜻이다)이었던 급성 림프모구백혈병은 전체 치료율이 85퍼 센트까지 올라갔다. 이 초록별 지구라는 하나의 사회에서, 우 리는 어떻게 그런 어마어마한 일을 해낼 수 있었던 걸까?

알고 보니 각 프로토콜 숫자 앞에 있는 세 글자 속에 그 해답이 있었다. POG는 '소아 종양학 그룹 Pediatric Oncology Group' 을 뜻한다. 이 그룹은 소아암 치료에 전념하는 네 개의 소아과 임상시험 그룹 중 하나인데, 2000년 네 그룹이 하나로 통합되어 현재는 '아동 종양학 그룹Children's Oncology Group, COG'이라 불린다. 오늘날 COG 회원은 5000명 이상으로, 모두 미국과 캐나다, 스위스, 네덜란드, 호주와 뉴질랜드에 있는 약 230개 의료 센터의 소아암 전문가이다.[1] 아동 종양학 그룹의 기관들에서는 의사, 기초과학자, 간호사, 심리학자, 약사를 비롯한 여러 전문가로 구성된 다학제 팀이 각자의 기술을 활용해 소아암을 탐구, 진단, 관리하고 있다.

이 혁신적인 협업을 통해 더욱 효과적인 암 치료와 간호, 더욱 빠른 회복을 위해 신중하게 조정된 치료 프로토콜의 성공적인 다학제 모형이 만들어졌다. 엄청난 발전은 최첨단 연구소 한두 곳의 성과가 아니었던 것이다. 한 가지 약을 개발해 차이가 만들어진 것도 아니었다. 그것은 미국 전체, 아니전 세계에 걸친 협업의 결과였다. 모든 암 전문가들이 하나의 목표를 공유했으며, 더 중요하게는 환자의 데이터와 아이디어와 연구를 공유했다. 학문의 한 분야로서 의학계의 경쟁이 얼마나 치열한지, 또 그들의 자원이 얼마나 제한적인지를 감안하면 정말 놀라운 일이다.

그러나 연구자들이 협동한 이유가 소아암을 치료하겠다는 정신에 감화되었기 때문만은 아니었다(물론 그들이 그랬다는 것은 나도 확신하지만). 1955년에 국립 암 연구소National Cancer Institute, NCI는 연구자들이 '협력 그룹'을 조직한다면 백혈병 연구가 더 빨리 진척되리라 판단했다.[2] 국립 암 연구소가 프로그램의 모델로 삼은 것은 폐결핵 치료를 발전시키기 위해 연구자들의 협력에 인센티브를 부여했던 보훈부의 성공적인 시도였다. 1955년 의회는 국립 암 연구소에 500만 달러를 배정했다. 이 돈으로 열일곱 개의 연구 협력체가 만들어졌으며, 이들을 통해 임상 실무에 변화가 일어나고 소아암 환자들의 치료 결과가 급격히 개선되었다.[3] 내가 스탠퍼드대학교 소아 종양학과에서 레지던트로 일하던 무렵에는, 환자 부모들에게 소아 백혈병이 매우 무서운 진단명이기는 하지만 그래도 상당히 치료가 잘 되는 병이라고 확언할 수 있을 정도였다.

유독성 스트레스는 소아암에 비하면 그 치료가 아직 초기 단계에 있다. 우리는 이제 막 이 문제에 대응하기 시작한 참이다. 아동기 역경이라는 전 지구적 위기가 한 권의 책이라면 지금은 2장쯤에 와 있다고나 할까. 그리고 여러 측면에서 볼 때 **이 책**은 그 1장의 이야기, 즉 아동기 역경의 생물학적 메커니즘의 발견에 관한 이야기라 할 수 있다. 아직 그 대응법을 완벽하게 갖추지는 못했으나, 우리는 목표를 향해 계속 노력하는 중이다. 아이들을 위한 웰니스 센터는 환자 치료의 돌파구들을 만들어낼 연구 협력 관계를 조성하는 첫 걸음을 떼었다. 우리 센터의 팀들은 몇몇 중요한 연구소들과 협력해 "유독성 스트레스를 정확하게 측정할 생체지표를 찾을 수 있을까?"와 같은 중대한 질문들에 답하는 데 꼭 필요한 엄격한 무작위 대조 실험들을 진행하고 있다.

역경이 스트레스 반응을 손상시키고 이것이 유독성 스트레스로 이어지며 유독성 스트레스가 다시 여러 부정적인 생물학적 영향과 질병의 원인임을 알아낸 것이 첫 단계였다면, 이제 이 발견을 공중보건 전반에 걸친 깨우침으로 확장하려면 어떻게 해야 할까? 나에게 이런 프레임 전환은 의학계가 매균설을 받아들인 것과 같은 정도의 일로 여겨지는데, 실제로 의학사는 미래를 위한 매우 설득력 있는 로드맵을 제공하고 있다.

판도를 바꾸는 변화가 필요하다

의학계가 미생물에 의해 감염이 일어난다는 것을 깨닫기 전까지 사람들은 감염이 더러운 공기 때문이라고 생각했다. 지금 우리에게야 바보 같은 말로 들릴지 모르지만, 19세기 잉글랜드에서는 매일 아침 요강 속 내용물을 길거리에 많이 쏟아버릴수록 콜레라가 더욱 창궐한다는 관찰이 이러한 생각을 뒷받침했다. 이와 유사하게 외과의가 심하게 감염된 상처가 있는 환자를 진료할 때도 냄새 테스트가 중요한 진단 정보였다. 상처에서 썩은 냄새가 심하게 날수록 환자가 죽을 가능성도 더 컸다. 당시 과학자들은 콜레라와 흑사병(선페스트)과 같은 전염병의 원인에 관해 열띤 논쟁을 벌였지만, 사람들이 가장 널리 받아들이던 믿음은 부패한 물질에서 나온 독한 증기가 사람들을 병들게 한다는 질병의 장기설이었다.

19세기 말까지(늦게는 20세기 초까지도) 임상의들과 과학자들은 감염을 예방하는 가장 좋은 방법이 나쁜 냄새를 제거하는 것이라고 믿었다. 그 생각은 부분적으로는 옳았기 때문에 그들의 치료도 부분적으로는 효과가 있었다. 길에다 내다 버리는 하수의 양을 최소화하면 상수에서도 콜레라 발생 위험이 줄었다. 그러나 의사들의 수술 마스크에, 그리고 환자의 침대 곁에 꽃을 놓아두는 것은 죽음의 위험을 낮추는 데 아무 소용이 없었다(병상 옆에 꽃을 두는 건 오늘날에도 하는 일이긴 하지만).

장기설의 큰 문제는, 딱히 악취가 나지 않는데 그것이 병의 원인일 리 없다는 생각이었다. 존 스노 박사가 브로드스트리트의 우물을 조사할 때도 그랬다. 그 우물에서는 나쁜 냄새가 나지 않았기 때문에 스노가 공중보건 당국에 펌프 손잡이를 없애달라고 요청했을 때 사람들은 그가 미쳤다고 생각했다. 그러나 스노는 그 시절에 장기설을 믿지 않았던 소수의 과학자 중 한 명이었다. 그는 '병자들의 배설물'에 독성 물질이 들어 있고 그것이 오염된 물을 통해 사람에서 사람으로 전해져 자라고 증식하며 질병을 초래한다고 생각했다. 그는 그 생각을 바탕으로 조사를 실시했다. 스노가 지지했던 이론, 그가 당국에 펌프 손잡이를 없애라고 요구한 근거였던 그 이론은 현재 우리가 감염의 진짜 원인으로 당연히 받아들이는 매균설이다. 그러다 당시 스노는 소수에 속했다.

환자에게서 나쁜 냄새가 날수록 더 위중하다는 전제는 의사들과 외과의들이 더 빠른 처치를 우선순위에 두게 만들었다. 한 환자를 치료한 후 다음 환자를 치료하기 전에 손을 씻거나 수술복을 갈아입는 일은 시간만 빼앗을 뿐이었다. 그래서 대부분의 헌신적인 외과의들은 수술복과 장갑에 피와 내장을 묻힌 채로 최대한 신속히 한 환자에서 다음 환자로 넘어갔다. 감염을 방지하기 위해 그들이 간호사에게 지시한 것은 공기가 잘 빠져나가도록 수술실의 창들을 활짝 열어두는 것이었다.

존 스노가 펌프 손잡이를 제거하던 무렵, 또 한 명의 선구적인 의사가 매균설이 자신의 임상 실무를 어떻게 바꿔놓을지 실험하고 있었다. 외과의사였던 조지프 리스터Joseph Lister 박사는 미생물들이 어떻게 와인의 신맛을 내는지에 관해 화학자 루이 파스퇴르Louis Pasteur가 쓴 글을 읽었다. 리스터는 그 개념을 자신의 수술 실무에 적용해 수술팀에게 손을 씻고 도구를 깨끗이 닦도록 했으며, 환자의 피부와 환부를 청결하게 유지하는 등 기초적인 소독 방법을 사용했다. 리스터가 살균법을 도입한 후 3년 사이, 그가 수술한 환자 중 감염으로 사망한 비율은 46퍼센트에서 15퍼센트로 떨어졌다.[4] 그러니 이제부터 구강 청결제인 리스테린Listerine을 집어들 때는, 리스터 박사가 우리를 구취의 저주에서 구해준 것에만 감사할 게 아니라 수술을 받은 환자의 생존 가능성을 더 높여준 일에 대해서도 감사하자.

그렇게 극적인 결과가 나왔음에도 매균설의 발견에서 보편적 손 세정과 수술 도구의 살균, 항생제의 개발로 이어지기까지는 아주 오랜 시간이 걸렸고, 현재 우리가 사용하고 있는 4세대 항생제와 방사선으로 살균한 수술 도구라는 단계까지 오기에는 훨씬 더 오랜 시간이 걸렸다. 그때와 지금 사이에는 무슨 일이 있었을까?

물론 그 질문에는 무수히 많은 답이 있다. 하지만 결국 그 모든 답은 두 가지 큰 범주로 나뉜다. 의료의 응답과 공중보건의 응답이다. 의료의 응답에는 리스터의 수술 기법들과 백신과 항생제 같은 의료 실무에서 일어난 변화들이 모두 포함된다. 공중보건의 응답은 행정단위별 위생 관리와 우유의 저온살균을 포함해, 병원과 진료소 외의 곳에서 일으킨 모든 변화다.

이 모든 노력의 바탕에는 아주 단순한 프레임 전환이 있었다. 그것은 더러운 공기가 아니라 병균에 노출되는 것이 질병과 죽음을 초래한다는 깨달음이었다. 일단 그 생각이 받아들여지자 사람들은 병균 노출과 전파를 제한하는 방법, 이미 일어난 감염을 치료하는 방법을 생각해내는 데 자유롭게 창의력을 발휘했다. 그러나 그 어떤 개별적 개입법 못지않게 중요한 사실은, 판도를 완전히 바꾸는 변화가 이루어지기까지 그 두 가지 접근법 모두가 필요했다는 점이다. 사람들이 계속해서 상수원에 하수를 버린다면 세상에 존재하는 모든 항생제로도 문제를 해결할 수 없을 것이다. 마찬가지로 가장 발전된 위생 습관들이 있어도 여전히 병에 걸리는 사람들은 생기기 때문에 우리에게는 감염을 치료하는 방법들도 필요하다.

"아동기의 부정적 경험과 유독성 스트레스가 나하고 무슨 상관이죠?" 그동안 이렇게 묻는 사람을 많이 만났다. 의료계의 동료들은 "그건 사회문제 아니야?"라고 묻는다. 정책 입안자들은 "치료법이 없는데 우리가 유독성 스트레스에 관해 어떻게 말을 꺼낼 수 있죠?"라며 의아해한다. 이 세 질문 모두에 대한 답은, 아동기의 부정적 경험이 유독성 스트레스로 이어지는 메커니즘을 이해하는 것이야말로 의료로 해야 할 응답과 공중보건으로 해야 할 응답 **둘 다**를 찾을 수 있는 강력한 도구라는 사실이다. 그리고 모든 사람에게는 각자 해야 할 역할이 있다.

나는 우리가 **새로운** 혁명의 문턱에 서 있고, 이 혁명은 모든 면에서 파스퇴르가 세균을 발견하면서 촉발된 혁명만큼이나 중대하다고 믿는다. 흥미로운 점은 이미 그 움직임이 시작되었다는 것이다. 지넷 페이-에스피노사와 패멀라 캔터 박사가 공동체와 학교에서 하고 있는 일은 아동기의 부정적 경험에 대한 공중보건의 응답에 속한다. 낸시 매닉스와 아이들을 위한 웰니스 센터가 하고 있는 일은 의료계가 내놓는 응답의 일부다. 지금 우리는 손 씻기 단계에 있다. 앞으로 유독성 스트레스와 맞서 싸우기 위한 4세대 항생제를 개발해야 하지만, 스트레스 반응이 어떻게 건강 문제를 일으키는지에 관한 지식을 활용한 선별검사, 트라우마에 관한 이해를 바탕으로 한 보살핌과 치료와 같은 기본적인 위생 습관을 도입할 수 있다. 수면, 운동, 영양, 마음챙김, 정신 건강, 그리고 건강한 관계는 리스터가 석탄산에 수술 도구를 담그고 외과 학생들에게 손을 씻도록 요구한 일에 맞먹는 것들이다.

우리 사회에 산재한 많은 문제의 원인이 아동기의 부정적 경험에 있다는 것을 이해하면, 아이들이 겪는 부정적 경험을 줄이고 보호자들의 완충 능력을 향상시키려는 노력들이 그 해결책으로서 의미가 있다. 거기서부터 시작해 우리는 계속 다음 단계로 나아갈 수 있다. 그 정보를 해석해 더욱 효율적인 교육 커리큘럼을 만들고, 유독성 스트레스의 생체지표를 식별할 수 있는 혈액검사를 개발하고, 거기서 다시 더 광범위한 해결책들과 혁신으로 이어나가며 유독성 스트레스의 해악을 조금 조금씩, 이어 성큼성큼 줄여나가는 것이다. 미생물이든 아동기 역경이든, 피해의 원인을 완전히 근절할 필요는 없다. 해악이 생겨나는 어디서든 지식을 창의적으로 적용해 그것을 완화하려는 행위에서 혁명이 시작된다. 그 **메커니즘**을 알고 있다면, 우리는 인간의 조건을 과감히 개선하는 데 우리의 지식을 무수히 많은 방법으로 활용할 수 있다. 프레임을 바꾸고 렌즈를 바꾸면 어느 순간 갑자기 감춰졌던 세계가 드러나 보이고, **그때부터는 모든 게 달라진다.**

13   내겐 도움이 필요했다

토요일 아침 6시 정각, 남편의 휴대전화가 울렸다. 우리는 캘리포니아의 와인 산지로 주말여행을 와 있었으니 그렇게 이른 기상은 예상했던 일도, 환영할 일도 아니었다. 아르노는 몸을 가누지 못하는 혼미한 상태로 돌아누우며 머리 위로 이불을 끌어 올렸다.

"여보." 내가 그를 밀치며 말했다. "여보, 당신 전화야. 도대체 누가 전화를 하는 거지?"

아르노가 침대 옆 탁자로 한 손을 뻗어 안경을 찾아 끼고는 이어 휴대전화를 집었다.

"여보세요?" 그가 쉰 목소리로 전화를 받았다.

하지만 바로 다음 순간, 그는 벌떡 일어나 앉았고 목소리도 급하고 빠릿빠릿해졌다. "네, 네. 그 사람 여기 있어요. 잠시만요."

그가 내게 전화를 내밀었다. "세라. 에번이 뇌졸중이래."

이게 무슨……. 의사인 나는 때로 예상치 못한 시간대에 친척들과 친구들의 전화를 받는 상황에 익숙하다. 때로는 심각한 일(친구 아기의 호흡에서 쌕쌕거리는 천명음이 나는 경우)이고, 그럴 때 내가 해줄 수 있는 실질적인 조언(**당장 응급실로 가!**)이 있을 때도 있다. 그러나 보통은 걱정이 병인 사람들을 위한 상담 전화를 운영하는 기분이 드는 경우가 많다. (사촌한 명이 **우리 두 살배기가 고양이 똥을 먹었어, 어쩌면 좋지?** 라고 물었을 때 나는 말했다. **애한테 고양이 똥 그만 먹으라고 해.**) 그래서 아르노가 전화를 건넸을 때 내 머릿속에 떠오른 생각은 이랬다. **세라는 도대체 뭘 보고 뇌졸중이라고 그러는 거야?** 나는 오빠가 팔이나 다리 한쪽을 깔고 잤다가 저려서 따끔거리는 채로 깨어난 모습을 떠올렸고, 그게 아니면 안면 신경에 무섭지만 양성인 염증이 생겨 몇 주나 몇 달쯤 지속될 안면 마비가 온 것이리라 생각했다. 그렇게 아르노의 전화를 받아 들었을 때, 나는 걱정보다는 의심 쪽으로 더 많이 기울어 있었다.

"세라?"

"안녕, 네이딘."

올케의 목소리가 으스스할 정도로 침착했다.

"나 지금 UCSF 응급실에 있어. 여기 의사들이 어떤 실험적인 처치를 해보고 싶어 해. 그게 에번의 목숨을 살릴 수도 있다는데, 내가 임상시험 참가 동의서에 서명을 해야 한대. 어떻게 해야 할지 모르겠어. 자기가 의사 선생님하고 얘기해보고 나한테 의견을 좀 말해줄 수 있어?"

내 맥박이 빨라졌다. **응급실? UCSF?** 도대체 무슨 일이지?

"물론이지, 바꿔줘." 나는 아르노가 앉아 있는 침대 옆쪽에 걸터앉으며 말했다.

몇 초 뒤, 전화기 저쪽에서 아주 권위 있으면서도 다급함이 느껴지는 목소리가 들려왔다. 다른 무엇보다 그 어조가 내 경보 장치를 작동시켰다. 순간적으로 알 수 있었다. 그것은 직설적이고 명료하며 사무적인 말투, 죽음의 신이 환자의 병상 옆에서 대기하고 있다는 느낌이 들 때마다 내가 수없이 썼던 바로 그 말투였다. 단 1초도 허비할 시간이 없었다.

의사는 짧게 자기소개를 한 다음 문제가 무엇이며 그들이 무얼 하고자 하는지 설명했다. 고개를 끄덕이고 아, 네, 네, 소리를 해가며 귀를 쫑긋 세운 채 그녀의 말을 듣고 있는데 "중대뇌동맥 분포 부위의 3분의 2가 폐색"이라는 말이 들려왔다.

내 온몸이 휘청거렸다.

"뭐라고요?" 나는 전화기에 대고 비명을 질렀다.

임상적으로 그게 무슨 의미인지는 안다. 내가 이해할 수 없는 것은, 그 일이 내 오빠에게 일어났다는 사실이었다. 오빠 뇌의 상당 부분에 피가 전혀 돌지 않는다는 뜻. 그것은, 아마도 죽음을, 또는 운이 좋다면 극심한 장애를 의미했다. 나는 오빠가 휠체어에 앉아 날개가 부러진 새처럼 한쪽 팔을 가슴 앞에 접어놓은 모습을 떠올렸다. 성인용 기저귀를 그려보고 오빠가 침대에서 돌아눕도록 도와줄 재택 간병인을 상상했다. 오빠의 입가로 애플 소스가 흘러내리는 모습도 떠올랐다.

나는 흐느껴 울기 시작했다. 부드럽게 내 등을 쓸어내리는 아르노의 손길이 느껴졌다. 나는 숨을 깊이 들이쉬고는 계속해서 의사의 말을 들었다.

의사는 잠시 멈춘 뒤 다소 느린 속도로 말을 시작했다가, 금세 다시 속도를 높였다. 그녀는 표준적 치료법의 생존율을 이야기한 다음, 에번의 사례가 이 새로운 실험적 처치에 특히 적합하다고 여기는 근거에 대해 설명했다. 나는 정신을 차리고 의사의 말을 제대로 이해하려 안간힘을 썼다. 의사는 그에 따르는 위험과 잠재적 이점들을 설명한 다음 마침내 다시 세라를 바꿔주겠다고 했다. 이제 침착을 되찾아야만 했다.

무슨 일이 있어도 괴로워하는 내 목소리를 세라에게 들려줄 수는 없었다.

"세라, 이 처치를 하는 게 우리에겐 제일 나은 선택 같아."

나는 내 말이 침착하고 확신에 차게 들리도록 최선을 다했다.

"정말? 확실해?"

"확실해. 그게 우리가 시도할 수 있는 최선이야."

90분 뒤, 우리는 UCSF 신경외과 중환자실의 유리문을 통과해 들어갔다. 아르노는 세 살 된 킹스턴을 안은 채였다. 안내를 받아 대기실로 가니 그곳에는 부모님과 나머지 형제들이 먼저 와 있었다. 처치가 끝나기를 기다리는 몇 시간 동안 나는 중환자실에서 의사들과 간호사들이 주기적으로 오빠의 사례에 관해 주고받는 이야기를 들을 수 있었다. "43세 남성 급성 뇌졸중 환자. 비흡연자. 위험 요인 없음." 마지막 부분이 내 머릿속에서 덜컹거리고 돌아다니며 메아리를 일으켰다. **위험 요인 없음.**

그것은 사실이 아니었다.

우리가 자랄 때 어머니는 심각한 정신질환인 망상형 조현병을 앓았고, 불행히도 여러 해 동안 치료 없이 방치되었다. 비슷한 유산을 가진 대부분의 가족에게 그렇듯이 우리에게도 그것은 아주 복잡한 이야기였다. 우리 집의 역사에는 강렬한 불안과 스트레스의 시간들과 사랑과 기쁨의 순간들이 뒤섞여 있다. 어머니는 내게 테니스를 칠 때 두 손으로 멋지게 백핸드 하는 법을 가르쳐주었고, 상상할 수 있는 가장 열렬한 교육의 지지자로서 늘 이렇게 말씀하셨다. "교육을 받아야 해, 네이딘. 일단 교육을 받고 나면 아무도 네게서 그걸 빼앗아 갈 수 없으니까!" 그러나 상황이 나쁠 때는…… 정말 지독히 나빴다. 문제는 우리가 어떤 엄마를 대하게 될지 절대로 알 수 없다는 사실이었다. 매일 학교가 끝나고 집으로 돌아가는 길은 종잡을 수 없는 답을 찾으려 애쓰는 시간이었다. 집에 가면 행복한 엄마를 만나게 될까, 아니면 무서운 엄마를 만나게 될까? 말할 필요도 없이 그 일은 예측할 수 없는 스트레스가 반복되는 환경을 조성했고, 부정적인 면과 긍정적인 면 모두에서 우리에게 남들과 다른 특징들을 새겨주었다.

그날 신경외과 중환자실 대기실에서 걱정에 휩싸여 앉아 있는 동안, 나는 그동안 에번 오빠의 의료에 ACE 지수를 포함시켜왔다면 상황이 어떻게 달라졌을지 생각해보지 않을 수 없었다. 심각한 ACE 지수를 갖고 있는 사람은 뇌졸중이 일어날 가능성이 2배 이상 높다. ACE 지수를 혈압이나 콜레스테롤과 똑같이 하나의 생물학적 지표로 사용했다면 지금 이 순간에 이를 때까지 오빠에 대한 진료는 어떻게 달랐을까? 아동기의 부정적 경험이 오빠에게 발생한 이 특정 유형의 뇌졸중과 어떻게 관련되는지 우리가 알았더라면, 우리는 그 위험의 방향을 바꿀 수 있었을까? 그 지식이 오빠와 비슷한 다른 사람이 뇌졸중에 걸리는 것을 예방할 수 있을까? 이 모든 질문은 똑같은 하나의 결론으로 귀결되었다. 아동기의 부정적 경험에 관한 한 우리에게는 더 많은 연구가 절실하게 필요하다는 것.

다행스럽게도, 우리 가족에게는 뇌졸중 치료를 발전시킨 연구가 큰 효과가 있었다. 의사로서 이는 결코 가볍게 하는 말이 아니다. 오빠의 목숨을 구한 그 실험적 처치는 기적에 가까운 것이었다. UCSF 의료팀은 혈전을 완전히 제거해 에번의 뇌에 다시 혈류가 돌게 했다. 중환자실에서 깨어났을 때 오빠의 몸 오른쪽은 여전히 극도로 약했지만, 집중적인 물리치료를 받으며 몇 달을 보낸 뒤 그는 다시 마린 헤드렌즈에서 자전거를 탔고, 아들들과 농구를 했다.

엄마의 병에 제각각 적응한 아이들

우리가 어렸을 때 에번 오빠는 아주 매력적인 사람이 되는 것으로 집안의 스트레스에 적응했다. 오늘날까지도 오빠는 자연스러운 카리스마로 사람들을 편안하게 만드는 재주가 있다. 아직도 나는 가끔 내 결혼식 사회를 볼 때 오빠가 했던 기발한 재담을 떠올리며 킥킥거린다. 오빠는 모든 사람을 기쁨과 웃음으로 들썩이게 만들었다. 그러나 우리의 다른 형제 루이는 그렇게 운이 좋지 않았다.

루이 오빠와 나는 한 살 차이였고 너무 닮아서 어렸을 때는 사람들이 종종 쌍둥이냐고 물어볼 정도였다. 루이는 나보다 더 똑똑했고, 나와는 달리 고등학교에서 인기 있는 학생이었다. 그러나 그는 예민하기도 했다. 그만의 타고난 본성과 우리 집이라는 양육 환경의 조합이 루이마저 조현병으로 내몰았다. 루이는 열일곱 살이 되던 해인 1992년에 조현병 진단을 받았다. 2년 뒤 그는 엄마 차를 몰고 가던 중 정지신호에서 내려 차를 버려둔 채 그대로 사라졌다. 그 후 우리는 다시는 루이를 보지 못했다. 지금까지도 그의 이름은 전국 실종자 명단에 있다. 나를 베이뷰 헌터스 포인트로 데려온 것이 바로 루이였다. 나는 내 환자들의 얼굴에서 루이의 얼굴과 그의 잠재력, 그리고 근본적인 가치를 본다.

돌이켜보면 나는 주위 사람들에게 주파수를 더 세밀하게 맞춤으로써 엄마의 병에 적응했던 것 같다. 나에게는 하교 후 만난 엄마가 어느 엄마인지 재빨리 파악하는 것이 집안에서 잘 적응하는 열쇠였다. 지금 나는 사람들에게 무언가 일이 벌어지고 있을 때 다양한 비언어적 신호들을 통해 쉽게 그 사실을 파악할 수 있다. 그것은 일종의 육감 같은 것이다. 유년기의 혼란스럽고 예측할 수 없었던 순간들을 결코 반복하고 싶지는 않지만, 그 시간들을 지워버리는 것도 원치 않는다. 그 시간들은 나를 현재의 나로 만든 것 가운데 아주 큰 부분을 차지한다. 때로 나는 사람들의 내면에 주파수를 잘 맞추는 능력이 나만의 작은 초능력이 아닐까 생각한다. 의사로서 그 능력은 환자들에게 꼭 필요한 다음 질문이 뭔지 잘 알고 부드럽게 질문하게 도와주며 상황의 핵심을 재빨리 파악하게 해주어 내가 일하는 데 큰 도움이 된다.

엄마의 병에 적응해온 경험은 의대생 시절과 레지던트 시절에도 유리하게 작용했다. 나는 다량의 아드레날린이 치솟는 상황에서 빛을 발한다. 이와 비슷한 이유로 의학이 적성에 맞는다는 걸 깨달은 동료들이 많은데 나에게 이는 전혀 놀라운 일이 아니다. 다른 사람들은 기가 질리거나 허둥댈 만한 상황이라 해도, 내 뇌와 몸은 심장이 쿵쾅거리는 환경에서 일하는 데 익숙하다.

스탠퍼드대학교 소아 중환자실에서 2년차 레지던트로 일하던 어느 날을 결코 잊지 못한다. 그날 나는 간과 소장을 이식한 환자가 스스로 호흡할 수 있을 정도로 충분히 회복된 뒤 호흡을 돕던 관을 빼는 일을 맡았다. 처음 몇 분간 환자는 잘 호흡했고 안정적으로 보였다. 그러나 나를 지도하던 주치의가 병실을 나간 직후, 갑자기 환자의 심전도가 일직선을 그리더니 심장이 멎었다. 내 정신과 몸은 증속 구동 모드*에 들어갔다. 그동안 받아온 모든 훈련이 신속하고 정확하게 제 역할을 수행했다. 코드 블루를 듣고 다시 달려온 주치의는 침대 위에서 흉부 압박을 실시하며 간호사에게 에피네프린 투여량을 외치고 있는 나를 발견했다. 잠시 후 환자의 심박이 되돌아오고 안정되자 잠시 짬을 내 방금 일어난 일에 대해 보고하는데, 주치의가 고개를 절레절레 흔들며 물었다.

"대체 어떻게 그렇게 한거야?"

"예? 심장 무수축 상태였잖아요. 프로토콜에는 환자가

---

* 차량 속도가 시속 60킬로미터 이상이 되면 자동으로 속도를 올리는 상태.

심장 무수축 상태일 때는 흉부 압박을 시작해야 한다고 되어 있어서요."

그녀가 웃었다. "나도 그건 알아. 지금까지 그렇게 재빠르고 단호하게 대처하는 레지던트는 한 번도 본 적이 없어서 말이야."

나는 어깨를 으쓱이며 속으로 이렇게 생각할 뿐이었다. **프로토콜에 다 나와 있는 건데……**.

그 비현실적인 명료함, 남다른 수준의 집중력과 수행력을, 미식축구 팬인 내 형제들은 '비스트 모드'라고 부른다. 투쟁-도피 반응은 바로 그런 응급 상황을 위해 마련된 것이다. 그날 나는 병실 앞 중환자실 복도에 서서 미소를 지었다. 방금 수비선을 뛰어넘어 엔드 존에 들어간 러닝백처럼 막강하고 민첩한 존재가 된 기분을 남몰래 만끽했다. 네이딘 대 죽음의 신, 1 대 0. 의사들이 특별히 만족스러운 일을 해냈다고 해서 신시내티 벵골스의 이키 우즈처럼 셔플 춤을 추는 건 아니다. 하지만 나는 화장실에 들어가 거울 앞에서 주먹을 위아래로 흔들어대는 정도는 했다.

어떻게 해야 내 아이들을 다치지 않게 할 수 있을까

아동기의 부정적 경험이라는 동전의 양면을 모두 다루어본 경험은 내게 일을 해나갈 에너지를 불어넣어 준다. 나는 어린 시절에 겪은 부정적 경험의 장기적 결과들이 모두 고통만은 아니라는 걸 안다. 어떤 사람들에게 역경은 인내심을 키워주고 깊이 공감할 줄 알게 하며 스스로를 보호하겠다는 결의를 더욱 굳건히 만드는 한편 작은 초능력들을 키워주기도 한다. 어찌 되었든 모든 사람에게 그것은 몸속에, 또 DNA에 새겨져 우리 존재의 본질에서 중요한 부분으로 자리한다.

나는 어린 시절에 부정적 경험을 하며 자란 사람들이 자신의 유년기를 '극복'해야 한다고는 생각하지 않는다. 역경을 잊어버리거나 탓하는 것이 쓸모 있는 일이라고도 생각하지 않는다. 첫걸음은 그것의 상태를 평가해 파악하고, 그 영향과 위험을 비극도 동화도 아닌, 의미 있는 현실로서 명료하게 바라보는 것이다. 특정한 상황에 처했을 때 몸과 뇌가 어떤 식으로 반응하게끔 맞추어져 있는지 이해하고 나면, 자신의 반응을 미리 예측해 조정하는 방식으로 매사를 처리할 수 있다. 반응을 촉발하는 도화선이 무엇인지 알면 자신과 자신이 사랑하는 사람들을 도울 방법도 알 수 있다.

여기서 중요한 건 역경이 가족이라는 섬세한 생태계를 어떻게 교란하고 우리를 압도하는지 이해하는 것이다. 불가피하게 역경이 닥쳐왔다면, 우리가 과학에서 배운 것들을 활용해 우리 자신과 서로를 더 잘 도울 수 있음을, 그로써 우리 아이들도 더 잘 보호할 수 있음을 인식해야 한다. 부모나 보호자는 자신이 힘들어한다는 것을 인정하기 어려울 수도 있다. 실제든 상상에 불과하든, 자신이 아이들에게 제 역할을 하지 못했다는 죄책감과 수치심에 괴로워하는 일이 너무나도 빈번하다. 내가 이 책을 통해 모두가 반드시 이해하고 넘어가기 바라는 메시지는 이렇다. 역경이 우리에게 미친 영향들이 우리의 인격을 결정하는 요소는 아니라는 사실이다. 우리는 수치심 게임을 벌일 필요가 없다. 그건 아무 도움도 되지 않는다.

물론 어느 하나 쉬운 건 없다.

ACE 지수를 갖고 있는 사람이라면 자신의 스트레스 반응이 혼란에 빠질 때 그 상황을 인지하는 것 자체가 어려운 일일 수 있다. 시간을 들여 자기를 보살필 자원들을 찾아내고 치유로 가는 궤도에 올라서는 것은 그보다 더 어려울 것이다. 만약 ACE 지수를 갖고 있는 부모라면 두 가지 도전에 직면한다. 자신을 보살피는 일**에 더해** 아이를 보호하는 일까지 신경 써야 하기 때문이다. 이제 우리 모두 알 듯이, 아이를 보호할 수 있는 사람이 되기 위해서는 우리 자신도 보호할 수 있어야 한다.

나는 환자들을 치유하겠다는 목표를 추구하는 의사로서 트라우마와 역경이 우리의 존재와 신체 작동 방식을 형성하는 강력한 힘에 관해 배웠다. 하지만 한 아이의 엄마로서 예상치 못한 슬픈 반전을 통해 완전히 다른 방식으로 그것을 배웠다.

제 기능을 못하는 부모가 되는 것이 어떤 일인지 나는 알고 있다. 출장을 다니며 강연을 할 때면 복잡하게 구성된 우리 가족과 아름다운 네 아들에 관해 종종 이야기한다. 그러나 그것은 사람들을 편하게 해주기 위해 건네는 거짓말이다. 사실 나와 남편에겐 다섯 아들이 있다. 에번이 뇌졸중을 일으키기 1년 전, 나도 나만의 의학적 위기를 겪었다. 지기 해리스는 2014년 1월 31일 오전 5시 51분에 태어났다. 그리고 14분 37초를 살았다. 간호사가 숨이 끊어져 새파란 지기를 품에서 데려간 그때가 내 인생 최악의 순간이었다.

아이를 기다리는 행복한 여섯 달 동안, 지기는 나의 비밀 친구였다. 임신한 엄마라면 누구나 이해할 수 있듯이 우리는 지기가 첫 숨을 또는 마지막 숨을 쉬기 훨씬 오래전부터 가장 친한 친구 사이였다. 지기는 파인애플을 좋아했고 고기 요리 냄새를 질색했으며, 아래쪽에 머리를 둔 채 내 자궁 오른편으로 파고드는 자세를 제일 좋아했다. 왼쪽 갈빗대에 가해지는 지기의 발길질을 느끼며, 나는 그 아이가 주짓수 검은 띠를 딸 게 분명하다고 생각했다. 지기를 잃었을 때의 내 상태를 엉망진창이라는 말로 표현한다면, 그건 이 세기를 통틀어 가장 절제된 표현일 것이다.

아르노와 나의 애도 방식은 서로 상당히 달랐다. 그는 모든 사람을, 특히 아이들을 보살피는 일에 집중했다. 아이들이 정시에 학교에 가도록 챙겼고 냉장고에는 꼭 식재료가 있도록, 식탁 위에는 꼭 음식이 놓이도록 했다. 그러나 나는 아무 것도 할 수 없었다. 다른 사람은 고사하고 나 자신조차 건사할 수 없었다.

지기를 잃은 지 사흘쯤 지난 어느 새벽 4시 30분쯤 눈을 떴다. 잠을 잘 수 없었다. 생물학적 과정의 잔인한 전개로 내 가슴에서는 젖이 나오고 있었다. 갑자기 집에 있는 것이 견딜 수 없었다. 모든 게 아기를 생각나게 했다. 불러오는 배를 받치는 데 썼던 큰 쿠션은 침대 옆 바닥에 쓸모없이 널브러져 있었다. 그걸 쳐다볼 수가 없었다. 아르노에게 나를 어딘가 다른 데로 데려다달라고 애원했다. 이 집에서 나가야만 했다.

아르노의 얼굴에서 깊은 근심과 공포가 드러났다. 아내가 미쳐가고 있는 게 아닌지 걱정하는 게 분명했다. "여보, 무슨 소리 하는 거야?" 그가 부드럽게 물었다. "오늘 아이들은 학교에 가야 해." 내 시선은 남편에게 고정되었다. 젠장, 이 사람은 왜 아이들 학교 가는 얘기를 하는 거야? 나는 집에서 떠나야 하는데. 더는, 단 한 순간도, 집에 있는 걸 도저히 견딜 수 없는데.

"당신이 안 데려다주면, 나 혼자서 갈 거야!" 이렇게 소리를 지른 뒤, 나는 자동차 열쇠를 집어 들고 거칠게 문밖으로 뛰쳐나갔다. 남편과 잠든 세 아이를 집에 남겨둔 채. 나는 내 몸 밖으로 나가고 싶었다. 더 이상 고통스럽지 않은 곳을 찾을 때까지 계속 차를 몰고 싶었다. 그러나 그것은 실수였다. 집에 있는 것보다 더 나쁜 게 딱 하나 있다면, 그건 혼자 있는 것이었다.

한 시간 뒤, 나는 어빙가와 9번가 교차로의 스타벅스 앞에 차를 세워두고 운전대에 기대어 미친 듯이 울고 있었다. 내가 지금 대체 뭘 하려는 것인지 생각해야 했다.

고개를 드니 룸미러에 비친 내 모습이 눈에 들어왔다. 거의 알아볼 수 없는 모습. 거울 속에서 넋 나간 눈으로 나를 보고 있는 것은 내 어머니와 꼭 닮은 여자였다.

톡, 톡, 톡. 갑자기 차창을 두드리는 소리가 들렸다.

나는 그 일을 신의 중재라고 생각한다. 이른 아침 조깅을 나온 에번 오빠가 샌프란시스코의 많고 많은 장소 중에서 마침 그곳을 지나다가 내 차를 알아본 것이었다.

나는 차창을 내렸다.

"너 괜찮아?" 오빠가 물었다.

그리고 그 순간, 나는 내가 괜찮지 않다는 걸 깨달았다. 나는 **전혀** 안 괜찮았다. 내겐 도움이 필요했다.

내가 제 기능을 할 수 없다는 걸 깨달은 그 순간, 제일 먼저 이런 생각이 들었다. **어떻게 해야 이게 내 아이들을 다치지 않게 할 수 있을까?** 그동안 일을 해오며 수없이 목격한바, 내가 이렇게 무너지는 것이 결코 나에게만 영향을 미치는 것이 아님을 알고 있었다. 또한 우리 가족이 이 일을 헤쳐나가기 위해서는 결정적인 두 요소가 반드시 필요하다는 것도. 첫째는 아이들이 충격을 완화할 수 있는 보살핌과 사랑을 받는 것이었고, 둘째는 내가 든든한 지원과 보살핌을 얻는 것이었다. 이 사실을 알고 있는 것이 크나큰 차이를 만들었다.

그날 세라가 우리 집에 왔다. 에번 오빠의 아내인 세라는 우리 아이들에게 내가 만들어주지 못한 안전하고 안정적이며 따뜻한 환경을 만들어주었다. 또 세라가 아이들을 보살펴준 덕에 아르노는 나를 보살피는 데 집중할 수 있었다. 그 정신 나간 아침을 겪을 때까지 우리는 아르노 혼자서 두 가지를 다 할 수 없다는 사실을 깨닫지 못했다. 누군가 팔 걷고 나서 도와줘야 할 일이었다. 우리가 가장 힘들었던 그 시기에 우리 부부와 아이들을 위해 곁에 있어준 오빠 부부에게는 아무리 애를 써도 고마운 마음을 다 표현하지 못할 것 같다.

단 하루도 우리가 잃은 아들을 생각하지 않고 지나간 날이 없었다. 낙천적인 천성인 나도 그 아이의 죽음에서는 어떤 의미도 찾을 수 없었다. 그러나 우리가 행운아라는 사실은 인정할 수밖에 없다. 내가 무너져 무릎 꿇은 그 순간 내게는 나를 다시 일어나게 도와줄 사람들, 내가 의지할 사람들이 있었다. 이루 말할 수 없이 감사한 일이다. 그 새벽 차 안에 앉아 울고 있을 때, 나는 모두가 원하는 좋은 부모의 능력을 잃어버리는 것이 어떤 일인지 잠시나마 절절히 느꼈다. 내 어머니에게는 아르노와 내가 덕을 본 것과 같은 보호망이 없었다. 또한 어머니는 자신의 병이 아이들에게 어떤 영향을 미칠

지, 자신과 아이들을 돕는 방법이 무엇인지 알려줄 유독성 스트레스에 관한 20년 연구의 혜택도 누릴 수 없었다. 어머니는 자신에게 주어진 것 안에서 최선을 다했다.

그러나 지금 우리에겐 더 많이 주어졌으며, 우리는 더 많은 것을 알고 있다. 나는 우리가 부정적 경험의 이야기를 새로 쓸 수 있음을, 유독성 스트레스의 세대 순환을 끊을 수 있음을 믿는다. 나는 삶이 자신들 앞에 던져놓는 고난과 역경의 역사에도 불구하고, 아이들에게 자신이 할 수 있는 최선의 방법을 알아내고자 노력하는 모든 부모와 양부모, 위탁 부모, 조부모 그리고 모든 유형의 양육자를 위해 이 책을 썼다. 감당하기에는 너무나 거대한 도전에 직면하는 이 세상의 모든 아이와 청소년을 위해, 아동기에 받은 유산 때문에 현재의 건강 상태가 결정된 모든 성인을 위해 이 책을 썼다. 이 책이 식탁에서, 의사들의 사무실에서, 학부모와 교사들의 만남에서, 법정에서, 그리고 시의회에서 오고갈 대화에 영감을 주기를 바란다. 그리고 무엇보다 큰 소망은, 거대한 움직임이든 작은 행동이든, 사람들에게 행동할 영감을 불러일으키는 것이다.

자신의 스트레스 반응이 활성화될 때 단순히 그것을 알아차리는 법을 배우는 것, 건강한 방식으로 그리고 자신이 사랑하는 사람들에게 해를 입히지 않는 방식으로 반응하는 방법을 생각해내는 것, 또는 곤경에 처한 아이에게 멘토가 되어주거나 의사와 상의하는 것까지, 아동기의 부정적 경험에 대응하는 방식을 바꾸기 위해 하나의 사회로서 우리 모두가 할 수 있는 일이 있다.

나는 믿는다. 각자 이 문제를 직시할 **용기**를 가질 때, 우리의 건강뿐 아니라 우리가 사는 세상을 변화시킬 힘이 생길 것이라고.

그 일들은 더 이상 대물림되지 않는다

지금은 2040년. 상황은 꽤 달라졌다. 나는 이제 할머니다(하지만 아직 제법 봐줄 만하다). 은퇴했고, 정원에서 어슬렁거리지 않을 때는 손자들을 쫓아다니느라 바쁘다. 손자들은 네 살, 다섯 살, 일곱 살이다. 물론 나는 녀석들을 응석받이로 만들어놨는데, 좀 켕기기는 해도 그것이야말로 태고부터 모든 할머니가 푹 빠져 지내온 즐거움 아닌가.

쌍둥이 형제인 두 장남은 현재 서른일곱 살이고 나는 이들의 아내들을 매우 사랑한다. 둘 다 첫 임신부 검진을 마치자마자 내게 전화를 걸어 정규적인 산전 건강관리의 일환으로 ACE 선별검사를 받았다고 말해주었다. 지금은 표준 검사가 되었지만, 아이들을 위한 웰니스 센터가 기여한 선별검사 지침을 의사들이 잘 따르고 있다는 이야기를 들으면 내가 여전히 얼마나 기뻐하는지 잘 알기 때문이다. 두 아들은 내가 '옛날 그 시절' 이야기를 떠들어대는 걸 끝없이 들어주는 아내들을 보면 딴청을 피운다. 하지만 그들 역시 아이들의 학교에 제출하는 서류를 작성할 때 아이들이 모두 예방접종, 결핵 검사와 함께 ACE 선별검사를 받았음을 증명하는 칸에 체크된 것을 보며 남몰래 자랑스러워한다는 것을 난 알고 있다.

이제는 제발 좀 본명으로 불러달라고 애원하는 그레이 부는 현재 공립 초등학교에서 3학년을 가르치고 있어서, 학부모가 아닌 교사 입장에서 내게 아동기의 부정적 경험에 관한 특종을 전해준다. 학교에서 교사 연수 내용에 아동기의 부정적 경험에 대한 인식을 포함시켰다는 것이다. 학교에서 가장 먼저 못 박아둔 사항 하나는, 학생들의 유독성 스트레스 증상을 알아보는 방법을 교사들에게 가르치는 것이었다. 매일 아침 그레이는 '명상 수행 시간'을 이끌어 학생들이 하루를 새롭게 시작할 수 있도록 돕고, 1년 내내 쌓아온 자기 조절 기술을 더욱 강화하도록 이끈다.

나는 은퇴 후에도 스탠퍼드대학교 의대 1학년생들에게 아동기의 부정적 경험과 유독성 스트레스에 관해 가르치고 있는데, 킹스턴도 그 학생들 중 하나다. 우리는 생물학적 기제에 관한 내용으로 시작해 학기가 끝날 즈음에는 교란된 신경계·내분비계·면역계를 치유하는 최신 개입법들에 관해 토론한다.

공중보건 영역에서는 이미 오랫동안 운동이 진행되어 왔다. 20년 전, 아이들을 위한 웰니스 센터는 미국 심장 협회, 미국 암 학회, 미국 폐 협회가 주도하는 운동 및 교육 단체의 결성에 중요한 역할을 했고, 함께 강력한 대중 교육 캠페인을 만들었다. 캠페인은 순식간에 퍼져나간 동영상 한 편에서 시작해 광고판, 진료실에 붙은 포스터, 슈퍼볼 경기 광고 등으로 확산되었다. 유명인들이 자원해 'ACE의 얼굴들' 광고 캠페인에 참여했고, 그들은 자신의 이야기를 들려주면서, '당신의 지수를 알아보고 치유법을 배우세요'라는 슬로건으로 행동을 촉구했다.

우리 아들들 세대는 과거의 역경에 대한 낙인 없이 성인으로 성장한 첫 세대다. 오늘날 ACE 지수가 있다는 건 땅콩 알레르기가 있는 것보다도 부끄러워할 일이 아니다. 당시 캠페인은 태도 변화 이상의 훨씬 거대한 결과를 이뤄냈다. 20여 년이 지나는 사이 ACE 지수가 1점 이상이라고 보고하는 미국인 수는 40퍼센트 감소했고, ACE 지수가 4점 이상이라고 보고하는 미국인 수는 60퍼센트 감소했다. 어떤 부류의 사람들에게나 고난의 사건들은 여전히 일어나지만, 그 일들은 더 이상 세대에서 세대로 대물림되지 않는다.

2020년에는 선별검사와 치료, 연구에 연방 기금을 제공하는 '회복탄력성 투자법Resilience Investment Act'이 제정되어 아동 종양학 그룹을 모델로 한 전국 단위의 협력단이 만들어졌고 현재 큰 성공을 거두고 있다. 의료 지출이 두 자릿수나 줄어들어 우리는 그 돈을 국가 우선 사업에 재할당할 수 있게 되었다. 유아 돌봄과 교육 프로그램에 들어가는 자금을 늘린 것은 당연한 결정이었다. 아주 놀라운 일은 또 있었다. 국무부에서 세계 곳곳의 갈등 지역에 ACE 선별검사와 초기 개입을 실시하기 위해 다른 나라들과 긴밀히 협조한 새 프로그램을 만들었는데 내게 자문 역할을 맡아달라고 요청한 것이다. 이런 방법으로 우리는 어린 세대들이 폭력 범죄 집단이나 민병대, 반란 집단에 쉽게 포섭되지 않도록 예방할 수 있게 되었다. 유독성 스트레스의 과학이 전 세계의 안보 유지에도 매우 효과적인 도구가 된 것이다. 군대 역시 전장에서 돌아오는 병력들을 돕는 일에 최신 치료법을 활용하고 있다.

나는 내가 도울 수 있는 곳에서는 도움을 주고 있지만, 사실 이제 할 일은 그리 많지 않다. 하나의 운동으로 시작된 것이 지금은 사람들이 행동하는 방식이자 기본 사회기반시설과 의료 실무 표준이며 상식적인 지혜가 되었기 때문이다. 그래서 아르노와 나는 대부분의 시간을 할아버지, 할머니 노릇을 하며 보낸다. 우리는 손자들을 공원에 데려가고, 사주면 안 될 것들을 사준다. 손자들이 서로 종이비행기를 던지며 노는 모습을 볼 때면 난 줄자와 스톱워치를 챙겨 들고 웃는다. 그러면 아이들은 이리저리 눈치를 살피며 과학 수업이 시작되기 전에 달아나버린다. 한 명만 빼고 말이다.

감사의 말

　　제일 먼저 감사의 인사를 전해야 할 사람들은 나의 환자들, 그리고 나에게 자기 삶의 이야기를 들려주고 자신의 가장 소중한 보물인 자녀들을 믿고 맡겨준 환자 가족들이다. 또 나를 품어주고 응원해주고 이 배움의 여정을 나와 함께해준 베이뷰 헌터스 포인트 공동체에도 깊이 감사한다. 특히 나를 이끌어주고 주민들에게 나를 믿어도 좋은 사람이라고 소개하고 샌프란시스코시가 베이뷰 진료소를 지원하도록 힘을 써준 드웨인 존스에게 감사드린다.

　　책을 쓰는 건 내가 오랫동안 꿈꿔왔던 일이지만, 정말로 책을 쓰게 될 거라고는 상상도 못했다. 무언가가 되려면 "먼저 자신이 되고자 하는 것을 보라"는 말이 있다. 소중한 두 친구 캐슬린 켈리 재너스와 애냐 매뉴얼은 세상을 향해 용감하게 목소리를 내는 사람들이고, 내게도 그렇게 하도록 용기를 주었다. 정말 고마운 친구들이다. 팰로앨토의 올론 초등학교에서 5학년과 6학년 때 담임선생님으로 독서와 글쓰기에 대한 내 사랑을 더욱 북돋아주셨던 페이 모리슨 선생님께도 감사드린다.

내가 다른 아이들을 돌볼 수 있도록 내 아이들을 정성스럽게 돌봐준 레이첼과 자라에게도 감사한다.

폴 앤드 데이지 소로스 장학재단Paul and Daisy Soros Fellowships for New Americans은 내가 의학 교육을 받도록 지원해주어 학자금 대출이 이끄는 길이 아닌 내 마음이 이끄는 곳으로 갈 수 있는 자유를 주었다. 재단의 스탠 헤긴보덤과 워런 일치먼은 내게 "원하는 삶을 만들어내라"고, 세상으로 나가라고, 그리고 행동함으로써 배우라고 격려해주었다.

나의 공중보건 교육과 연구 훈련을 지원해준 공은 국립보건원의 몫이다.

갓 레지던트 과정을 마친 내가 베이뷰 헌터스 포인트에 진료소를 열겠다는 야무진 꿈을 꾸었을 때 그런 내 꿈을 지지해준 캘리포니아 퍼시픽 의료 센터의 마틴 브로트먼, 스티브 록하트, 테리 조반니 세 분께도 감사드린다.

또한 나는 셰릴 폴크, 앤 오리어리, 제니퍼 시벨 뉴섬, 에스타 솔러, 수지 로프터스, 레노어 앤더슨, 제니퍼 피츠, 조지 핼버슨, 제프 캐나다, 브라이언 스티븐슨 그리고 카말라 해리스까지 여러 현명한 멘토들에게서도 많은 도움을 얻었다.

유독성 스트레스를 치료하는 첫 단계는 우선 그런 스트레스가 존재한다는 것을 이해하는 일이다. 그 사실을 널리 알려준 제이미 레드포드와 애슐리 저드, 애너 디비어 스미스에게 감사한다.

나는 2009년 뉴욕에서 열린 한 콘퍼런스에서 처음으로 폴 터프를 만났다. 당시 그가 〈뉴욕 타임스 매거진〉에서 일하고 있다는 말을 듣자마자 나는 아동기의 부정적 경험과 유독성 스트레스에 관한 독백을 장장 45분 동안 늘어놓았다. 그런 나를 피해 저 멀리 달아나지 않고 내 말에 귀를 기울이고 그 말을 널리 퍼뜨려준 그에게 정말 감사한다.

이 책에 실린 모든 연구와 과학적 내용은 나보다 먼저, 그리고 이후로도 계속해서 유독성 스트레스와 그 치료법을 알아가는 일에서 중요한 발전을 이뤄가고 있는 연구자들과 의사들의 지치지 않는 노력의 산물이다. 다 호명할 수 없을 만큼 많은 분이 계시지만, 이 분야의 과학적 토대를 놓아준 몇 분께는 내가 얼마나 큰 영감을 얻었으며, 얼마나 감사하는지 꼭 이야기하고 싶다. 특히 모니카 싱어, 세러 헤머, 휘트니 클라크, 토드 렌슐러, 리사 구티에레스 왕, 수전 브리너, 드니스 도드, 앤디 가너, 이바 일리, 실라 워커, 패멀라 캔터, 잰 숀코프, 톰 보이스, 낸시 애들러, 로이 웨이드, 마크 레인스, 알리시아 리버먼, 로버트 안다, 빈센트 펠리티, 빅터 캐리언에게 특별한 감사를 드린다. 이분들 모두가 나의 생각에 커다란 영향을 주었고, 아동기의 부정적 경험을 식별하고 유독성 스트레스를 치료하는 일에 관한 내 접근법을 형성해주었다.

내가 거의 포기할 지경까지 갔을 때 끈기 있는 지도로 계속 나아갈 수 있게 이끌어준 리더십 코치 저스틴 셔먼에게도 큰 덕을 입었다.

이 책에 담긴 모든 데이터는 데비 오가 수크딥 퓨리왈, 모니카 부치, 카디아투 코이타를 비롯한 아이들을 위한 웰니스 센터의 뛰어난 연구 팀 사람들의 도움을 받아 모으고 정리한 것이다. 이 여인들은 엄밀함과 정확성에서는 아무도 따를 수 없을 정도로 철저한 이들이다. 또 아이들을 위한 웰니스 센터와 베이뷰 아동 건강센터의 빼어난 여러 팀들과, 이사회와 리더십 위원회, 지역사회 자문위원회 회원들 모두에게도 감사드린다. 개인적 인간관계가 지닌 치유의 힘을 매일같이 증명해주고 수백만 명의 건강과 삶을 개선하겠다는 공통된 비전을 갖고 있는 이 사려 깊고 헌신적인 사람들과 함께 일한다는 것은 내게 정말 큰 기쁨이다.

호튼 미플린 하코트 출판사의 탁월한 팀의 도움을 받은 것도 나에게는 큰 행운이다. 예리하고 유쾌한 유머 감각을 지닌 교열자 트레이시 로, 그리고 깊이 있는 질문과 능숙한 편집으로 내 바람 이상으로 더 좋은 책을 만들어준 디앤 어미의 수고에 깊은 감사를 드린다.

내가 이 책을 쓰도록 용기를 준 공은 자신의 대담한 정신으로 다른 사람들에게서도 대담함을 일깨워주는 나의 에이전트 더그 에이브럼스의 몫이다. 더그뿐 아니라. 라라 러브 하딘과 나의 경이로운 협력자 로린 햄린을 비롯한 아이디어 아키텍츠Idea Architects의 훌륭한 팀에게도 큰 빚을 졌다. 로린, 당신의 창의성과 부지런함, 협동심, 그리고 짓궂은 유머감각에 감사해요.

내가 살면서 이뤄온 모든 일은 누군가가 나를 믿어주고 나에게 투자해준 덕분에 가능한 일이었다. 일찌감치 나와 우리 팀에게 자금을 지원하고 이후로도 내내 우리가 더욱 성장하도록 지지해준 관대한 사람들이 없었다면 지금에 이르지 못했을 것이다. 조지 살로, 일레인 골드, 톰과 자멜 퍼킨스, 존과 리사 프리츠커, 밥 로스를 비롯한 캘리포니아 인다우먼트 California Endowment 사람들, 러스와 베스 시겔먼, 캘리포니아 퍼시픽 의료 센터의 워런 브라우너, 바바라 피코워, 재클린 풀러를 비롯한 구글의 자선 부문Google.org 팀, 대니얼 루리와 티핑 포인트 팀, 루스 셰이버와 타라 건강기금의 팀이 바로 그런 사람들이다. 특히 원고를 읽고 강력한 통찰력으로 의견과 제안을 말해주어 더욱더 좋은 책으로 만들어준 셰이버 박사께 특별한 감사를 드린다.

덧붙여 이 책에 자신들의 이야기를 싣도록 너그럽게 허락해준 나의 환자, 동료, 친구, 가족 들에게도 감사를 표한다.

그들의 이야기가 치유의 씨앗이 자라날 비옥한 토양이 되는 것이 나의 가장 큰 바람이다.

누구보다 고마운 사람들은 바로 나의 가족이다. 엄마, 아빠, 나의 형제들과 그의 아내들, 사촌과 이모, 고모, 삼촌 들, 그리고 미국과 고향 자메이카에 있는 자메이카인들로 이루어진 거대한 대가족까지. 그들은 나에게 든든한 마음의 고향이 되어주었고, 회복탄력성이라는 단어가 무엇인지 그 실례를 보여주었다.

우리의 네 아들, 페트로스와 파울로스, 킹스턴, 그레이는 나에게 기쁨과, 다음 세대를 위해 매일 최선을 다할 영감을 주었다.

마지막으로 나의 경이로운 남편에게 마땅한 존경을 표현하기에 적절한 단어는 아무래도 찾을 수가 없다. 내 인생의 가장 큰 행운은 아르노 해리스를 만난 일이다. 그는 내 삶에 사랑과 연결, 친절함, 기쁨, 인내, 웃음을 뿜어내는 샘과 같은 존재다. 게다가 그는 엄청나게 똑똑한 데다 진짜 멋진 남자다. 원고를 수도 없이 읽어주고 귀한 제안들을 해주고 편집을 도와준 일뿐 아니라, 기저귀를 갈고 아이들을 데려다주고 데려오고, 식사를 준비하고, 잠자리를 준비하고, 자기 전에 아이들에게 책을 오랫동안 읽어주어, 내가 이 책을 세상에 내놓기 위해 늦게 자고 일찍 일어날 수 있도록 도와준 남편에게 정말 큰 은혜를 입었다.

내 ACE 지수는 몇 점일까?

당신이 열여덟 번째 생일을 맞이하기 전에

1. 부모나 집안의 다른 어른이 **자주**

   당신에게 욕설을 하거나, 모욕하거나, 조롱하거나, 굴욕감을 주었나요?

   또는

   당신이 몸을 다칠지도 모른다는 두려움을 느끼도록 행동했나요?

   예☐   아니오☐   '예'라면 1점 기입 ____

2. 부모나 집안의 다른 어른이 **자주**

   당신을 밀치거나 세게 움켜잡거나, 손찌검을 하거나, 당신에게 무언가를 던졌나요?

또는

당신에게 맞은 자국이 생겼거나, 다칠 정도로 세게 때린 적이 있나요?

예 ☐   아니오 ☐   '예'라면 1점 기입 ____

3. 어른이나 최소한 당신보다 다섯 살 많은 사람이 **한 번이라도**

당신을 만지거나, 애무했거나, 또는 당신에게 성적인 방식으로 자신의 몸을 만지게 강요한 적이 있나요?

또는

당신에게 구강, 항문 또는 질 성교를 시도했거나, 실제로 한 적이 있나요?

예 ☐   아니오 ☐   '예'라면 1점 기입 ____

4. 당신은

가족 중 아무도 당신을 사랑하지 않거나, 당신을 중요하거나 특별한 사람으로 생각하지 않는다고

또는

가족들이 서로를 위하지 않거나, 가깝게 느끼지 않거나, 지지해주지 않는다고

자주 느꼈나요?

예 ☐   아니오 ☐   '예'라면 1점 기입 ____

5. 당신은

먹을 것이 충분하지 않거나, 더러운 옷을 입어야 한다거나, 당신을 보호해줄 사람이 아무도 없다고

또는

부모가 술이나 마약에 너무 취해 있어서 당신을 보살피지 못한다거나, 필요할 때 당신을 병원에 데려가지 못한다고

자주 느꼈나요?

예☐　아니오☐　'예'라면 1점 기입 ＿＿＿

6. 당신의 부모는 별거한 적이 있거나, 이혼했나요?

예☐　아니오☐　'예'라면 1점 기입 ＿＿＿

7. 누가 당신의 어머니 또는 양어머니를

자주 밀치거나, 세게 움켜잡거나, 손찌검을 하거나, 그녀에게 무언가를 집어던졌나요?

또는

이따금 또는 **자주** 발길질을 하거나, 물거나, 주먹으로 때리거나, 단단한 것으로 때렸나요?

또는

적어도 몇 분 이상 계속해서 때렸거나, 총이나 칼로 위협한 **적이 있나요?**

예 ☐   아니오 ☐   '예'라면 1점 기입 ____

8. 당신은 술 문제를 일으키거나, 알코올중독자인 사람 또는 마약을 하는 사람과 함께 살았나요?

예 ☐   아니오 ☐   '예'라면 1점 기입 ____

9. 가족 구성원 중에서 우울증이나 정신질환에 걸렸거나 자살을 시도한 사람이 있었나요?

예 ☐   아니오 ☐   '예'라면 1점 기입 ____

10. 가족 구성원 중에서 감옥에 간 사람이 있었나요?

예 ☐   아니오 ☐   '예'라면 1점 기입 ____

'예'라고 답한 수를 더하시오. ____

이것이 당신의 ACE 지수입니다.

아이들을 위한 웰니스 센터 ACE 설문지(ACE-Q)

아동 부모/보호자가 작성할 것

오늘 날짜: _____

아이 이름: _____   생년월일: _____

작성자 이름: _____   아이와의 관계: _____

　　많은 어린이가 살면서 심각한 스트레스를 동반하는 사건들을 경험하고 그 경험은 아이들의 건강과 안녕에 영향을 미칩니다. 이 설문의 결과는 당신의 아이를 담당하는 의사가 아이의 건강을 평가하고 지도 방법을 결정하는 데 도움을 줍니다.

　　아래의 진술을 읽고, 당신의 아이에게 해당하는 진술이 몇 가지인지 세어 그 합을 네모 안에 기입하세요.

당신의 아이에게 해당하는 구체적인 진술이 어느 것인지는 설문지에 표시하거나 암시하지 **마세요.**

1. 섹션 1의 진술 가운데 당신의 아이에게 해당하는 것은 **몇 가지**입니까? 그 합을 네모 안에 쓰세요. ☐

섹션 1. 당신의 아이가 태어난 후 언젠가

- 아이의 부모 또는 보호자가 별거하거나 이혼했다.

- 교도소나 구치소에 수감되었던 가족 구성원과 함께 살았다.

- 우울증이나 정신질환에 걸렸거나 자살을 시도한 가족 구성원과 함께 살았다.

- 가족 구성원들이 서로를 해하거나 해하겠다고 위협하는 것을 보거나 들었다.

- 어느 가족 구성원이 당신의 아이에게 욕을 하거나, 아이를 모욕하거나, 굴욕감을 주거나, 조롱해 아이를 겁먹게 했다.

- 또는 어느 가족 구성원이 아이가 신체적인 상해를 입을 수도 있다는 두려움을 갖도록 행동했다.

- 누군가 아이의 은밀한 부위를 만졌거나 아이에게 그들의 은밀한 부위를 성적인 방식으로 만지도록 요구했다.

- 먹을 것, 입을 옷, 주거지 없이 지냈거나 보호해줄 사람이 아무도 없이 지낸 적이 한 번 이상 있다.

- 누군가 아이를 밀치거나 세게 움켜잡거나 아이에게 손찌검을 하거나 무언가를 던졌거나, 아이가 너무 세게 맞아서 부상을 입거나 맞은 자국이 생긴 적이 있다.

- 음주 문제가 있거나 마약을 하는 사람과 함께 살았다.

- 지지와 사랑과 보호를 받지 못한다고 자주 느꼈다.

2. 섹션 2의 진술 가운데 당신의 아이에게 해당하는 것은 **몇 가지**입니까? 그 합을 네모 안에 쓰시오. ☐

섹션 2. 당신의 아이가 태어난 후 언젠가

- 위탁 양육된 적 있다.

- 학교에서 희롱이나 괴롭힘을 당한 적 있다.

- 함께 살았던 부모 또는 보호자가 사망했다.

- 추방 또는 이주 때문에 주양육자와 분리되었다.

- 심각한 의료 처치를 받았거나 목숨이 위태로운 병에 걸렸다.

- 사는 동네 또는 학교가 있는 동네에서 폭력을 보거

나 들은 일이 자주 있었다.

- 인종이나 성적 지향, 출생지, 장애 또는 종교 때문에
자주 부당한 대우를 받았다.

1장

1 Attention-Deficit/Hyperactivity Disorder(ADHD)," Centers for Disease Control and Prevention, October 5, 2016, https://www.cdc.gov/ncbddd/adhd/diagnosis.html.

2 Mark Deneau et al., "Primary Sclerosing Cholangitis, Autoimmune Hepatitis, and Overlap in Utah Children: Epidemiology and Natural History," Hepatology 58, no. 4 (2013): 1392-400.

3 *2004 Community Health Assessment*: Building a Healthier San Francisco (December 2004).

4 상동, 117쪽.

5 상동, 42쪽.

6 *Take This Hammer*, directed by Richard O. Moore, National Education Television, 1963, https://diva.sfsu.edu/bundles/187041.

7 Judith Summers, *Soho: A History of London's Most Colourful*

Neighborhood (London: Bloomsbury, 1989), 113 – 17.

8 Steven Johnson, *The Ghost Map: The Story of London's Most Terrifying Epidemic—and How It Changed Science, Cities, and the Modern World* (New York: Riverhead Books, 2006), 195 – 96.

2장

1 T. B. Hayes and T. H. Wu, "The Role of Corticosterone in Anuran Metamorphosis and Its Potential Role in Stress-nduced Metamorphosis," *Netherlands Journal of Zoology* 45 (1995): 107 – 9.

2 상동.

3 James Norman, "Hypothyroidism (Underactive Thyroid Part 1: Too Little Thyroid Hormone)," Vertical Health LLC, http://www. endocrineweb.com/conditions/thyroid/hypothyroidism-too-little-thyroidhormone.

3장

1 Child Sexual Abuse Task Force and Research and Practice Core, National Child Traumatic Stress Network, *How to Implement Trauma-Focused Cognitive Behavioral Therapy* (Durham, N.C.: National Center for Child Traumatic Stress, 2004).

2 Vincent J. Felitti et al., "Relationship of Childhood Abuse and Household Dysfunction to Many of the Leading Causes of Death in Adults: The Adverse Childhood Experiences (ACE) Study," *American Journal of Preventive Medicine* 14, no. 4 (1998): 245 – 58.

3 Vincent J. Felitti, "Belastungen in der Kindheit und Gesundheit im Erwachsenenalter: die Verwandlung von Gold in Blei," *Zeitschrift fur psychosomatische Medizin und Psychotherapie* 48 (2002): 359 – 69.

4 상동.

5 4점 이상의 ACE 지수와 연관되는 질병의 통계적 발생 사례 중 하나를 아래 제시한다(연관 질병들의 통계적 위험을 정리할 때 ACE 지수 3점 이상을 기준점으로 삼는 연구자들도 있다).

ACE 연구 결과

ACE가 하나도 없다고 보고한 사람들에 비해 ACE 지수가 4점 이상인 사람들은 다음과 같은 질환을 경험할 가능성이 유의미한 수준으로 높게 나타났다.

허혈성 심장질환	2.2배
모든 종류의 암	1.9배
만성 기관지염 또는 폐기종(만성폐쇄성폐질환)	3.9배
뇌졸중	2.4배
당뇨병	1.6배
자살기도	12.2배
심한 비만	1.6배
지난 한 해 동안 우울한 기분으로 2주 이상을 보냄	4.6배
불법 약물 사용 경험	4.7배
약물 주사 경험	10.3배
현재 흡연 중	2.2배
성병 감염 경험	2.5배

(자료 출처: Felitti, 1998)

6 Maxia Dong et al., "Insights into Causal Pathways for Ischemic Heart Disease," *Circulation* 110, no. 13 (2004): 1761 – 66; Maxia Dong et al., "Adverse Childhood Experiences and Self-Reported Liver Disease: New Insights into the Causal Pathway," *Archives of Internal Medicine* 163, no. 16 (2003): 1949 – 56.

4장

1 모든 사람의 뇌에는 해마와 편도체가 각각 두 개씩 있다. 둘 다 이렇게 이중 구조로 되어 있지만, 이 책에서는 표현의 단순함을 위해 단수형으로 썼다.

2 Cecilio Álamo, Francisco López-Muñoz, and Javier Sánchez-García, "Mechanism of Action of Guanfacine: A Postsynaptic Differential Approach to the Treatment of Attention Deficit Hyperactivity Disorder (ADHD)," *Actas Esp Psiquiatr* 44, no. 3 (2016): 107 – 12.

3 Monica Bucci et al., "Toxic Stress in Children and Adolescents," *Advances in Pediatrics* 63, no. 1 (2016): 403 – 28.

4 Jacqueline Bruce et al., "Morning Cortisol Levels in Preschool – Aged Foster Children: Differential Effects of Maltreatment Type," Developmental Psychobiology 51, no. 1 (2009): 14 – 23.

5 상동, 19.

6 National Scientific Council on the Developing Child (2005/2014), "Excessive Stress Disrupts the Architecture of the Developing Brain: Working Paper No. 3," updated edition, https://developingchild.harvard.edu/resources/wp3.

5장

1 Victor G. Carrion et al., "Decreased Prefrontal Cortical Volume Associated with Increased Bedtime Cortisol in Traumatized Youth," *Biological Psychiatry* 68, no. 5 (2010): 491 – 93.

2 David W. Brown et al., "Adverse Childhood Experiences and the Risk of Premature Mortality," *American Journal of Preventive Medicine* 37, no. 5 (2009): 389 – 96.

3 Salam Ranabir and K. Reetu, "Stress and Hormones," *Indian Journal of Endocrinology and Metabolism* 15, no. 1 (2011): 18 – 22.

4 상동.

5 Cecilio Álamo, Francisco López-Muñoz, and Javier Sánchez-García, "Mechanism of Action of Guanfacine: A Postsynaptic Differential Approach to the Treatment of Attention Deficit Hyperactivity Disorder (ADHD)," *Actas Españolas de Psiquiatría* 44, no. 3 (2016): 107 – 12.

6 "Five Numbers to Remember About Early Childhood Development," last updated April 2017, https://developingchild.harvard.edu/resources/five-numbers-to-remember-about-early-childhood-development/#note.

7 Nim Tottenham et al., "Prolonged Institutional Rearing Is Associated with Atypically Large Amygdala Volume and Difficulties in Emotion Regulation," *Developmental Science* 13, no. 1 (2010): 46 – 61.

8 Ranabir and Reetu, "Stress and Hormones," 18.

9 Jerker Karlén et al., "Early Psychosocial Exposures, Hair Cortisol Levels, and Disease Risk," *Pediatrics* 135, no. 6 (2015): e1450 – e1457.

10 Shanta R. Dube et al., "Cumulative Childhood Stress and Autoi

mmune Diseases in Adults," *Psychosomatic Medicine* 71, no. 2 (2009):
243 – 50.

11 Andrea Danese et al., "Childhood Maltreatment Predicts Adult Inflammation in a Life-Course Study," *Proceedings of the National Academy of Sciences* 104, no. 4 (2007): 1319 – 24.

12 상동, 1320.

6장

1 Todd S. Renschler et al., "Trauma-Focused Child-Parent Psychotherapy in a Community Pediatric Clinic: A Cross-Disciplinary Collaboration," in *Attachment-Based Clinical Work with Children and Adolescents*, ed. J. Bettmann and D. Demetri Friedman (New York: Springer, 2013), 115 – 39.

2 Center on the Developing Child, "Five Numbers to Remember About Early Childhood Development (Brief)," updated April 2017, www.developingchild.harvard.edu.

3 Dong Liu et al., "Maternal Care, Hippocampal Glucocorticoid Receptors, and Hypothalamic-Pituitary-Adrenal Responses to Stress," *Science* 277, no. 5332 (1997): 1659 – 62.

4 Michael J. Meaney, "Maternal Care, Gene Expression, and the Transmission of Individual Differences in Stress Reactivity Across Generations," *Annual Review of Neuroscience* 24, no. 1 (2001): 1161 – 92.

5 Ian Weaver et al., "Epigenetic Programming by Maternal Behavior," *Nature Neuroscience* 7, no. 8 (2004): 847 – 54.

6 Gene H. Brody et al., "Prevention Effects Ameliorate the Pros pective Association Between Nonsupportive Parenting and Diminished

Telomere Length," *Prevention Science* 16, no. 2 (2015): 171 – 80.

7 Eli Puterman et al., "Lifespan Adversity and Later Adulthood Telomere Length in the Nationally Representative US Health and Retire ment Study," *Proceedings of the National Academy of Sciences* 113, no. 42 (2016): e6335 – e6342.

8 Aoife O'Donovan et al., "Childhood Trauma Associated with Short Leukocyte Telomere Length in Posttraumatic Stress Disorder," *Biological Psychiatry* 70, no. 5 (2011): 465 – 71.

9 Leah K. Gilbert et al., "Childhood Adversity and Adult Chronic Disease: An Update from Ten States and the District of Columbia, 2010," *American Journal of Preventive Medicine* 48, no. 3 (2015): 345 – 49.

10 Christina D. Bethell et al., "Adverse Childhood Experiences: Assessing the Impact on Health and School Engagement and the Mitigat ing Role of Resilience," *Health Affairs* 33, no. 12 (2014): 2106 – 15.

7장

1 Alicia F. Lieberman, Patricia Van Horn, and Chandra Ghosh Ippen, "Toward Evidence-Based Treatment: Child-Parent Psycho– therapy with Preschoolers Exposed to Marital Violence," *Journal of the American Academy of Child and Adolescent Psychiatry* 44, no. 12 (2005): 1241 – 48; Alicia F. Lieberman, Chandra Ghosh Ippen, and Patricia Van Horn, "Child-Parent Psychotherapy: 6-Month Follow-Up of a Randomized Controlled Trial," *Journal of the American Academy of Child and Adolescent Psychiatry* 45, no. 8 (2006): 913 – 18; Alicia F. Lieberman, Donna R. Weston, and Jeree H. Pawl, "Preventive Intervention and Outcome with Anxiously Attached Dyads," *Child Development* 62, no. 1

(1991): 199 – 209; Sheree L. Toth et al., "The Relative Efficacy of Two Interventions in Altering Maltreated Preschool Children's Representational Models: Implications for Attachment Theory," *Development and Psychopathology* 14, no. 4 (2002): 877 – 908; Dante Cicchetti, Fred A. Rogosch, and Sheree L. Toth, "Fostering Secure Attachment in Infants in Maltreating Families Through Preventive Interventions," *Development and Psychopathology* 18, no. 3 (2006): 623 – 49.

2   Roseanne Armitage et al., "Early Developmental Changes in Sleep in Infants: The Impact of Maternal Depression," *Sleep* 32, no. 5 (2009): 693 – 96.

3   Sandhya Kajeepeta et al., "Adverse Childhood Experiences Are Associated with Adult Sleep Disorders: A Systematic Review," *Sleep Medicine* 16, no. 3 (2015): 320 – 30; Karolina Koskenvuo et al., "Childhood Adversities and Quality of Sleep in Adulthood: A Population-Based Study of 26,000 Finns," *Sleep Medicine* 11, no. 1 (2010): 17 – 22; Yan Wang et al., "Childhood Adversity and Insomnia in Adolescence," *Sleep Medicine* 21 (2016): 12 – 18.

4   Michael R. Irwin, "Why Sleep Is Important for Health: A Psychoneuroimmunology Perspective," *Annual Review of Psychology* 66 (2015): 143 – 72.

5   상동.

6   상동.

7   상동.

8   상동.

9   Megan V. Smith, Nathan Gotman, and Kimberly A. Yonkers, "Early Childhood Adversity and Pregnancy Outcomes," *Maternal and*

Child Health Journal 20, no. 4 (2016): 790 – 98; Inge Christiaens, Kathleen Hegadoren, and David M. Olson, "Adverse Childhood Experiences Are Associated with Spontaneous Preterm Birth: A Case-Control Study," *BMC Medicine* 13, no. 1 (2015): 124; Vanessa J. Hux, Janet M. Catov, and James M. Roberts, "Allostatic Load in Women with a History of Low Birth Weight Infants: The National Health and Nutrition Examination Survey," *Journal of Women's Health* 23, no. 12 (2014): 1039 – 45; Alice Han and Donna E. Stewart, "Maternal and Fetal Outcomes of Intimate Partner Violence Associated with Pregnancy in the Latin American and Caribbean Region," *International Journal of Gynecology and Obstetrics* 124, no. 1 (2014): 6 – 11.

10 Aaron Kandola et al., "Aerobic Exercise as a Tool to Improve Hippocampal Plasticity and Function in Humans: Practical Implications for Mental Health Treatment," *Frontiers in Human Neuroscience* 10 (2016): 179 – 88; Nuria Garatachea et al., "Exercise Attenuates the Major Hallmarks of Aging," *Rejuvenation Research* 18, no. 1 (2015): 57 – 89.

11 Eduardo Ortega, "The 'Bioregu-latory Effect of Exercise' on the Innate/Inflammatory Responses," *Journal of Physiology and Biochemistry* 72, no. 2 (2016): 361 – 69.

12 Cristiano Correia Bacarin et al., "Postischemic Fish Oil Treatment Restores Long-Term Retrograde Memory and Dendritic Density: An Analysis of the Time Window of Efficacy," *Behavioural Brain Research* 311 (2016): 425 – 39; A. L. Dinel et al., "Dairy Fat Blend Improves Brain DHA and Neuroplasticity and Regulates Corticosterone in Mice," *Prostaglandins, Leukotrienes and Essential Fatty Acids* (PLEFA) 109 (2016): 29 – 38; Javier Romeo et al., "Neuroimmunomodulation by Nutrition in Stress Situations," *Neuroimmunomodulation* 15, no. 3 (2008): 165 – 69; Lianne Hoeijmakers, Paul J. Lucassen, and Aniko Korosi, "The Interplay of Early-Life Stress, Nutrition, and Immune Activation Programs Adult Hippocampal Structure and Function," *Frontiers in Molecular Neuroscience* 7 (2014); Kit-Yi Yam et al., "Early-Life Adversity Programs Emotional Functions and the Neuroendocrine Stress System: The Contribution of Nutrition, Metabolic Hormones and Epigenetic Mechanisms," *Stress* 18, no. 3 (2015): 328 – 42; Aisha K. Yousafzai, Muneera A. Rasheed, and Zulfiqar A. Bhutta, "Annual Research Review: Improved Nutrition – Pathway to Resilience," *Journal of Child Psychology and Psychiatry* 54, no. 4 (2013): 367 – 77.

13   Janice K. Kiecolt-Glaser, "Stress, Food, and Inflammation: Psychoneuroimmunology and Nutrition at the Cutting Edge," *Psychoso matic Medicine* 72, no. 4 (2010): 365.

14   Elizabeth Blackburn and Elissa Epel, *The Telomere Effect: A Revolutionary Approach to Living Younger, Healthier, Longer* (New York: Grand Central Publishing, 2017).

15   John W. Zamarra et al., "Usefulness of the Transcendental Meditation Program in the Treatment of Patients with Coronary Artery Disease," *American Journal of Cardiology* 77, no. 10 (1996): 867 – 70.

16   Amparo Castillo-Richmond et al., "Effects of Stress Reduction on Carotid Atherosclerosis in Hypertensive African Americans," *Stroke* 31, no. 3 (2000): 568 – 73.

17   L. E. Carlson et al., "Mindfulness-Based Stress Reduction in Relation to Quality of Life, Mood, Symptoms of Stress and Levels of Cortisol, Dehydroepiandrosterone Sulfate (DHEAS) and Melatonin in

Breast and Prostate Cancer Outpatients," *Psychoneuroendocrinology* 29, no. 4 (2004): 448 – 74, doi: 10.1016/s0306-4530(03)00054-4.

18 Michael T. Baglivio et al., "The Prevalence of Adverse Childho od Experiences (ACE) in the Lives of Juvenile Offenders," *Journal of Juvenile Justice* 3, no. 2 (2014): 1.

9장

1 Jean Koch, *Robert Guthrie—the PKU Story: A Crusade Against Mental Retardation* (Pasadena, CA: Hope Publishing, 1997), 155 – 56.

2 상동.

3 Jason Gonzalez and Monte S. Willis, "Robert Guthrie, MD, PhD," *Laboratory Medicine* 40, no. 12 (2009): 748 – 49, http://labmed. oxfordjournals.org/content/40/12/748.

4 상동.

5 Anna E. Johnson et al., "Growth Delay as an Index of Allostatic Load in Young Children: Predictions to Disinhibited Social Approach and Diurnal Cortisol Activity," *Development and Psychopathology* 23, no. 3 (2011): 859 – 71; Marcus Richards and M. E. J. Wadsworth, "Long-Term Effects of Early Adversity on Cognitive Function," *Archives of Disease in Childhood* 89, no. 10 (2004): 922 – 27; Meghan L. McPhie, Jonathan A. Weiss, and Christine Wekerle, "Psychological Distress as a Mediator of the Relationship Between Childhood Maltreatment and Sleep Quality in Adolescence: Results from the Maltreatment and Adolescent Pathways (MAP) Longitudinal Study," *Child Abuse* & *Neglect* 38, no. 12 (2014): 2044 – 52.

6 Paul Lanier et al., "Child Maltreatment and Pediatric Health

Outcomes: A Longitudinal Study of Low-Income Children," *Journal of Pediatric Psychology* 35, no. 5 (2009): 511–22; Anita L. Kozyrskyj et al., "Continued Exposure to Maternal Distress in Early Life Is Associated with an Increased Risk of Childhood Asthma," *American Journal of Respiratory and Critical Care Medicine* 177, no. 2 (2008): 142–47; Peter A. Wyman et al., "Association of Family Stress with Natural Killer Cell Activity and the Frequency of Illnesses in Children," *Archives of Pediatrics & Adolescent Medicine* 161, no. 3 (2007): 228–34; Miriam J. Maclean, Catherine L. Taylor, and Melissa O'Donnell, "Pre-Existing Adversity, Level of Child Protection Involvement, and School Attendance Predict Educational Outcomes in a Longitudinal Study," *Child Abuse & Neglect* 51 (2016): 120–31; Timothy T. Morris, Kate Northstone, and Laura D. Howe, "Examining the Association Between Early Life Social Adversity and BMI Changes in Childhood: A Life Course Trajectory Analysis," *Pediatric Obesity* 11, no. 4 (2016): 306–12; Gregory E. Miller and Edith Chen, "Life Stress and Diminished Expression of Genes Encoding Glucocorticoid Receptor and B$_2$-Adrenergic Receptor in Children with Asthma," *Proceedings of the National Academy of Sciences* 103, no. 14 (2006): 5496–5501; Nadine J. Burke et al., "The Impact of Adverse Childhood Experiences on an Urban Pediatric Population," *Child Abuse and Neglect* 35, no. 6 (2011): 408–13.

7   Zulfiqar A. Bhutta, Richard L. Guerrant, and Charles A. Nelson, "Neurodevelopment, Nutrition, and Inflammation: The Evolving Global Child Health Landscape," *Pediatrics* 139, supplement 1 (2017): S12–S22.

8   Cheryl L. Sisk and Julia L. Zehr, "Pubertal Hormones Organize

the Adolescent Brain and Behavior," *Frontiers in Neuroendocrinology* 26, no. 3 (2005): 163 – 4; Pilyoung Kim, "Human Maternal Brain Plasticity: Adaptation to Parenting," *New Directions for Child and Adolescent Development* 2016, no. 153 (2016): 47 – 58.

9 상동.

10 Roy Wade et al., "Household and Community- Level Adverse Childhood Experiences and Adult Health Outcomes in a Diverse Urban Population," *Child Abuse and Neglect* 52 (2016): 135 – 45.

11 AHRQ Patient Safety, TeamSTEPPS: Sue Sheridan on Patient and Family Engagement, YouTube video, posted April 2015, https://www.youtube.com/watch?v=Hgug-ShbqDs.

12 Susan Carr, "Kernicterus: A Diagnosis Lost and Found," *Newsle tter of the Society to Improve Diagnosis in Medicine* 2, no. 2 (2015): 1 – 3.

10장

1 Academy of Integrative Health and Medicine, "What Is Integrati ve Medicine?," https://www.aihm.org/about/what-is-integrative-me dicine/

2 I. D. Neumann et al., "Brain Oxytocin Inhibits Basal and Stress -Induced Activity of the Hypothalamo-Pituitary-Adrenal Axis in Male and Female Rats: Partial Action Within the Paraventricular Nucleus," *Journal of Neuroendocrinology* 12, no. 3 (2000): 235 – 44; Camelia E. Hostinar and Megan R. Gunnar, "Social Support Can Buffer Against Stress and Shape Brain Activity," *AJOB Neuroscience* 6, no. 3 (2015): 34 – 42.

11장

1 Keith S. Dobson and Dennis Pusch, "The ACEs Alberta Prog ram: Phase Two Results —A Primary Care Study of ACEs and Their Impact on Adult Health," presentation, November 2015.

2 상동.

12장

1 Maura O'Leary et al., "Progress in Childhood Cancer: 50 Years of Research Collaboration, a Report from the Children's Oncology Group," *Seminars in Oncology* 35, no. 5 (2008): 484–93.

2 "SWOG: History," SWOG, https://www.swog.org/about/history-impact

3 Ronald Piana, "The Evolution of U.S. Cooperative Group Trials: Publicly Funded Cancer Research at a Crossroads," ASCO Post, March 15, 2014, http://www.ascopost.com/issues/march-15-2014/the-evolutionof-us-cooperative-group-trials-publicly-funded-cancer-research-at-a-crossroads/

4 C. N. Trueman, "Joseph Lister," History Learning Site, www.historylearningsite.co.uk.

에필로그

1 David Lynch Foundation, "The Quiet Time Program: Restoring a Positive Culture of Academics and Well-Being in High-Need School Communities," https://www.davidlynchfoundation.org/pdf/Quiet-Time-Brochure.pdf.

옮긴이 정지인

부산대학교 독어독문학과를 졸업하고 번역 일을 하며 살고 있다. 14살 때 처음 번역가가 되고
싶다고 생각했고, 15년 뒤 처음 번역을 시작했다. 20년 가까이 번역만 하며 살았고, 남은 삶도
계속 번역하며 살고 싶다. 읽는 이에게 어떤 식으로든 도움이 되는 좋은 책을 먼저 읽고 소개
하는 것이 가장 뿌듯하고 즐거운 일이다.《우울할 땐 뇌 과학》,《내 아들은 조현병입니다》,《나
는 정신병에 걸린 뇌 과학자입니다》,《미술관에 가면 머리가 하얘지는 사람들을 위한 동시대
미술 안내서》,《혐오사회》,《무신론자의 시대》등 60여 권의 책을 번역했다.

불행은 어떻게 질병으로 이어지는가

첫판 1쇄 펴낸날 2019년 11월 22일
　　　9쇄 펴낸날 2024년 9월 12일

지은이 네이딘 버크 해리스
옮긴이 정지인
발행인 조한나
편집기획 김교석 유승연 문해림 김유진 곽세라 전하연 박혜인 조정현
디자인 한승연 성윤정
마케팅 문창운 백윤진 박희원
회계 양여진 김주연

펴낸곳 (주)도서출판 푸른숲
출판등록 2003년 12월 17일 제2003-000032호
주소 서울특별시 마포구 토정로 35-1 2층, 우편번호 04083
전화 02)6392-7871, 2(마케팅부), 02)6392-7873(편집부)
팩스 02)6392-7875
홈페이지 www.prunsoop.co.kr
페이스북 www.facebook.com/prunsoop　　인스타그램 @prunsoop

ⓒ 푸른숲, 2019
ISBN 979-11-5675-800-6 (03180)

심심은 (주)도서출판 푸른숲의 인문·심리 브랜드입니다.

* 잘못된 책은 구입하신 서점에서 바꾸어 드립니다.
* 본서의 반품 기한은 2029년 9월 30일까지입니다.